信息化教育与英语教学研究

谭婧 ◎著

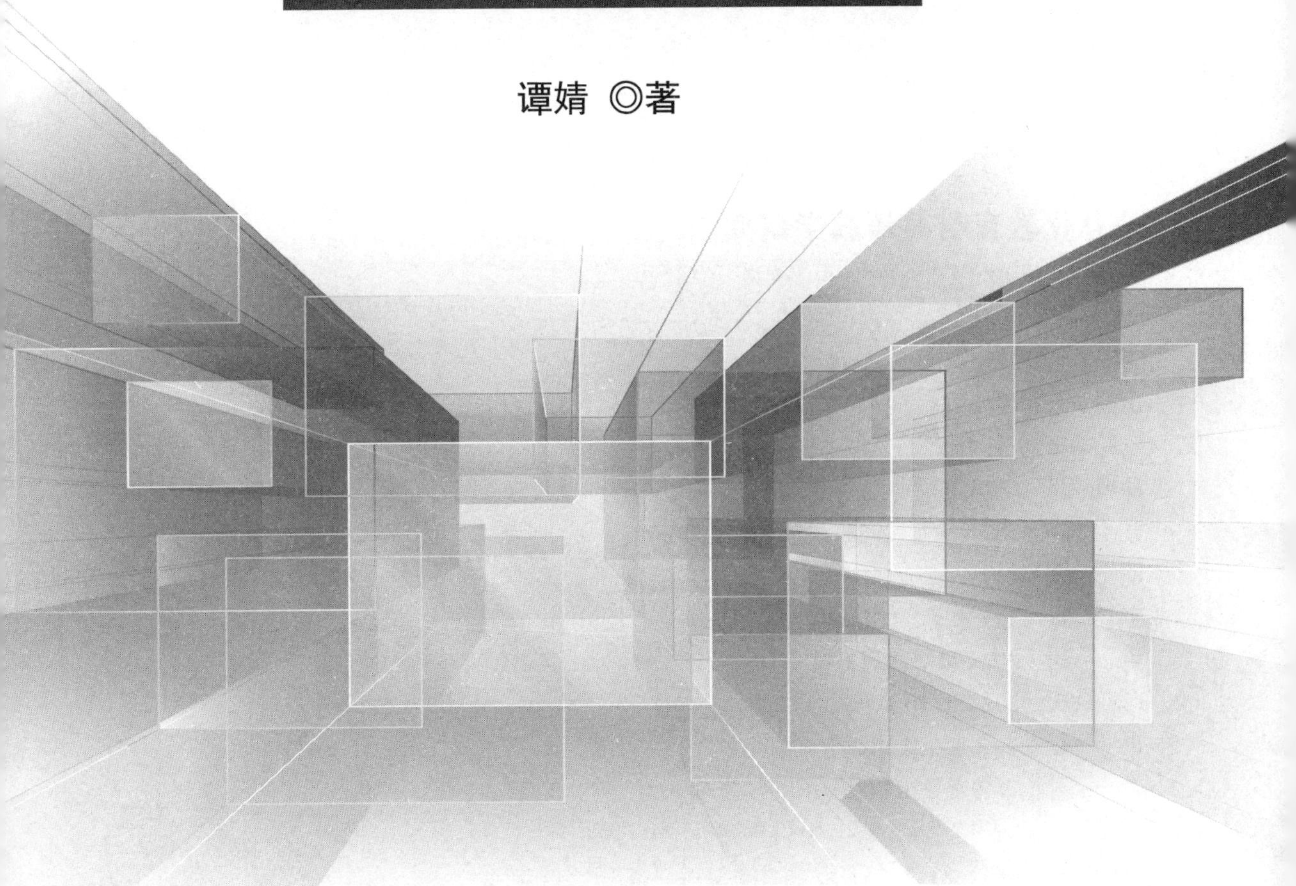

吉林出版集团股份有限公司
全国百佳图书出版单位

图书在版编目（CIP）数据

信息化教育与英语教学研究 / 谭婧著 . -- 长春：吉林出版集团股份有限公司, 2023.7
ISBN 978-7-5731-4052-4

Ⅰ.①信… Ⅱ.①谭… Ⅲ.①英语—课堂教学—教学研究 Ⅳ.① H319.3

中国国家版本馆 CIP 数据核字 (2023) 第 164921 号

信息化教育与英语教学研究
XINXIHUA JIAOYU YU YINGYU JIAOXUE YANJIU

著　　者	谭　婧
出 版 人	吴　强
责任编辑	马　刚
助理编辑	李滨成
开　　本	787 mm × 1092 mm　1/16
印　　张	14
字　　数	315 千字
版　　次	2023 年 7 月第 1 版
印　　次	2023 年 10 月第 1 次印刷
出　　版	吉林出版集团股份有限公司
发　　行	吉林音像出版社有限责任公司
	（吉林省长春市南关区福祉大路 5788 号）
电　　话	0431-81629679
印　　刷	吉林省信诚印刷有限公司
ISBN	978-7-5731-4052-4
定　　价	48.00 元

如发现印装质量问题，影响阅读，请与出版社联系调换。

前　言

社会发展进入全球化和信息化阶段，英语作为世界主要的国际通用语言，很多领域的知识学习都以之为载体。高校英语教学一直都是新时期较为重要的工作，对高校英语教学模式进行创新成了现如今教育界的共识，十分符合人才培养模式改革发展的战略目标。传统的英语教学模式已经无法适应信息化时代的需求，存在诸多问题；有必要对高校英语教学模式的创新路径进行研究，以期为培养出新时代所需要的英语人才产生有益的影响。

高校英语教学模式课程以建构主义理论、人本主义学习理论和后现代主义教学观为理论指导，以"问题解决型""任务型"教学法和抛锚式教学模式为主要教学方法，以培养学生听、说、读、写、译的英语综合应用能力和研究能力为主要目标；强调以学生为学习主体，在教师引导下，借助计算机网络技术，以小组合作的学习形式进行个性化、自主式的研究；在实践中锻炼和提高学生的英语综合运用能力、自主学习能力、研究能力及综合文化素养，力求达到更高的要求。

本书从教育信息化与信息化教学介绍入手，针对现代信息技术与英语教学、信息化与英语教学资源建设、信息化背景下信息技术与英语课程整合进行了分析研究；另外对信息化背景下的英语教学模式、英语教学方法与学习方式、英语词汇语法与听力口语教学、英语阅读写作与翻译文化教学做了一定的介绍；还对信息化背景下英语教师评价改革与创新做了研究。旨在摸索出一条适合英语教育工作者创新教学的科学道路，帮助其工作者在应用中少走弯路，运用科学方法，提高效率。对信息化背景下英语教学研究有一定的借鉴意义。

目 录

第一章　教育信息化与信息化教学 …………………………………… 1
　　第一节　教育信息化 ……………………………………………… 1
　　第二节　信息化教学 ……………………………………………… 4

第二章　现代信息技术与英语教学 …………………………………… 7
　　第一节　现代信息技术及其应用 ………………………………… 7
　　第二节　基于信息技术的英语教学 ……………………………… 12
　　第三节　基于在线方式的 E-Learning …………………………… 16
　　第四节　信息技术与学科教学整合的含义和意义 ……………… 19
　　第五节　信息技术与英语学科教学整合的内容、范畴和对象 … 23

第三章　信息化与英语教学资源建设 ………………………………… 26
　　第一节　信息化教学资源 ………………………………………… 26
　　第二节　大数据分析与英语教学 ………………………………… 37
　　第三节　网络资源与英语教学 …………………………………… 45
　　第四节　英语网络教育资源建设 ………………………………… 50

第四章　信息化背景下信息技术与英语课程整合 …………………… 62
　　第一节　信息技术与课程整合 …………………………………… 62
　　第二节　信息技术与英语课程整合的重点 ……………………… 69
　　第三节　信息技术与大学英语课程的课内整合 ………………… 73
　　第四节　信息技术与大学英语课程的课外整合 ………………… 78

第五章　信息化背景下的英语教学模式 ……………………………… 86
　　第一节　现代信息技术下大学英语教学模式的理论框架 ……… 86
　　第二节　信息化背景下大学英语教学模式的构建路径 ………… 91
　　第三节　现代信息技术下大学英语教学模式的创新 …………… 97
　　第四节　信息化大学英语教学平台的创建 ……………………… 107

第六章　信息化背景下英语教学方法与学习方式 …………… 114
第一节　英语教学方法与手段 ………………………… 114
第二节　信息化背景下英语个性化教学 ………………… 123
第三节　信息化背景下英语自主学习 …………………… 134
第四节　信息化背景下英语移动学习 …………………… 139

第七章　信息化背景下英语听力口语教学 ………………… 151
第一节　听力教学 ………………………………………… 151
第二节　口语教学 ………………………………………… 161
第三节　阅读教学 ………………………………………… 170
第四节　写作教学 ………………………………………… 183

第八章　信息化背景下英语教师评价改革与创新 ………… 193
第一节　教师评价内涵 …………………………………… 193
第二节　大学英语教师发展性评价 ……………………… 198
第三节　信息化背景下大学英语教师专业化发展路径 … 204

参考文献 …………………………………………………………… 216

第一章 教育信息化与信息化教学

第一节 教育信息化

一、教育信息化的概念

教育信息化可以为学生提供更加灵活、自主的学习方式,帮助教师更好地开展教学工作,提高教学效率和教学质量。同时,教育信息化也可以方便学生和教师之间的沟通和交流,促进教学改革和教学研究,推动教育创新和教育现代化的进程。

教育信息化是信息技术和教育教学深度融合的产物,它需要各方面的配合和支持,包括教育机构、政府部门、企业和社会力量的共同努力,这样才能真正实现教育现代化的目标。

二、教育信息化的含义

教育信息化是指利用现代信息技术手段,对教育活动和教育管理进行全方位、高效率的信息化处理。教育信息化的含义可以从以下几个方面来理解。

1.教育教学的信息化:教育信息化可以将教育教学活动和教学内容电子化、网络化,如网络教学、在线课程、电子图书馆、多媒体教室等。通过这些方式,教师和学生可以利用互联网等现代信息技术手段进行教学活动,提高教学质量和效率。

2.教育管理的信息化:教育信息化还可以将教育管理工作电子化和信息化,如学生管理系统、教师管理系统、学籍管理系统等。通过这些系统,教育机构可以更便捷地进行教育管理,实现数据化管理、信息化决策,提高管理效率。

3.教育技术的创新:教育信息化也可以推动教育技术的创新,如教育游戏、虚拟现实、增强现实等。这些新型的教育技术可以更加生动、直观地展示教育内容,激发学生的学习兴趣和主动性,提高学生的学习效果。

总的来说,教育信息化是利用现代信息技术手段对教育活动和教育管理进行全方位、高效率的信息化处理,以提高教育教学质量和效率,实现教育现代化。

三、教育信息化的内容

1.教育资源的数字化：将教育资源进行数字化和电子化，如电子教材、教学视频、教学软件等。通过数字化和电子化的方式，可以方便学生和教师进行获取和使用，同时也能够节约教育资源和保护环境。

2.教育信息化的人才培养：为适应教育信息化的发展需求，培养具有信息化素养和创新能力的教育工作者和管理者，同时也要注重学生信息素养和信息技术应用能力的培养。

总的来说，教育信息化的内容包括教育教学、教育管理、教育资源、教育技术的信息化，以及人才培养等方面，旨在推动教育现代化和信息化发展。

四、教育信息化的主要特征

教育信息化的特征，主要从以下三个方面来展开。

1.技术层面的特征：教育信息化的基本特点是数字化、多媒体化、网络化和智能化。数字化使得教育信息技术系统的设备简单、性能可靠和标准统一；多媒体化使得信息媒体设备一体化、信息表征多元化、真实现象虚拟化；网络化使得信息资源可共享、活动时空少限制、人际合作易实现；智能化使得系统能够做到教学行为人性化、人机通信自然化、繁杂任务代理化。这些特征为教育信息化提供了技术支持和基础设施。

2.教育层面的特征：教育信息化的教育层面有七个主要特征。第一，教材多媒体化，通过多媒体技术实现教学内容的丰富和多样化；第二，资源全球化，通过互联网和其他信息技术手段，使教育资源跨越时空限制，随时随地获取；第三，教学个性化，针对学生个体差异，通过教育信息技术，实现教学内容、形式和进度的个性化定制；第四，学习自主化，学生通过教育信息化手段，可以自主选择学习内容和学习方式；第五，活动合作化，教育信息技术支持学生与学生之间、学生与教师之间的合作和互动；第六，管理自动化，利用教育信息技术手段，实现学校和教育机构的管理自动化和智能化；第七，环境虚拟化，教育信息技术提供了虚拟实验室、虚拟仿真和虚拟现实等教学环境，为学生提供更加真实的学习环境。

3.社会层面的特征：教育信息化的发展也反映出了社会层面的特征。例如，教育信息化推动了信息技术产业的发展和应用，增加了就业机会。

五、教育信息化的本质意义

教育信息化的发展带来的确是前所未有的机遇和挑战，我们需要理解和应对这些变化，以确保我们的教育能够适应时代的发展和社会的需求。教育信息化的本质是信息化和教育的融合，是利用信息技术和网络技术对教育进行创新和改进的过程。在教育信息化的过程中，我们需要注重教育的本质特征，尊重学生的个性和需求，使得教育更加符合学生的实际需求和现实背景，从而提高教育的质量和效果。

同时，教育信息化也带来了新的发展要求和奋斗目标，我们需要积极探索教育信息化的理论和实践，推动教育信息化的深入发展，建立全面覆盖的信息化教育体系，为学生提供更加优质、多元、个性化的教育服务，实现教育的普惠和共享。

教育信息化作为一种新的事物，其特征和本质离不开教育学理论和信息化技术的融合。我们需要通过对教育信息化的理论探究和实践探索，深入理解和把握教育信息化的本质和特征，进一步推动教育信息化的深入发展。

在教育信息化的过程中，我们需要注重教育的本质特征，充分发挥信息技术和网络技术在教育中的作用，从而提高教育的效率和质量。同时，我们也需要充分认识到信息技术和网络技术的本质特征，了解其在教育中的应用规律和局限性，使得教育信息化能够更好地服务于教育发展的需要。

教育信息化的理论探究和实践探索，将推动教育学理论的发展和完善，也将推动信息技术和网络技术的发展和应用，从而实现教育和信息化的有机融合，为推动教育现代化和信息化建设做出更大的贡献。

教育信息化的本质可以从不同的层次来考察和理解。技术层次的本质主要体现在教育信息化所使用的技术特征和工具上，例如，数字化、多媒体化、网络化和智能化等。科学层次的本质则更多地关注教育信息化与教育学理论的结合，主要包括教学模式、课程设计、教育评估等方面，旨在提高教育教学的效率和质量。而哲学层次的本质则涉及教育信息化对社会、文化和人类认知的深刻影响，其本质特征更加深刻和宏观，需要在理论和实践中深入探究。

在认识教育信息化的本质时，我们应该充分考虑这三个层次的特征，理解它们之间的内在联系和互动关系，从而更加全面地把握教育信息化的发展趋势和影响。只有在全面认识教育信息化的本质特征的基础上，我们才能更好地推进教育信息化的发展，实现教育现代化和信息化建设的目标。

（一）从技术层面看教育信息化本质

从技术层面看，教育信息化的本质是基于信息技术的应用与发展，以数字化、多媒体化、网络化和智能化为特征，用信息技术手段来改进和创新教育教学模式，提高教育教学质量和效率。

数字化是教育信息化技术层面的基本特征之一，它将传统的纸质教材、笔记等转化为数字格式的教材、电子书、网页等，大大方便了师生的使用和传播。数字化的应用还包括数字化教育资源、数字化教学管理等方面。

多媒体化是指将文字、图片、声音、视频等多种信息形式有机结合，创造出更加直观、生动、丰富的教育教学体验。多媒体教学可以让学生更好地理解和掌握知识，提高学习兴趣和效果。

网络化是将教育教学资源、教育教学活动等纳入网络中，实现远程教学、在线学习等多种形式，突破时间和空间限制，实现教育资源的共享和互联互通。

智能化是利用人工智能、机器学习等技术，实现教育教学活动的自动化、个性化、智能化等，为师生提供更好的学习和教学体验，提高教育教学质量。

总之，教育信息化技术层面的本质是利用信息技术手段来创新和改进教育教学模式，提高教育教学质量和效率，推进教育现代化和信息化建设。

（二）从哲学层面看教育信息化本质

从哲学层面看，教育信息化的本质是一种新的教育发展形态和社会进步方向，是人类对于知识和科技的认识和探索，是在现代化、信息化和全球化背景下，教育与信息技术相互融合、相互促进的新兴领域。教育信息化的本质包括以下几个方面。

第一，教育信息化是现代教育的必然趋势，是教育改革和发展的方向。教育信息化的发展，推动了教育的创新和改革，促进了教育的跨越式发展。

第二，教育信息化是人类认识世界和改造世界的新方式。教育信息化不仅改变了传统的教育模式和方法，更将人类对于知识、文化及社会的认识和探索推向了一个新的高度。

第三，教育信息化是推动社会进步和人类发展的重要力量。教育信息化的发展，不仅能够提高教育教学的质量和效率，更能够促进社会发展、经济繁荣和人类文明的进步。

第四，教育信息化是实现教育公平和可持续发展的重要途径。教育信息化能够打破地域限制和教育资源不均衡的问题，实现教育资源的共享和公平，同时也能够提高教育的可持续发展能力。

因此，教育信息化从哲学层面看，是一种新的教育发展形态和社会进步方向，是人类认识和改造世界的新方式，是推动社会进步和人类发展的重要力量，同时也是实现教育公平和可持续发展的重要途径。

第二节 信息化教学

一、信息化教学的发展背景

信息化教学的发展背景是信息技术的快速发展和普及。随着计算机技术、通信技术、多媒体技术、互联网技术的不断进步，信息技术已经成为现代社会的重要基础设施和生产要素，深刻地改变了人们的生活、工作、学习等方方面面。

在教育领域，信息技术的快速发展和普及为教育改革和发展提供了重要的契机和支撑。信息技术为教育教学提供了新的手段和渠道，促进了教育教学模式的变革和创新，提高了教学质量和效率，丰富了教育教学内容和形式，推动了教育教学的国际化和全球化。

同时，信息技术的发展也带来了教育教学的新挑战和新机遇。传统的教学模式和方法已经无法满足现代教育的需求，需要采用信息化教学手段和方法来创新教育教学，提高学生的综合素质和能力，培养适应社会发展需要的高素质人才。

因此，信息技术的快速发展和普及是信息化教学发展的重要背景和基础，同时也是教育教学改革和发展的重要契机和支撑。

二、信息化教学的发展历程

下面是对这三个阶段的进一步解释：

1. 计算机辅助教学阶段：这一阶段大约开始于20世纪60年代末期和70年代初期。在这个阶段，计算机主要用于辅助教师教学，如制作教学素材、展示教学内容、辅助测验和评估等。这个阶段计算机的使用较为单一，其主要目的是解决教学效率和效果的问题。

2. 计算机辅助学习阶段：这一阶段大约开始于20世纪80年代末期和90年代初期。在这个阶段，计算机主要用于辅助学生学习，如提供多媒体教材、模拟实验和交互学习环境等。这个阶段计算机的使用更加多样化，它不仅能够辅助教师进行教学，还能够帮助学生进行自主学习和探究式学习。

3. 信息技术与课程整合阶段：这一阶段大约开始于20世纪90年代末期和21世纪初期。在这个阶段，信息技术已经逐渐融入课程中，成为课程教学的重要组成部分。这个阶段不仅强调计算机和网络技术的应用，还强调整个信息技术体系的应用，如数字化教育资源的开发、教学管理系统的建设等。

总的来说，信息化教学的发展历程是一个渐进的过程，不断地从技术和教育层面融合和发展。随着信息技术的不断进步和发展，信息化教学也将不断拓展和深化，成为未来教育教学的主要发展方向之一。

信息化教学的研究和实践还需要更加深入的探索和实践。需要对信息技术教育的价值、教学内容和方式、学生学习行为等方面进行深入的研究和探讨。同时，还需要对信息化教学的实施条件、教师培训和发展、教育管理等方面进行综合研究和分析，以确保信息化教学的顺利实施和有效推广。

三、信息化教学的定义

　　信息化教学是指在教育教学过程中,充分利用信息技术手段,为教学活动提供支持和保障,以达到更高效、更有效、更创新的教育目标的一种教学模式。信息化教学是一种整合教育与信息技术的教学模式,包括了多媒体教学、网络教学、电子教学、虚拟现实教学等多种教学手段和形式,以满足学生个性化需求和提高教学效果为目的。信息化教学的本质是基于信息技术和教育理论的有机结合,旨在改善传统教育模式的不足,实现教育教学的创新和提升。

第二章 现代信息技术与英语教学

第一节 现代信息技术及其应用

一、信息技术的内涵

信息技术是指利用计算机、通信网络、多媒体技术、数据库技术、智能技术等现代信息处理技术对信息进行采集、存储、传输、加工和应用的一系列综合性技术。信息技术的内涵包括计算机技术、网络技术、多媒体技术、数据库技术和人工智能技术等方面。计算机技术主要包括硬件、软件和操作系统等方面；网络技术主要包括局域网、广域网、因特网等方面；多媒体技术主要包括音频、视频、动画等方面；数据库技术主要包括数据的存储、管理、查询和分析等方面；人工智能技术主要包括机器学习、自然语言处理、计算机视觉等方面。这些技术相互关联、相互支持，构成了现代信息技术的综合体系。

21世纪是信息传播日益国际化的时代。在学科教育中，信息技术的主要特点为：

（一）技术手段的数字化

技术手段的数字化是指将传统的技术手段转化为数字化的形式，利用计算机、网络、软件等技术手段实现信息的数字化、存储、处理和传输。数字化技术将信息从物理形态转化为数字化的形式，可以使信息更容易地获取、存储、传输和处理。数字化技术也可以使各种传统的技术手段得到升级和转型，比如数字化音乐、数字化影像等等。数字化技术的普及和发展，对人们的工作、生活和学习方式都带来了很大的变革。

（二）信息表现的多样化

多媒体技术可以增加学习者的兴趣和参与度，提高他们的学习效果。通过图像、视频、音频等多种形式呈现教学信息，可以帮助学习者更好地理解和记忆知识点，从而提高学习效率。此外，多媒体技术也有利于教师开展互动式教学，鼓励学习者参与讨论和交流，促进学习者的思维能力和创造力的发展。

（三）信息交互的智能化

交互技术可以使学习者更加积极、主动地参与到教学过程中，自主选择学习内容、参与教学活动和表达自己的思想和观点。此外，交互技术还可以实现个性化教学，根据学习者的不同需求、兴趣和能力，提供个性化的学习内容和学习方式，满足不同学习者的需求，促进学习效果的最大化。

（四）信息资源的网络化

信息资源的网络化指的是将各种信息资源通过互联网、局域网等网络技术进行共享和传播，使信息的获取和交流变得更加便捷和高效。通过网络，学习者可以获得来自各地、各类机构的丰富信息资源，例如，各种学习资料、课件、视频、图片、音频等等。同时，学习者也可以通过网络将自己的学习成果和心得分享给他人，从而实现信息共享和协作学习。网络化的信息资源也为教师提供了更加广泛的教学资源和研究平台，促进了教学内容的更新和教学质量的提高。

（五）远距离传播与实时传播

远距离传播和实时传播是信息技术在教育信息化中的两个重要特征。

远距离传播指的是信息技术可以克服时空的限制，实现教学资源的远距离传播。学生不再局限于传统的面对面授课，可以通过网络、视频等方式在不同的地点接受教育信息，同时也可以方便地分享和利用来自不同地区、不同背景的优质教育资源。

实时传播指的是信息技术可以实现教育信息的实时传输和交流。例如，在远程教学、网络直播等场景中，学生可以与教师或其他学生实时交流，及时获得反馈和答疑，提高学习效率和效果。此外，在线考试、作业提交等方面也可以实现实时交互和传播。

远距离传播和实时传播的应用，使得教育信息化的教学方式更加灵活多样，不再受时空的限制，同时也增强了学习者与教师之间的互动和交流，提高了教学质量。

（六）信息技术多元化

信息技术多元化指的是信息技术的形态和类型多样化，不仅包括传统的计算机、网络、数据库等技术，还包括新兴技术如移动设备、智能终端、云计算、人工智能等。这些技术的不断发展和创新，使得信息技术的应用领域越来越广泛，功能越来越强大。同时，这也为信息化教育提供了更多的可能性和创新空间。例如，移动设备的普及和发展，可以使学生随时随地进行学习和交流；智能终端和人工智能技术的应用，可以帮助教师更好地个性化教育和辅导学生；云计算的应用，可以实现跨地区、跨学校、跨组织的资源共享和协同合作。因此，信息技术的多元化是推动教育信息化发展的重要因素之一。

二、信息应用技术

信息应用技术是指将信息技术与具体应用领域相结合，以满足应用需求的技术手段和方法。它包括了一系列的技术和方法，如数据库技术、信息检索技术、图形图像处理技术、虚拟现实技术、人工智能技术等。这些技术可以应用于各个领域，如教育、医疗、金融、交通、文化娱乐等，以提高效率、降低成本、提供更好的服务、创造更多的价值。

随着信息技术的不断发展，英语教学也应该紧跟时代潮流，充分利用网络技术，提高英语教学的质量。同时，英语教师需要具备网络技术的相关知识和技能，才能够更好地运用网络资源，设计和开展相关教学活动。此外，教师也需要不断更新自己的教育理念，从传统的教学方式向更加开放、多元化、个性化的教学模式转变，让学生更加积极主动地参与英语学习，从而提高英语教学的质量。

以下将简要介绍一些常见的信息应用技术：

（一）收发电子邮件（E-mail）

收发电子邮件，也称为 E-mail，是信息技术在教育中的一项基础应用。通过 E-mail，学生和教师可以快速、方便地交流信息，包括课程安排、作业要求、答疑解惑等。E-mail 还可以促进教师之间、学生之间的互动和合作，加强教学管理与服务。E-mail 的使用需要注意信息安全和保密问题，避免敏感信息外泄。

E-mail 地址主要由 3 部分组成：用户名称、@ 和机器地址。用户名称是用户在申请注册时自己设定的，中国人一般都用自己姓名的汉语拼音的声母或全称作为自己的用户名，也可以在姓名后加上自己的工作单位或出生年月；符号 @（at）是个位置标志，必须出现在每个用户名后面；机器地址是接收函件的机器地址，结尾一般是 .com（communication）或 .cn（China）。用户地址中每一个字母或标点符号都必须拼写准确无误，否则发出的信件就会被退回。

（二）订阅电子刊物

订阅电子刊物是通过互联网获得和阅读数字化期刊、报纸、杂志等的一种方式。订阅电子刊物相比传统纸质刊物具有很多优势，如实时更新、交互性强、可存储、搜索方便、环保等。具体来说，订阅电子刊物需要先找到相关的网站或平台，然后注册账号，根据个人兴趣选择订阅的刊物，并按照要求进行付费或免费订阅。一旦订阅成功，便可以通过电子邮件或移动应用程序收到订阅内容的更新，并在相应的网站或应用程序上进行阅读。现在，许多学术机构、出版社和电子商务平台都提供了电子刊物订阅服务。

(三) 电子投稿和发表

电子投稿和发表是现代网络技术与出版业相结合的一种新型形式。通过电子投稿和发表，作者可以通过网络平台将自己的作品发表给全球读者，并且更快更直接地获得反馈和回应。这种形式的优点在于速度快、成本低、范围广、互动性强，同时也为作者提供了更广阔的创作空间和更多的发表机会。

在进行电子投稿和发表时，作者首先需要选择合适的电子期刊或网络平台，并遵守其相关的投稿和发表规定。一般情况下，作者需要将文章以电子邮件的形式发送给期刊编辑部，或在平台上进行投稿操作。在文章被接受之前，作者还需要注意对稿件进行认真的修改和润色，确保其内容准确、有价值、有吸引力，并符合期刊或平台的发表标准。

电子投稿和发表的优点在于可以让作者的作品更加便捷地被读者获取，并且可以在全球范围内迅速传播。同时，网络平台也可以提供更多的交流和互动机会，如读者评论、在线讨论等，这些都为作者的创作提供了更多的反馈和启示。

正确地了解和遵守约稿通知中的要求，对于作者的稿件被录用和发表具有至关重要的作用。在投稿前，作者应仔细阅读约稿通知，理解刊物的目的、定位、要求和读者对象等信息，根据要求准备好自己的稿件，并按照要求格式进行排版和编辑。同时，还应了解刊物的出版形式、出版频率、发行量和稿件录用率等情况，为自己的投稿做好充分的准备。最后，通过 E-mail 或其他指定方式将自己的稿件投递给目标刊物，注意邮件主题的格式和内容，以及邮件正文的格式和附件的大小、格式等要求，以确保稿件被顺利接收和审核。

(四) 网上交流

网上交流可以是一种有效的英语学习方式，通过与母语为英语的人或其他英语学习者交流，可以提高自己的口语和听力能力。在网上聊天时，可以尝试使用英语聊天室、Skype 等平台，参与话题讨论，与他人互动。同时，还可以观看英语视频、听英语音频、阅读英语文章等多种形式来提高自己的英语能力。在网上学习英语需要注意的是，要选择合适自己水平的资源，避免盲目跟风，还要积极参与讨论，多与他人交流，不断提高自己的英语表达能力。

个人交流还可以通过即时通信实现，比如 QQ、微信、Skype 等软件。这些软件可以实现文字、语音、图片等多种形式的即时交流，不受时间和空间的限制，方便快捷。此外，还有一些专门用于语言学习的在线交流平台，比如 HelloTalk、Tandem 等，可以帮助语言学习者找到以母语为目标语言的学习伙伴，通过互相纠正语言错误、分享学习经验等方式提高语言水平。群体交流则可以通过在线论坛、微博、微信群等形式实现，不仅可以分享自己的想法和观点，还可以从他人的观点中获取启发和帮助。

教师在开展键友活动时，还可以根据学生的英语水平和兴趣爱好，选择合适的键友对象。同时，教师也需要监督学生的键友交流内容，确保内容健康、积极，防止出现不当言论或不良信息。另外，教师还可以安排课堂时间或学生的自习时间，让学生在键友活动中相互帮助、交流学习心得，提高英语学习效果。

（五）制作多媒体课件

制作多媒体课件是一种有效的教学方式，可以利用多种媒体资源，如文本、图像、音频、视频等，来呈现课程内容，使学习者的学习过程更加生动、丰富、具有互动性。下面是制作多媒体课件的一些步骤：

1. 确定教学目标和内容：在制作多媒体课件之前，需要确定教学目标和教学内容。教学目标应该明确具体，课程内容应该有条理，同时也要符合学生的实际需求。

2. 策划课件结构：制作多媒体课件的结构应该合理、清晰，以便学生能够轻松地理解和消化。一般来说，多媒体课件可以分为引言、主体、总结和评价等部分。

3. 选取媒体素材：多媒体课件可以使用多种媒体素材，包括图片、音频、视频、动画等。在选择媒体素材时，需要注意素材的版权问题，并且要选择与教学内容相关的素材。

4. 设计课件风格：制作多媒体课件需要确定一个统一的设计风格，包括颜色、字体、排版等。设计风格要简洁明了，易于阅读和理解，同时也要符合学生的审美观念。

5. 制作课件内容：制作多媒体课件的具体内容，包括文字、图片、音频、视频等。需要注意的是，课件内容应该简明扼要、重点突出，以便学生能够快速理解。

6. 添加互动元素：为了增加学生的参与度和互动性，多媒体课件中需要添加一些互动元素，比如练习题、互动演示、交互式评估等。

7. 调试和演示：完成课件的制作之后，需要进行调试，确保课件的功能和内容都符合教学要求。在演示过程中，教师需要控制好节奏，适时地引导学生参与互动，以便提高学习效果。

以上是制作多媒体课件的一些基本步骤，当然具体情况还需要根据教学内容和目标进行调整。

第二节　基于信息技术的英语教学

一、基于信息技术的课堂教学变革

实践表明，将信息技术与英语教学进行整合需要我们认真思考和探索，同时也需要我们在实践中不断地总结和改进。在整合信息技术与英语教学的过程中，我们需要考虑以下几个方面。

1. 教学目标：我们需要明确教学目标，将信息技术应用到英语教学中，不是为了追求技术而技术，而是要服务于教学目标，提高教学效果。

2. 教学内容：我们需要根据教学内容，合理运用不同的信息技术手段，如多媒体课件、网络资源等，让学生更好地理解和掌握英语知识。

3. 教学方法：我们需要灵活运用信息技术手段，创新教学方法，激发学生学习兴趣，培养学生的自主学习能力和创新精神。

4. 教学评估：我们需要建立科学的教学评估体系，评估信息技术在英语教学中的应用效果，及时发现问题并进行改进。

5. 师资培养：我们需要加强师资培养，提高英语教师信息技术运用能力和教育教学理论水平，为信息技术与英语教学的整合提供有力的保障。

通过以上几个方面的综合考虑和实践运用，我们可以更好地将信息技术与英语教学进行整合，创造出更加丰富多彩的英语教学场景，提高教学效果和教学质量。

首先，将信息技术与英语教学进行整合将使课堂教学模式发生很大的变革。具体表现在：

（一）教学信息源的变化

学校和教师不再是唯一的信息源。随着现代传播技术、多媒体技术和网络通信技术的发展，信息来源已经变得更加广泛和多元化。学生可以从多种渠道获取英语信息，如光盘百科全书、各种软件、电视教育节目、外语新闻节目、网上外语课程和国际互联网等。

这种变化对教育提出了新的挑战，因为教师需要更加开放和灵活，能够充分利用这些信息资源来提高教学效果。同时，学生也需要掌握更多的信息获取技能，以便更好地利用这些信息资源来增强自己的英语水平。

因此，我们需要思考如何将这些信息资源整合到英语教学中，以及如何帮助学生有效地利用这些资源。教师可以通过多种途径来引导学生，如教授信息检索技能、推荐学生阅读特定的英语文章或书籍，或者利用在线学习资源和教学平台。同时，教师也需要不断学习和更新自己的知识和技能，以便更好地应对这些变化。

(二) 信息类型的变化

随着信息技术的发展，信息类型也发生了变化。以英语教学为例，除了传统的书籍、教科书、报刊等文本信息外，现在还可以利用网络资源、多媒体资源、视频资源等形式获取和传递信息。这些新型信息形式不仅包括英语教材、题库和练习册，还包括音频、视频、网络课程、电子书、博客等多种形式。这些信息在形式和内容上都比传统的教材更加丰富和多样化。此外，随着人工智能技术的不断发展，虚拟助手、机器翻译等新型应用也成为信息形式的一种新形态。这些变化为英语教学提供了更多的选择和机会，同时也对英语教师提出了更高的要求，需要教师不断更新教育理念和教学方法，将新的信息形式运用到教学实践中去，提升教学效果。

(三) 信息流向的变化

信息的流向往往是单向的，即由教师向学生传授信息，学生则被动地接受。但是，在信息技术的应用下，信息流向开始变得多元化和双向化。学生可以通过网络搜索、参与讨论、互相交流等方式获取信息，同时也可以将自己的想法、作品、反馈等信息传达给教师和其他学生。教师则可以利用多种方式向学生传达信息，如制作多媒体课件、组织网络讨论、分享学习资源等，同时也可以借助学生的反馈和互动来调整教学策略和方法。因此，信息流向的变化从单向发展向双向、多元化的方向发展，教师和学生在信息交流和共享中具有更为平等的地位和作用。

二、基于信息技术的教学模式

信息技术已经成为现代英语教育的重要组成部分，它的应用可以带来很多优势。其中一个优势就是，信息技术可以打破传统的教学模式，为学生提供更加自由、开放和丰富的学习环境。同时，信息技术也可以使得学生更加积极主动地参与英语学习，充分发挥自己的潜力和创造力，提高英语学习效果。因此，教师在整合信息技术和英语教学时，需要充分考虑学生的需求和特点，针对不同的教学目标和内容，选择合适的信息技术工具和教学策略，创造积极互动、富有启发性和探究性的课堂氛围。

基于信息技术的英语教学模式有以下几种。

(一) 演示型教学模式

演示型教学模式是以教师为主导，通过对学习的内容进行讲解、展示、演示等方式来传递知识，学生则是被动接受的角色。这种教学模式在传统的英语教学中比较常见，例如，教师用黑板和书本讲解语法规则，让学生听、记和理解。在信息技术与英语教学的整合中，演示型教学模式也得到了进一步的发展。

在多媒体课件的支持下，教师可以更加直观地向学生呈现所要讲解的内容，利用图像、声音、视频等多种方式来传达知识，帮助学生更好地理解和记忆。同时，演示型教学模式也不再局限于传统的教室教学，可以通过网络远程教学平台，将教师的演示直接传递到学生的电脑或移动设备上，实现异地实时教学。

尽管演示型教学模式可以帮助学生快速掌握知识和技能，但是也存在一些缺点。学生在这种教学模式下缺乏主动性和参与度，容易出现学习兴趣不高的问题，同时也难以培养学生的独立思考和创新能力。因此，在信息技术与英语教学的整合中，需要探索更加灵活多样化的教学模式，激发学生的学习兴趣和主动性。

演示型教学模式通过利用多媒体技术，将语言、图片、音频和视频等多种媒体形式有机地结合在一起，增强了课程的可视性、可听性、可理解性和可记忆性，帮助学生更好地理解和掌握英语知识，提高了英语教学的效果。

决定是否采用某课件的依据包括以下几点。

1.教学目标是否相符：课件的设计目的应与课堂教学目标相一致，能够达到教学目标的要求。

2.学生知识水平是否适宜：课件所要求的学生的知识水平是否与学生现有的知识水平相匹配。

3.教学效率是否提高：课件能否提高教学效率，使学生更容易地理解和掌握所学知识。

4.学生兴趣是否被引起：课件的内容、形式、设计是否能够引起学生的兴趣和积极性。

5.交互性和链接功能：课件是否具有交互性能和超文本链接功能，能否促进学生的自主学习和知识的深入掌握。

总之，要根据课程特点和教学目标进行具体评估，选择最适合的课件进行教学。

（二）网络辅助教学模式

网络辅助教学模式的优点包括：

1.提高学习效率：学生可以通过网络获取更加丰富和多样的学习资源，同时也可以在网络上进行在线交流和讨论，使学习变得更加高效和灵活。

2.提高学习兴趣：网络辅助教学模式具有多媒体教学的特点，可以利用图像、声音、动画等方式来呈现教学内容，从而增加学生的兴趣和参与度。

3.提高学习自主性：网络辅助教学模式可以让学生自主地选择学习内容和学习时间，使学习变得更加个性化和自主化。

4.促进学习交流：网络辅助教学模式可以通过在线交流和讨论的方式，让学生之间进行互动和交流，从而促进学生之间的相互学习和合作。

5.降低教育成本：网络辅助教学模式可以利用互联网和计算机技术，降低教育成本，使更多的学生能够接受高质量的教育资源。

除了使用播放器进行听力教学外，还可以利用互联网上的一些在线资源进行听力训练。例如，一些英语学习网站提供了各种听力材料，如新闻、对话、讲座等，学生可以选择自己感兴趣的材料进行听力训练，并进行跟读和模仿，以提高自己的听力能力和口语表达能力。同时，教师也可以在课堂上利用这些在线资源进行听力教学，引导学生积极参与听力活动，从而提高教学效果。

网络交互式教学在阅读教学中有很大的潜力。教师可以通过向学生推荐或分配阅读材料，让学生在网上搜索相关信息，加深对阅读内容的理解和记忆。同时，学生可以在阅读过程中利用互联网上的辅助工具，如在线词典、语法解析工具等，快速查找生词、短语或句子结构，提高阅读效率和准确性。此外，教师还可以利用在线讨论或交流平台，组织学生进行小组讨论或交流，加强学生对阅读内容的理解和思考。在网络辅助阅读教学中，教师应该根据学生的实际情况和教学目的，选择适当的阅读文本，并针对不同的学生提供个性化的指导和辅导。此外，教师还应该对网络资源进行筛选和整理，制作符合学生阅读需求和水平的网页或教学材料，并根据学生的反馈及时调整教学策略和方法，提高学生的阅读能力和阅读兴趣。

这种方式可以帮助学生培养快速获取信息的能力，但需要注意的是，快速阅读并不意味着可以牺牲阅读的深度和理解力，教师需要在设计中加入相关的练习和活动，让学生在快速阅读的基础上，深入理解文章的内容和意义。例如，在 Fast Reading 之后，可以安排相关的问题和讨论，让学生分享自己的理解和思考，从而进一步提高阅读的效果和价值。

通过 E-mail 进行网络交互答疑，可以实现教师与学生的及时沟通和互动。这种方式不仅方便，而且具有灵活性和便捷性，有利于促进学生的积极性和主动性。同时，学生也可以利用 E-mail 进行团队合作、共享资源等方面的交流，使学生之间的交流和合作更加紧密、有效，进一步促进学生的学习和发展。

（三）虚拟现实教学模式

虚拟现实技术能够为学习者提供一种更加直观、生动的学习方式。它通过创建一个虚拟的环境，让学习者可以进行交互，感受到身临其境的感觉。例如，在学习历史时，学生可以通过虚拟现实技术参观一些历史名胜古迹，如故宫、兵马俑等，可以更加深入地了解历史文化。在学习科学时，学生可以使用虚拟实验室进行实验，从而更加深入地了解科学原理和实验过程。虚拟现实技术在英语学习中也有广泛的应用，例如，学生可以使用虚拟语言实验室进行语音训练、口语模仿等。

虚拟现实技术在英语教学中的应用，可以使学生沉浸在虚拟的语言环境中，例如，模拟英语国家的生活场景、语言交际情境、实验场景等，让学生在模拟情境中学习英语，更加容易形成英语思维和语感。例如，利用虚拟现实技术模拟英语国家的购物场景，让学生进行模拟购物、询问价格、选择商品等交际行为，既提高了学生的语言交际能力，也促进了学生在实际交际中的自信心。此外，虚拟现实技术还可以应用于英语听力、口语、阅读和写作等多个方面，增加学生的学习趣味性和互动性，提高英语教学效果。

　　虚拟现实技术为英语口语教学提供了很好的辅助手段。通过设计虚拟情境，学生可以在一个模拟的语言环境中进行真实的语言交流，例如在虚拟的旅游场景中与当地人交流、在虚拟的商场场景中进行购物对话等。这种模拟的交流环境可以帮助学生提高实际口语交际能力，尤其是对于学生在日常生活中难以接触到外语环境的情况下，更能够提高口语表达的自信和流畅度。同时，虚拟现实技术还可以为学生提供大量的语音、口音和语调训练资源，帮助学生更好地掌握外语发音和语音语调的要素。

　　虚拟现实情境的制作并不简单，需要具备一定的技术和工具，例如，虚拟现实软件、三维建模软件、虚拟现实硬件等。此外，虚拟现实情境的制作需要耗费大量的时间和人力，对于一般的教师和学生来说，可能难以完成。因此，在教学中使用虚拟现实技术需要教师和学生共同努力，利用现有资源和技术，结合教学目标和课程内容，制作出适合自己的虚拟现实情境。

第三节　基于在线方式的E-Learning

一、E-Learning的背景与内涵

　　E-Learning是指使用电子技术（如计算机、互联网、移动设备等）支持的远程教育。其背景主要包括以下几个方面。

　　1.. 信息技术的发展：随着计算机技术、网络技术、多媒体技术、移动通信技术的快速发展，人们越来越依赖于这些技术，其中包括教育领域。

　　2. 全球化趋势：现代社会的全球化趋势要求人们具备跨文化交流和合作的能力，而E-Learning正是这方面的有力支持。

　　3. 个性化需求：传统的教育方式难以满足学生不同的学习需求和学习节奏，而E-Learning可以通过个性化设置和学习管理系统来满足这方面的需求。

　　4. 终身学习：现代社会对个人的终身学习提出了要求，而E-Learning可以提供灵活的学习方式和更加丰富的学习资源。

　　5. 教育资源的共享：E-Learning可以打破地域限制，使得教育资源可以得到更好地共享和利用，以提高教育的效益和质量。

　　E-Learning的优势主要包括：

　　1. 灵活性：学习者可以根据自己的时间、地点和学习节奏来安排学习计划，不受时间和空间限制。

2. 个性化：E-Learning 可以根据学习者的不同需求和学习进度，为学习者提供个性化的学习路径和学习资源。

3. 互动性：E-Learning 提供了多种交互方式，如在线讨论、群组项目、在线测验等，可以促进学习者之间的互动和协作。

4. 多样性：E-Learning 可以采用多种形式，如文字、图片、音频、视频等，丰富学习资源，提高学习效果。

5. 成本效益：E-Learning 的成本相对传统教育更低，可以节省学习者的交通、住宿和教材等费用。

6. 实时性：E-Learning 可以随时更新和调整内容，使学习者获取最新、最有效的学习资源。

总之，E-Learning 的优势在于其灵活性、个性化、互动性、多样性、成本效益和实时性，可以为学习者提供更加便利、高效、个性化的学习体验。

二、E-Learning 的实施

（一）自主学习

自主学习是指学生在学习过程中具有自我管理、自我评估、自我调节和自我纠错的能力，通过自主思考、自主决策和自主实践，实现自己的学习目标和学习效果的提高。

自主学习是现代教育理念的重要组成部分，也是现代学习者应具备的一项基本能力。自主学习有利于发展学生的独立思考、解决问题和创新能力，培养他们的自主性、合作性、创造性和实践能力。

E-Learning 为学生提供了更多自主学习的机会和条件。学生可以自行选择学习的时间、地点和方式，根据自己的学习进度和需要进行自主学习，同时可以利用网络上的各种学习资源和工具进行自主学习。这样可以更好地适应不同学习风格的学生，提高学习效率和效果，同时也增强了学生的自我管理和自我学习的能力。

在线学习具有很大的灵活性和便利性，可以让学生在任何时间、任何地点都能够学习，并且能够按照自己的节奏自主学习。同时，通过在线学习，学生还可以获得更多的资源和信息，与来自世界各地的教师和学生进行交流，提高语言水平和跨文化交流能力。在线学习的优势越来越被人们认识和接受，未来也将成为教育领域的重要趋势之一。

E-Learning 系统提供了更加自由、灵活的学习方式，让学习者可以按照自己的节奏、时间和兴趣进行学习。此外，E-Learning 系统中通常还会有在线讨论、问答、协作等功能，学习者可以和其他同学、教师一起讨论问题、分享经验、互相帮助，这种交流和协作的学习方式可以激发学习者的兴趣，提高学习效果。

(二) 合作学习

合作学习是指在小组或团队内部进行的互动性学习过程，通过与他人讨论、分享、协作来完成任务，达到知识共享和提高学习效果的目的。合作学习的基本理念是学习者之间的相互依赖和相互支持，学习者通过交流和合作来共同解决问题、创造知识和达到目标。

合作学习的优点包括：

1. 促进学习者的主动性和积极性。在合作学习过程中，学习者需要积极参与讨论和合作，发表自己的看法和建议，这有助于培养学习者的主动性和积极性。

2. 提高学习效果。通过讨论和合作，学习者可以相互学习、互相帮助，发现自己的不足和问题，并通过交流和合作找到解决问题的方法，从而提高学习效果。

3. 培养学习者的团队合作能力。在合作学习过程中，学习者需要相互协作、相互配合，培养学习者的团队合作能力和沟通能力。

4. 培养学习者的批判性思维和创造性思维。在合作学习过程中，学习者需要对不同的观点进行批判性思考，并通过合作来创造新的解决问题的方法，从而培养学习者的批判性思维和创造性思维。

5. 合作学习可以通过多种方式实现，例如小组讨论、角色扮演、共同编写文献、共同完成项目等。在网络教学环境中，可以通过论坛、群组、在线协作工具等方式来实现合作学习。

教师在 E-Learning 中的作用非常重要，他们需要充分利用网络平台和多媒体技术，创新教学方式，激发学生的学习兴趣和积极性。教师需要制订合理的教学计划和任务，设计符合学生学习需求的课程内容，及时反馈学生的学习情况和问题，为学生提供必要的帮助和指导，促进学生的自主学习和合作学习。同时，教师还应该关注学生的个性化学习需求，了解他们的学习风格和兴趣爱好，针对性地提供不同的教学资源和活动，为学生创造良好的学习环境和氛围。

E-Learning 的教学过程可以借助多种互动和协作环境，如在线讨论、团队项目、即时答疑等，有助于学生更深入地理解学习内容，加深对知识点的理解，提高学习效果。同时，通过在线测验和评估，教师可以及时发现学生的问题并进行针对性的指导，更好地实现个性化教学。此外，E-Learning 可以使学生更加灵活地安排学习时间和地点，便于在繁忙的学习和生活中进行学习，提高学习效率和学习质量。

(三) 资源共享

正是因为 E-Learning 系统的开放、平等、交流与共享的特点，使得其成为一个充满活力和创造力的学习环境。学习者可以与来自不同地区、不同背景的人共同学习，了解其他文化和思想，从中汲取灵感，拓宽自己的视野，增长自己的见识。在 E-Learning

系统中，学习者可以充分发挥自己的创造力和想象力，利用网络资源库中的知识和信息进行创新，探索新的学习途径和方法，为知识更新和转化注入新的活力。同时，E-Learning 系统也是一个非常透明的学习环境，学习者可以清晰地了解自己的学习进度和效果，以及其他学习者的学习情况和成果，从而激发自己的学习兴趣和动力。

第四节 信息技术与学科教学整合的含义和意义

一、信息技术与学科教学整合的含义

信息技术与学科教学整合是指将信息技术与学科教学有机结合起来，通过信息技术手段来提升学科教学的效果和教学模式的创新。这种整合可以将信息技术应用到教学过程中，从而提高教学效率、激发学生的学习兴趣、拓展学生的学习渠道、提高教学质量，从而使教育教学更加现代化、有效化、个性化、多样化。

信息技术与学科教学整合的含义可以从以下几个方面理解。

1. 整合信息技术手段到学科教学中。通过利用信息技术手段，如计算机、多媒体、网络、智能终端等，将其应用于学科教学过程中，以实现教学效果的提升和教学模式的创新。

2. 整合学科教学到信息技术中。在信息技术领域中，将学科教学内容与信息技术相结合，如开发教育软件、网络课程、在线学习平台等，为学生提供更加丰富、多样的学习资源和教育服务。

3. 整合师生、教学资源、知识共享等方面的教学要素。通过信息技术手段，将师生、教学资源、知识共享等方面的教学要素整合在一起，建立一个协作、互动、共享的学习平台，实现教学过程中信息的流动和共享，为学生提供更加开放、多元的学习环境。

4. 整合教学内容与学生个性化需求。信息技术与学科教学整合还可以实现对学生个性化需求的满足，通过信息技术手段对学生的学习行为和学习习惯进行分析和跟踪，为学生提供针对性更强、个性化需求更加满足的学习服务和支持。

信息技术与学科教学整合是指将信息技术与学科教学有机地结合起来，使信息技术成为学科教学中不可或缺的一部分，以提高教育教学的效果和质量。它包括利用信息技术改善教学过程和教学管理，提高教学质量，同时也为学生提供更广泛的学习资源和学习方式。该整合方式不仅仅是把信息技术引入课堂中，而是要将信息技术应用到教学的各个方面，如教学设计、教学管理、教学实施、教学评价等。在信息技术与学科教学整合的过程中，信息技术不是简单的工具，而是与学科教学紧密结合，成为促进学科教学发展的重要推动力量。

二、信息技术与学科教学整合的历程

信息技术与学科教学整合的历程可以追溯到 20 世纪 80 年代末 90 年代初,当时教育技术领域的研究者开始探索将计算机技术应用于学科教学的可能性。最初的尝试包括使用计算机制作教学软件,以及在课堂上使用计算机进行演示和辅助教学。

随着互联网和数字技术的发展,信息技术与学科教学整合进入了新的阶段。在 1990 年代后期和 2000 年代初期,许多国家和地区开始将信息技术与学科教学紧密结合,开发各种在线学习资源和课程。这些资源和课程不仅提供了更多的学习机会和渠道,也为学生和教师提供了更多的教学资源和工具。

在 21 世纪初,随着移动设备、社交媒体和云计算等技术的出现,信息技术与学科教学整合的形式和方法也在不断发展和变化。例如,教育者可以通过在线社交平台和云计算平台将学生和教师联系起来,分享学习资源和课程内容,从而促进合作学习和交流。同时,移动设备和应用程序也为学生和教师提供了更加便捷和灵活的学习和教学方式,例如,随时随地进行学习和测试。

总的来说,信息技术与学科教学整合的历程是一个不断演化和变化的过程,始终致力于提高学生的学习效果和教师的教学效率。

三、学科教学意义上的"信息技术"及主要类别

虽然在学科教学中,信息技术往往被狭义地理解为计算机应用技术或技巧,但实际上,它所涉及的范畴远远不止计算机本身。信息技术还包括各种数字化设备和工具、网络技术、多媒体技术、云计算、人工智能等,这些技术和工具都在不同程度上改变了我们的信息生产和获取方式。因此,在信息技术与学科教学整合的过程中,除了计算机的应用外,还需要将更广泛的信息技术纳入到教学活动中来。

事实上,"信息技术"是一个广泛的概念,不仅包括计算机技术,还包括了与信息有关的各种技术,比如通信技术、多媒体技术、网络技术、数据库技术、人工智能技术、虚拟现实技术等等。这些技术都是信息技术的一部分,它们共同构成了现代信息社会的基础。

信息技术与学科教学整合的含义应该更为广泛,不仅仅是将计算机技术应用到教学中,而是将各种信息技术手段与教学内容、教学方法、学习者特点等方面进行有机整合,以实现教育教学目标的最优化。这种整合的方式包括但不限于利用计算机软硬件、互联网、多媒体技术、虚拟现实技术等手段,从而实现教学过程的自主化、个性化、多样化和互动化。

这三类信息技术都可以与学科教学进行整合,从而丰富和改进教学方式、提高教学效果。比如,利用 PPT 制作精美的课件,使用 Excel 做数据处理和统计分析,使用

Flash制作动画和互动演示，使用Photoshop制作图表和图片，使用Dreamweaver制作网站和教学资源库，这些应用软件都可以为学科教学带来新的效果和体验。同时，利用网络资源和数字信息资源，可以使学生更深入地了解学科知识，并且可以通过在线教学平台进行教学交流和互动，促进师生之间的交流和学生之间的协作。

四、信息技术与学科教学整合的意义

基于上面的描述，我们认为，完全意义上的信息技术与学科教学的整合都应涵盖上述三类技术，与此相应的是其整合也具有以下三大意义。

第一类整合的意义是工具意义，通过各类应用软件的使用，教师可以更好地呈现教学内容，使得学生能够更加直观地理解和掌握知识点。同时，学生可以利用这些应用软件进行知识的巩固和复习，提高学习效率和质量。因此，整合信息技术对于提高学科教学的效率和质量具有重要的意义。

第二类整合的意义是资源意义，英语学科涉及的语言知识和文化素材繁多、广泛，因此数字信息资源的丰富性和多样性可以使学生更加方便地获取、理解和应用这些知识和素材，提高学习效果。比如，学生可以通过网络检索相关主题的图片、视频、文章等多媒体资源，从而更好地了解英语国家的文化、风俗和历史；也可以通过在线字典、语法工具等数字资源来进行英语学习和语言技能的提高。同时，数字信息资源的共享也可以使教师更加方便地准备教案、布置作业和检查学生作业，从而提高教学效率。

因为英语作为国际语言，其应用范围十分广泛，因此英语教学的资源可以涉及各个领域和学科。而且，学生在英语学习的过程中，也需要了解不同领域和学科的专业术语和表达方式，因此这些英语材料也可以帮助学生拓展跨学科的知识。

第三类整合的意义比较复杂，平台意义不仅仅是提供一种新的教学平台，还是一种支持互动、协作和共享的教学平台。通过平台，学生可以更加方便地与老师和同学互动交流，共享资源和经验，实现多元化的学习方式和个性化的学习路径。同时，教师也可以更加灵活地组织教学活动，定制化的教学内容，实现个性化的教学方案。这种平台意义具有革命性，它使得教学变得更加开放、民主、灵活，真正实现了教育的个性化、多元化和全面化。

随着计算机技术的发展，传统教学平台不再是唯一的选择。计算机应用技术提供了一种全新的、基于互联网的教学平台，这种平台可以支持异地、异时、非实时的师生互动，例如，在线教学、网络课程等。这种教学平台大大扩展了教育的时空范围，使得学生可以在任何时间、任何地点接受教育，教师也可以在任何时间、任何地点进行教学。此外，计算机应用技术还提供了更多的教学资源和教学工具，例如，多媒体教学软件、教学管理软件等，使得教学更加生动、丰富、个性化，帮助学生更好地理解和掌握知识。因此，计算机应用技术对传统教学平台进行了重大的补充和扩展，开创了一种全新的、基于互联网的教学模式。

正是这种平台意义，使得信息技术与学科教学整合在教学理念和教学模式上产生了深刻的变革。这种变革包括但不限于以下几个方面。

1.教学模式的多样化。传统的教学模式主要是以教师为中心的"灌输式"教学模式，而信息技术与学科教学整合后，教学模式得到了多样化和拓展。例如，通过网络教学、远程教学等方式，学生可以在不同的场所、时间进行学习，而不必受制于传统的教学时间和地点；通过互动平台的建设，教师和学生之间的互动更加灵活和多元化，可以实现师生之间、学生之间的交流和互助。

2.学习方式的多元化。信息技术与学科教学整合后，学生的学习方式也得到了多元化和拓展。例如，通过数字信息资源的共享和利用，学生可以获取更加丰富、全面的知识，拓展了学习的广度和深度；通过在线学习、个性化学习等方式，学生可以根据自己的兴趣、特长、学习进度等因素进行学习，提高了学习效率。

3.学习环境的改善。传统的教学环境通常是教室、实验室等有限的场所，而信息技术与学科教学整合后，学习环境得到了改善和拓展。例如，通过在线学习平台，学生可以在任何时间、任何地点进行学习，具有了更大的自由度和灵活性；通过数字信息资源的共享和利用，学生可以获取到更加全面、精准的学习材料，提高了学习效果。

总之，信息技术与学科教学整合的平台意义，使得传统的教学模式、教学方式和教学环境得到了深刻的变革和拓展，促进了教育现代化和信息化的进程。

确实，信息技术与学科教学整合的平台意义的复杂性需要我们认真考虑和研究。例如，新的教学平台的出现对传统教学模式的颠覆性和挑战性，需要教师和学生都具备全新的思维和技能来适应。同时，私人化意味着带来了一些新的问题和风险，如隐私泄露、信息安全等问题需要注意和解决。因此，我们需要在整合信息技术与学科教学的过程中，注重平衡各种因素，充分发挥技术的优势，同时也要注意技术可能带来的负面影响，保证教育教学的质量和安全。

平台意义的出现使得教育的范围和形式发生了极大的改变，打破了传统的课堂教学限制，给予学生更多的自主学习和交流的机会。同时，平台意义也增强了学生的信息素养，让他们能够更好地获取和处理信息，发展自己的思维和创新能力。这些都是传统教学模式无法实现的。因此，平台意义的出现确实是具有革命性和重要意义的。

第五节　信息技术与英语学科教学整合的内容、范畴和对象

一、内容与范畴

这里所谓的内容和范畴，是指当把"信息技术与学科教学整合"本身看作一门学科时，其研究的内容和范围应该是什么。根据上面第一节的讨论，我们认为，应该从理论、开发、操作和制度这四个层面来对信息技术与学科教学整合进行探索和研究。

此外，还应该考虑到其他的教育理论，如认知心理学、社会文化理论、学习风格理论、多元智能理论等，它们对于信息技术与学科教学整合的研究和实践也有着深远的影响。因此，我们需要深入探讨这些理论的应用和发展，以及它们与信息技术在学科教学中的整合关系。同时，还需要研究新兴的教育技术、教育心理学、教育科学等方面的理论，以及它们在信息技术与学科教学整合中的应用和发展。在理论层面的研究，需要探讨信息技术与学科教学整合的本质、内涵和意义，探究信息技术与学科教学整合的研究方法和策略，为实践层面的应用提供理论支持。

对于非信息技术专业的人员来说，深入理解这些硬件和编程方面的知识并不是必要的。但是，了解一些基础的硬件知识和编程思想，可以帮助我们更好地理解信息技术的原理和应用。而且，在信息技术与学科教学整合的实际应用中，有时也需要一些编程技能或硬件知识，例如，在制作教学资源时，需要掌握一些多媒体制作软件的使用方法，或者在维护和管理教学设备时，需要了解一些硬件维护和故障排除的基本知识。因此，在教育和培训中，也应该适度地介绍一些与信息技术硬件和编程相关的知识。

在开发层面上，不仅教育领域的专家可以进行研究，也需要来自其他领域的专家共同合作，这些专家可以来自软件开发公司、互联网企业、电子商务公司等。他们可以开发各种教育软件、教学管理系统、学生学习平台等，以促进信息技术与学科教学的整合。同时，还可以开发一些在线学习课程，提供多元化、高效、自主的学习体验。在开发层面上，需要密切结合教学需求和教育理论，不断改进和完善各种教育软件和平台，以提高信息技术与学科教学的整合水平。

操作层面的研究主要针对的是教学一线人员，它的目的是帮助教师快速掌握信息技术的应用技巧，以便在教学中更加高效地利用信息技术。这类研究的内容包括：如何使用PPT制作教学课件，如何使用各类应用软件设计互动课件，如何在网络上进行搜索和评估教学资源，如何利用信息技术进行教学评估等。这些研究旨在提高教师的信息技术应用能力，促进信息技术与学科教学的整合，从而提高教学质量和效果。

制度层面的研究需要考虑如何从教育体制、教学管理和政策层面支持信息技术与

学科教学的整合。比如，制定相关的政策法规和指导意见，制定教育信息化发展规划和实施方案，建设相应的教育信息化基础设施，开展信息技术培训和考核等。这需要教育管理部门、教学机构和教育技术服务机构的协同努力。

确实如此，不同层面的内容是相互依存、相互影响的，它们之间的关系并不是简单的层次分明，而是相互交织的。因此，在实际研究中，我们需要综合考虑各个层面的因素，以达到整合信息技术与学科教学的最佳效果。

此外，在制度层面，还需要探讨如何评估和提高学生的语言技能水平，如何制定英语学科的课程标准和考核制度，如何培养和评价英语教师的教学能力和信息技术应用水平等。总之，在信息技术与英语学科教学整合的研究中，需要充分考虑语言学习的特点和需求，针对性地开展研究工作。

二、对象

信息技术与学科教学整合的对象可以是工具性应用软件、资源性图文或多媒体材料以及平台性互动软件。这些信息技术可以应用于英语学科教学中的各个环节，如教学设计、课件制作、学习管理、互动交流等，从而达到更好的教学效果和学习体验。

（一）工具性整合的对象

工具性整合的对象主要是各种应用软件，它们可以作为辅助教学的工具，如课件制作软件、语言学习软件、听力练习软件、口语练习软件、语法检测软件等。这些软件可以帮助教师更好地设计课件、策划教学活动，也可以帮助学生更加高效地学习和练习英语。

（二）资源性整合的对象

此外，随着社交媒体的兴起，如 YouTube、Twitter、Instagram 等，学生可以通过这些平台获取大量地道的英语口语、听力、阅读、写作资源，这些资源可以被整合到英语学科的教学中。此外，学校图书馆、数字图书馆、在线教育平台等也是英语学科教学资源的重要来源。整合这些资源可以使得学科教学更加丰富多彩、有趣生动。

实材包括但不限于新闻、报纸、杂志、广告、商业信函、科技文献、演讲录音，等等，甚至可以包括英语演唱会、电影等各种形式的英文表演。对于英语学习者来说，这些实材在学习过程中具有重要的作用，可以帮助他们更好地理解和掌握语言，培养语感，提高口语表达能力。因此，实材的整合也是英语学科教学中不可忽略的一部分。

在教学实践中，材料的使用目的和方式是灵活多变的，同一材料可以在不同情境下被运用，以达到不同的教学目标。因此，教师在整合资源时需要考虑到学科教学特点、学生的学习需求和自身的教学风格等多方面因素，以确定最佳材料的使用方式和类别。

（三）平台性整合的对象

平台性整合的对象是指那些可以提供教学、学习、评估等多种功能的应用程序或网站。在英语学科教学中，一些英语学习平台或社交平台，都可以作为整合平台来使用。通过这些平台，学生可以获得更多的学习资源和学习机会，同时也可以更加便捷地与教师和同学进行互动和合作。教师也可以通过这些平台来设计和分配作业、布置测验、进行在线评估等教学活动，从而提高教学效率和学生学习成果。整合平台的好处在于它可以为教学活动提供更加全面和完整的支持，同时也可以帮助学生更好地掌握学科知识和技能。

平台性整合可以分为两种：一种是基于现有平台的整合，另一种是定制化平台的整合。

基于现有平台的整合，指的是利用已经存在的教育技术平台，如网络学习平台、教育管理信息系统等，将信息技术与学科教学有机地结合起来，实现信息技术与学科教学的有机整合。这种整合方式具有成本较低、实施周期短等优势。

定制化平台的整合，则是针对某一学科或某一学校的特定需求而设计的教育技术平台。这种整合方式具有针对性强、与学校教学管理紧密结合等优势，但成本较高，实施周期较长。

第三章 信息化与英语教学资源建设

随着信息技术的发展,教育逐步实现了信息化,信息化教学资源更加丰富,种类也逐渐增加。以下将对相关的信息化与英语教学资源建设做详细阐述。

第一节 信息化教学资源

一、信息化教学资源概述

(一)信息化教学资源的定义

教学资源可以是物质资源,如教学设备、实验器材、图书、教具等;也可以是人力资源,如教师、教育专家、辅导员等;同时也可以是信息资源,如教学软件、网络教学资源、在线课程等。教学资源的分类还可以根据其形式、内容、载体等的不同进行划分,如教学视频、教学PPT、教学游戏、模拟实验等。

在信息技术与学科教学整合中,教学资源的利用和开发是非常重要的一部分。通过整合和利用各种教学资源,教师可以提高教学效果,激发学生的学习兴趣和积极性,提高学生的综合素质。同时,也需要注意合理规划和管理教学资源,避免教学资源的重复开发和浪费,确保教学资源的有效利用。

信息化教学资源是信息资源的一种特殊形式,是指数字化的以电子化形式呈现的教学材料和教学环境。狭义的信息化教学资源主要包括电子课件、网络课程、教育软件、数字图书馆等数字化教学材料,而广义的信息化教学资源还包括学习管理系统、虚拟实验室、在线讨论平台、视频会议等数字化教学环境。这些资源可以为教学提供丰富多彩的教学内容和灵活多样的教学方式,促进学生的积极参与和深度学习,提高教学效果和教学质量。

信息化教学资源通常是指经过数字化处理的、可以在计算机或网络环境下使用的各种教学材料和教学系统,它包括多媒体教学软件、网络教学平台、电子课本、数字化图书馆、教育视频、虚拟实验室等多种形式。这些资源可以帮助教师更好地组织教学，让学生更加自主地学习，同时也能够提高教学效果，促进学生的学习兴趣和学习成果。

（二）信息化教学资源的分类

信息化教学资源可以按照不同的分类方式进行划分，常见的分类方式包括以下几种。

1. 根据媒体形式划分：包括文本、图片、音频、视频、动画等多媒体形式。
2. 根据使用目的划分：包括教学材料、教学软件、教学案例、教学课件等。
3. 根据开发方式划分：包括自主开发、合作开发、资源共享等。
4. 根据知识结构划分：包括概念性资源、程序性资源、实践性资源等。
5. 根据适用对象划分：包括针对不同年级、不同学科、不同层次的教学资源。
6. 根据知识领域划分：包括语言、文学、数学、自然科学、社会科学等各个领域的教学资源。
7. 根据教育阶段划分：包括幼儿教育、小学教育、中学教育、高等教育等不同阶段的教学资源。

（三）信息化教学资源的媒体特性和特点

教学资源既是信息传递的媒介，也是构成教学内容的基础，同时也是支撑教学活动的必要条件。信息化教学资源的数字化处理和互联网技术的应用，为教学资源的利用和开发提供了更多的可能性和便利性。同时，数字化的教学资源也可以更好地满足学生个性化和差异化学习的需求，促进学习效果的提高。

1. 媒体的特性

媒体具有以下特性。

（1）可传递性：媒体是信息传递的工具，能够将信息传递到接收者的手中。

（2）重复性：媒体可以多次传递同样的信息。

（3）可编码性：媒体可以将信息编码为某种形式，如文字、图像、音频、视频等。

（4）多样性：媒体的形式和类型非常多样，可以根据不同的需要和目的选择适合的媒体。

（5）互动性：一些媒体可以与用户进行互动，比如电子游戏、虚拟现实等。

（6）可操控性：媒体可以被人们操作和控制，实现各种功能和操作。

（7）可储存性：媒体可以被储存，以便以后使用或传播。

（8）时效性：媒体的信息具有一定的时效性，有些信息只有在特定时间点才具有意义或有效性。

2. 信息化教学资源的新特点

（1）组织的非线性化

组织的非线性化是指信息化教学资源中的内容和结构可以不再是线性的，而是呈现出网络状、模块化的结构。这种非线性的组织方式能够使学习者根据自己的需求和兴趣选择学习的路径和顺序，提高学习效率和效果。而且，通过网络状、模块化的组织方式，学习者可以更加深入地理解知识点的内在联系，加深对知识的理解和应用。另外，这种非线性化的组织方式也为学习者提供了更多的自主学习的机会，可以通过自主学习的方式更好地掌握学习内容。

（2）处理和存储的数字化

数字化是指将模拟信号转换为数字信号，使其可以用计算机进行处理和存储。在信息化教学中，数字化的处理和存储使得教学资源的制作、管理、交流和使用变得更加方便和高效。数字化的教学资源可以进行快速的复制和传播，从而节省了时间和成本，同时还可以随时随地使用。此外，数字化还可以使得教学资源的更新、修订和扩充更加容易和迅速。

（3）传输的网络化

网络化传输是指教学资源可以通过互联网等网络媒介进行传输和共享。随着信息技术的发展和互联网的普及，教学资源的传输方式从传统的书本、磁带、光盘等媒介转变成了更加高效、便捷的网络传输方式，这也使得教学资源的使用和共享更加广泛和便利。同时，网络化传输也为在线教育、远程教学等提供必要的技术支持。

（4）教育过程的智能化

教育过程的智能化是指利用先进的信息技术手段和智能化技术手段，对传统教育过程进行全方位、深层次、多角度的改革和升级，使教育过程更加智能、高效、个性化、可定制化、数字化、在线化。具体来说，教育过程的智能化主要体现在以下几个方面。

①智能化教学内容的生成和管理：利用人工智能等技术，实现对教学内容的自动化、智能化生成和管理，从而满足不同学习者的需求。

②智能化教学资源的开发和应用：利用多媒体技术、虚拟现实技术等，开发各类智能化教学资源，实现对教学资源的智能化应用，提高学习效果。

③智能化教学评估与反馈：利用数据挖掘、机器学习等技术，实现对学习过程的自动化评估和反馈，及时发现和纠正学习者的问题，提高学习效率和效果。

④智能化学习环境的构建和优化：利用信息技术和智能化技术，建立更加个性化、高效、智能化的学习环境，为学习者提供更加优质的学习服务和支持。

总之，教育过程的智能化是信息技术与教育教学深度融合的产物，它将推动教育教学的创新和变革，提高教育质量和效益。

（5）资源的系列化

资源的系列化是指将同一类别的教学资源进行整合，形成一个有机的、系统的教学资源系列。教学资源系列可以根据其内容特点进行分类，例如按照学科分类、按照知识点分类、按照难易程度分类、按照教学阶段分类等等。教学资源系列的建设可以促进教学资源的有效利用，提高教学效果和效率，也可以方便学生自主学习和教师备课。

二、信息化教学资源的应用原则及其获取方法

（一）教学资源的应用原则

选用、修改或制作信息化教学资源时，应根据教学目标、教学内容和教学方法来进行选择和设计，同时要考虑到教学资源的多样性和灵活性，以满足不同学习者的需求和教学情境的变化。此外，还需要注意版权问题，确保教学资源的合法性和可信度。

1. 目标控制原则

目标控制原则是指在设计和选择信息化教学资源时，应该以教学目标为导向，确保所选择和设计的资源能够有效地促进学生实现目标。具体来说，应该先确定所要达到的教学目标，然后根据目标的不同需求，选择或设计相应的资源。这样可以确保教学资源与教学目标的契合度，避免资源的浪费和无效使用。同时，在教学过程中，也需要对学生的学习情况进行监控和评估，以便及时调整教学资源的使用和选择，使其更好地服务于教学目标的实现。

2. 内容符合原则

内容符合原则指的是信息化教学资源的内容应该符合教学目标和学科特点，能够帮助学生更好地理解和掌握知识。资源内容应该具有科学性、全面性、系统性和针对性，且能够与学生的生活和实际情况相结合，以便更好地引导学生学习，提高学习效果。在设计和选择教学资源时，应该根据学科特点和教学目标，选取内容准确、全面、系统、适合教学的资源。同时，还应该注重资源内容的更新和时效性，确保资源的内容与学科发展的最新进展保持同步。

3. 对象适应原则

对象适应原则是指设计的教学资源应当适应教学对象的特点和需求，以更好地促进学生的学习。这个原则要求教学资源的设计应该充分考虑到学生的年龄、认知水平、学科水平、学习风格、文化背景等方面的因素，以便让学生能够更好地理解和掌握教学内容。同时，还要考虑到学生的学习兴趣和需要，将教学资源设计成符合学生需求的形式，增强学生的学习动机和积极性。例如，对于小学生来说，他们对动画、游戏等视觉效果较强的教学资源更为感兴趣和适应。

4. 最小代价原则

最小代价原则指的是在制作信息化教学资源时，要尽可能降低其制作和使用的代

价。这包括时间、人力、物力和金钱等方面的代价。在设计和制作资源时，应该避免重复劳动和浪费，尽量采用已有的技术和资源，避免过分追求高端技术和奢华效果，以达到经济高效为目的。在使用资源时，也应该尽可能地节约资源的使用，不要浪费和过度使用。最小代价原则不仅有利于提高资源的使用效率和效果，也可以节约资源开发和使用的成本，使资源的制作和使用更加经济合理。

（二）教学资源的常用获取方法

1. 文本资源的获取方法

获取文本资源的方法主要包括以下几种。

（1）图书馆查询：可以到各类图书馆、图书室查阅书籍，以获取所需文本资源。

（2）网络搜索：可以通过各类搜索引擎进行搜索，找到所需的文本资源。

（3）电子书资源网站：可以访问一些提供免费或付费电子书下载的网站，下载所需的文本资源。

（4）学术数据库：可以在学术数据库中检索所需文本资源，获取文献全文。

（5）教学平台：可以通过各类教学平台获取教学所需的文本资源，如课件、教材等。

2. 图片资源的获取方法

获取图片资源的方法包括以下几种。

（1）使用搜索引擎：使用搜索引擎如 Google、百度等，输入相关的关键词，即可得到大量的图片资源供选择。

（2）使用图片搜索引擎：有一些专门的图片搜索引擎如 Pexels、Pixabay 等，这些平台提供了大量的高质量图片资源供使用。

（3）使用图库网站：有许多图库网站如 Getty Images、Shutterstock 等，这些网站提供了海量的图片资源，用户可以通过付费或者订阅等方式获取高质量的图片资源。

（4）拍摄或者制作自己的图片：对于一些特定的场景或者需求，用户可以自己拍摄或者制作图片资源。

需要注意的是，在使用图片资源时要遵守版权规定，尽可能使用免费或者有授权的图片资源，以避免侵权问题。

3. 音频资源的获取方法

音频资源包括了语音、音效、背景音乐等类型。获取音频资源的方法主要有以下几种。

（1）使用搜索引擎搜索在线音频资源：可以使用搜索引擎，如百度、谷歌等，搜索在线音频资源库，如百度音乐、网易云音乐等。

（2）购买正版音频资源：可以通过各大在线音乐商店购买正版音频资源，如 iTunes、Amazon、QQ 音乐等。

（3）从 CD 或磁带中提取音频：可以使用专业的 CD 提取软件或录音软件将 CD 或磁带中的音频提取出来，保存为数字音频文件。

（4）自行录制音频：可以使用录音软件将自己制作的音频内容录制下来，保存为数字音频文件。

音频的获取途径。

（1）购买：可以购买专业制作的音频资源或者授权使用音频资源。一些在线音乐商店或者版权库可以购买高质量的音频资源，如 iTunes、Amazon 音乐、Tidal 等。

（2）自制：通过录制、编辑和处理自己的音频资源。例如，使用录音软件录制音乐、自然声音、人声等。

（3）免费资源网站：有很多免费的音频资源网站可以提供免费的音乐和音效，例如，Freesound、AudioJungle、YouTube 音乐库、免费音乐档案库等。

（4）无版权音频库：一些音频资源库提供免费的无版权音频资源，可以免费使用和修改。一些著名的无版权音频库包括 Free Music Archive、ccMixter、SoundCloud 等。

需要注意的是，使用他人的音频资源时需要注意版权问题，确保使用合法并遵守版权法规。

4. 视频资源的获取方法

现在的计算机视频已经不仅仅局限于来自录像带、摄像机等视频信号源的影像，更多的是来自数字化视频的流媒体或文件，这些文件可能是各种格式的视频文件，如 AVI、MP4、MOV、FLV 等，也可能是直播的实时视频流。因此，获取计算机视频的途径也变得更加多样化和便捷化，包括以下几种途径。

（1）从互联网上搜索并下载所需的视频文件或流媒体。

（2）从 DVD、蓝光光盘等物理介质中获取所需的视频文件。

（3）利用视频采集卡或摄像头等设备从现场采集视频信号。

（4）通过直播平台观看实时直播的视频流。

（5）从在线教育平台、公共教育资源库等网站获取相关的教学视频资源。

在获取和使用视频资源时，要确保遵守相关的知识产权和版权法律法规，尊重他人的知识产权和版权，不得擅自复制、传播或商业使用他人的视频作品。同时，也应该注意保护个人隐私和个人信息安全，不得非法获取或使用他人的个人视频资料。

需要指出的是，使用采集卡进行视频文件采集需要相应的硬件设备和驱动程序，对于一些用户而言可能比较复杂。而使用超级解霸进行视频文件采集则相对简单方便，但是需要注意一些版权问题和文件格式兼容性问题。另外，网上可以搜索到一些免费或付费的在线视频资源库，也可以从视频分享网站上下载视频文件。但是需要注意版权问题，避免侵犯他人的知识产权。

这是一种常见的用采集卡进行视频采集的方法。用户可以根据采集卡的型号和相应软件的要求进行设置和操作,最终得到的视频文件可以进行编辑、转码和压缩等处理,以满足不同的需求和应用场景。

超级解霸实际上是一个功能强大的多媒体播放器,不仅可以播放各种音视频格式的文件,还可以进行视频截取和屏幕录制等功能。在进行视频截取时,需要先用超级解霸打开要截取的视频文件,然后按照上述方法进行操作即可。在屏幕录制时,可以选择录制全屏或指定区域,录制过程中也可以随时暂停和恢复录制,录制完成后,可以选择保存为 AVI、WMV 等格式的文件。

超级解霸中的常用工具包括转换工具和编辑工具。转换工具可以将不同格式的视频文件进行互相转换,比如将 MPG 文件转换为 AVI 文件,或者将 AVI 文件转换为 MPG 文件等。编辑工具可以进行视频的剪辑、合并、分割等操作。另外,超级解霸还支持视频文件的特效、字幕等处理。

三、同步教学资源库

同步教学资源库指的是将不同地区、不同学校、不同课程等的教学资源进行整合、汇总、同步,并建立统一的教学资源库,供教师和学生使用和分享。

在同步教学资源库中,可以通过网络将各地各校的优质教学资源进行汇集和整合,避免了资源重复建设和浪费,同时也能够提高教学资源的共享度和利用率。同步教学资源库中的资源可以是各类数字化的教材、课件、教学视频、教学软件等,可以为教师和学生提供便捷的教学资源获取途径,并促进教学方法和内容的创新、改进。

同时,同步教学资源库的建立还可以促进各地区、各学校之间的教学资源共享和交流,促进教学水平的提高和教学质量的稳步提升。

(一) 同步教学资源库概述

1. 同步教学资源库的内涵与意义

同步教学资源库是将教育资源按照课程大纲的要求进行分类、整合,建立起来的一套系统化的教学资源库,能够更好地支持教师教学和学生学习。同步教学资源库的建立有助于提高教学效率和质量,减轻教师的负担,提高学生的学习兴趣和效果。

同步教学资源库的建设有两个层面的意义。

(1) 教育教学层面:同步教学资源库的建设可以促进教育教学改革,提高教育教学质量。同步教学资源库将各种教学资源整合在一起,形成一套完整的、系统化的教学资源体系,有利于教师教学设计和教学实施,能够更好地实现教学目标,提高学生的学习效果和激发学生的学习兴趣。

(2) 信息化建设层面:同步教学资源库的建设可以促进信息化建设,提高信息化水平。同步教学资源库的建设需要借助先进的信息技术手段,如云计算、大数据、人工智能等，从而推进信息化建设和教育教学的融合，提高教育教学的信息化水平和效率。同时，同步教学资源库的建设也为学校信息化建设提供了一个具体的目标和方向，促进了学校信息化建设的整体规划和实施。

2. 资源库的资源类型

教育资源库中的资源类型多样化，包括但不限于以下几类。

（1）文本类资源：包括各种文本、论文、课件、PPT等；

（2）图片类资源：包括各种图片、图表、照片等；

（3）音频类资源：包括各种音频、音乐、声音效果等；

（4）视频类资源：包括各种视频、录像、动画等；

（5）互动类资源：包括各种模拟、游戏、问答等；

（6）课件类资源：包括各种课件、多媒体课件等；

（7）软件类资源：包括各种教学软件、辅助工具等；

（8）数据类资源：包括各种数据、数据库、统计报告等。不同类型的资源可以根据具体的教学目标和需要进行组合、利用，以实现更有效的教学效果。

（二）同步教学资源库的构建

1. 同步教学资源库设计的原则

现代教育思想和理论应该成为同步教学资源库建设的指导原则，因为只有以这些理论为指导，才能够为教育教学提供有意义、有效和适宜的教育资源。同时，超级链接和多媒体资源是构建同步教学资源库平台的重要技术手段。超级链接可以让师生快速地跳转到相关的资源，便于获取所需的信息；而多媒体资源的使用可以让师生在学习中获得更加直观、生动和有趣的体验，提高学习的效率和兴趣。

其设计原则具体表现在以下几个方面。

（1）教学性原则

教学性原则是指在同步教学资源库的建设过程中，应该根据教育教学的目标和需求，注重教学性，强调资源的实用性和有效性。

具体来说，教学性原则应该包括以下几个方面：

①目标导向。同步教学资源库的建设应该以课程目标和学生需求为导向，选择和整合符合目标和需求的资源，使之成为促进学生学习和发展的有效工具。

②适用性。同步教学资源库应该选择适合不同学科和不同年级的教学资源，确保教学资源的适用性和实用性。

③真实性。教学资源应该真实、准确、权威，符合学科知识和教学要求，避免被误导。

④多样性。教学资源应该多样化，包括文本、图像、音频、视频等多种类型的资源，以适应学生的多样化学习需求。

⑤独创性。教学资源应该具有独创性，反映教师的个性和创造力，为学生提供更加生动、有趣、具有吸引力的学习资源。

⑥开放性。教学资源应该开放共享，允许教师和学生自由访问和使用，为教学和学习提供更多的可能性和灵活性。

总之，教学性原则是同步教学资源库建设的基本原则之一，可以帮助教师更好地选择、整合和利用教学资源，提高教学效果和教学质量。

（2）多媒体化原则

多媒体化原则是指在教学资源库的建设过程中，应尽可能地利用多媒体技术来呈现教学内容，以丰富教学资源的形式和内容，提高教学的吸引力和互动性。多媒体技术包括文字、图片、音频、视频等多种形式的媒体，可以在教学中用来传递信息、激发学生的学习兴趣和提高学习效果。在构建同步教学资源库时，应充分考虑多媒体化原则，选择适合教学内容的多媒体素材，设计合理的多媒体课件，提供多样化的学习资源，以满足不同学生的需求。

（3）个性化原则

个性化原则是指根据学生个体差异和特点，针对性地设计和使用教学资源，以满足不同学生的学习需求和能力发展。这一原则强调教学资源的差异化和个性化，能够更好地激发学生的学习兴趣和积极性，从而提高学习效果。

在教学资源的设计和使用中，个性化原则需要考虑以下几个方面。

①学生的学习差异：学生的学习差异包括认知差异、兴趣差异、能力差异等。在设计和使用教学资源时，需要充分考虑这些差异，并针对不同的学生制定不同的教学策略。

②学生的学习风格：学生的学习风格也是个体差异的表现之一，不同学生具有不同的学习偏好和学习方式。在设计和使用教学资源时，需要考虑到学生的学习风格，提供不同类型和形式的教学资源。

③学习目标的个性化：学生的学习目标也具有个体差异，不同学生的学习目标可能不同。在设计和使用教学资源时，需要考虑到学生的学习目标，提供符合学生需求的资源。

综上所述，个性化原则要求教师在设计和使用教学资源时，要以学生为中心，根据学生的个体差异和学习需求，提供符合其特点的教学资源，从而达到更好的教学效果。

（4）标准化原则

标准化原则指的是在同步教学资源库的建设过程中，要遵循相关标准和规范，确保资源的质量、可用性和互操作性。比如，资源应符合教学内容和目标，符合知识点和能力点的要求；资源应符合相关的标准格式和标准协议，如 XML、IMS、SCORM 等；资源应经过版权审查和合法使用。通过遵循标准化原则，可以提高教学资源的质量和可重复使用性，方便不同学校、不同地区的教师和学生使用和共享。

（5）"开放、共建、共享"原则

"开放、共建、共享"原则是指教育资源的开放性、可共建性、共享性，是数字教育资源共享的基本原则。

开放性：教育资源的开放性指的是资源具有公开、透明、自由获取和使用的特点，不受时间和地域限制，任何人都可以在合法的范围内自由使用、传播、修改和再利用教育资源。

可共建性：教育资源的可共建性指的是资源的建设和开发可以由多个机构或个人共同参与，通过集体智慧的力量，实现资源共建的效果。

共享性：教育资源的共享性指的是资源的使用者可以在不侵犯他人权益的前提下，自由地使用、复制、传播、修改和再利用教育资源。

这些原则促进了数字教育资源的共享和创新，提高了教育资源的利用效率，促进了教育公平和教育质量的提高。

（6）易用性原则

易用性原则指的是教学资源应该易于被使用和操作。这一原则要求教学资源的界面设计应该直观、简单，操作方式应该易于掌握。此外，教学资源应该具有良好的兼容性和可移植性，能够在不同的设备和平台上运行和使用。这样可以最大限度地降低学习和使用的难度，提高教学资源的有效性和可持续性。

2. 常见的同步教学资源库构建模式

常见的同步教学资源库构建模式包括以下几种。

（1）学校内部自主建设模式：由学校自行投入资金和人力，采用自主建设模式，构建适合学校自身特点和需要的同步教学资源库。

（2）联盟建设模式：多所学校联合建设同步教学资源库，共同投入资金和人力，实现资源共享和互相借鉴的目的。

（3）企业赞助模式：由企业对学校进行资助或提供技术支持，以实现同步教学资源库的建设。

（4）政府投入模式：由政府进行资金投入和资源整合，支持学校建设同步教学资源库。

不同的构建模式在实际应用中各有优缺点，学校可以根据自身情况选择最适合的模式进行建设。

（三）同步教学资源库的应用

同步教学资源库的应用十分广泛。除了教师备课和课堂教学之外，还可以用于在线教育、远程教育、自主学习、课外辅导、考试辅导等方面。同时，同步教学资源库也可以与学生管理系统、学生档案系统等其他教育信息化系统相结合，实现资源的共享和交流。

1. **辅助教师备课**

同步教学资源库可以为教师提供丰富的教学资源，帮助教师更好地备课和教学。教师可以在资源库中查找与当前教学内容相关的教学资源，如教案、课件、视频、图片、试题等，快速获取和利用这些资源，丰富课堂教学内容，提高教学效果。同时，教师还可以通过资源库查找自己不熟悉的知识点和新领域的教学资源，提高自身的专业素养和知识水平。

现有的同步教学资源库不仅包含了大量的教学资源，还提供了各种辅助教学的应用系统和平台，方便教师更好地利用资源，开展教学活动。例如，多媒体教学资源备课系统可以帮助教师对教学内容进行系统化整理和归纳，网络课件制作系统可以帮助教师制作各种形式的教学课件，多媒体教学资源编目工具可以帮助教师更好地管理和使用教学资源，分布式多媒体教学资源管理平台则提供了全面的资源管理和使用功能，可以帮助教师更好地实现教学目标。这些应用系统和平台的使用，不仅提高了教学效率，还促进了教学内容和方法的不断创新和提升。

2. **辅助教师课堂教学**

同步教学资源库可以辅助教师进行课堂教学，例如，

（1）提供丰富的多媒体教学资源，让教师在教学过程中灵活运用，吸引学生的注意力，增加教学的趣味性和互动性。

（2）提供网络课件制作系统，教师可以根据课程内容和学生需求，制作适合课堂教学的多媒体课件，使教学更加生动、形象、直观。

（3）提供在线问答、投票等功能，让学生参与到课堂教学中，与教师进行互动，加深对课程内容的理解和记忆。

（4）提供实时反馈机制，让教师及时了解学生对课程内容的掌握情况，根据学生的需求进行调整和改进教学。

（5）提供教学管理和评估功能，帮助教师更好地管理和评估学生的学习情况，及时发现和解决问题，提高教学效果。

3. **辅助学生课外自主学习**

学生可以通过资源库中的多媒体教学材料、学习工具和在线学习社区等资源，自主学习课程相关内容。此外，同步教学资源库还可以提供学生进行在线作业、测试和考试的平台，帮助学生检测自己的学习成果，及时调整学习策略和方法。同时，资源库中的互动性学习工具，如在线课程讨论、博客和维基百科等，可以促进学生的思辨、交流和合作能力的发展。

4. 社会教育

社会教育是指除了在学校教育、家庭教育和职业教育之外,由政府、社会团体、企业等组织所提供的各种教育活动,包括公共文化服务、职业培训、兴趣爱好培养、社区教育等。同步教学资源库在社会教育中的应用可以为社会各界提供高质量的教育资源,促进全民素质教育和终身教育的实现。例如,通过同步教学资源库提供在线的职业培训课程、公共文化服务等,帮助广大民众提升自身素质和技能,提高就业能力和竞争力。

第二节 大数据分析与英语教学

一、大数据学习数据分析与英语教学

(一)大数据学习分析的作用

学习分析技术在英语教学中的应用,可以通过以下几个方面来实现。

1. 个性化教学:通过分析学生的学习行为、学习习惯、学习效果等数据,为学生量身定制学习计划和教学方案,提高教学的针对性和个性化程度。

2. 优化教学手段:通过分析学生的学习行为数据,了解学生在学习过程中存在的问题和难点,及时调整教学内容和教学方法,提高教学效果和教学质量。

3. 考核和评价:通过分析学生的学习行为数据,对学生的学习成果和学习效果进行评估和考核,建立科学、公正、有效的考核和评价机制,促进学生积极学习和成长。

4. 自主学习:通过分析学生的学习行为数据,为学生推荐更有针对性的知识渠道和学习资源,提高学生自主学习的效率和效果。

总之,学习分析技术可以通过深入的数据分析,提高英语教学的针对性、个性化程度和效果,为英语教学的发展提供有力支持。

在教学过程中,学习分析可做以下几个方面的具体应用。

1. 帮助教师优化教学

除了教师对学生学习行为数据的分析外,还可以应用学习分析技术为学生提供个性化学习建议。通过学习分析技术对学生学习行为数据的分析,教师可以发现学生学习中存在的问题,为学生提供更加个性化的学习建议。比如,根据学生在课程中的学习记录和表现,提供学习策略和技巧,调整学习计划和时间管理,帮助学生更加高效地学习。

2. 为学生自主学习提供分析指引

现代的网络学习系统具有聚合和存储大量以学习行为为主的信息数据的能力。这些数据可以通过各种方式进行统计分析和可视化呈现，为学习者提供更多的学习反馈和指导，以便他们更好地了解自己的学习进展、识别学习问题和改进学习策略。

例如，一些网络学习平台会在学习者完成课程后生成学习报告，该报告可以显示学习者在每个模块或单元中的学习进展情况，学习者的得分、时间和答题情况等。通过这些报告，学习者可以深入了解自己的学习情况，发现学习中存在的问题和不足，从而更好地调整自己的学习策略。同时，教师和教育机构也可以使用这些数据来识别学生的学习问题，并制定更好的教学方案和资源，以更好地支持学生的学习。

通过学习分析技术，学生能够了解自己的学习情况，制订相应的学习计划和策略，提高学习效果。同时，学习分析技术也为教师提供了更多的信息，可以更好地了解学生的学习状态和需求，优化教学方案，提高教学质量。

学习分析技术能够更好地满足不同学生的个性化学习需求，为不同类型、不同能力的学生提供量身定制的学习计划和学习支持。通过学习行为数据的收集和分析，学生可以获得更多有针对性的反馈和指导，从而更好地调整自己的学习策略和方法，提高学习效果。

学习分析技术不仅可以帮助学生进行个性化的自主学习，也可以帮助教师进行个性化的教学。教师可以通过学习分析技术了解学生的学习情况，及时调整教学策略，制定个性化的教学方案，帮助学生更好地学习和成长。同时，教师也可以利用学习分析技术了解自己的教学效果，并进行相应的调整和改进。

（二）大数据学习分析类别

1. 社会网络分析法

社会网络分析法是一种用于研究社会结构、社交关系和信息流动的方法，旨在揭示社会中个体与个体之间、个体与组织之间、组织与组织之间的联系和交互作用。它通过构建和分析网络结构，来寻找隐藏在数据背后的有意义的模式和关系，以此来了解群体的行为、意见和观点。

社会网络分析法最初源于数学和统计学，现已成为一种跨学科的研究方法，涉及计算机科学、社会学、心理学、管理学、政治学、传播学等多个领域。该方法主要基于以下假设：社会关系是网络，即人与人之间或人与组织之间可以看作节点和边构成的网络；网络结构对行为和信息传播具有重要的影响；网络结构的特征可以用一些数学和统计学的指标来度量和描述。

社会网络分析法的具体步骤包括：定义研究问题、确定研究对象、收集数据、构建网络、分析网络、解释结果等。其中，收集数据可以通过问卷调查、面谈、观察等方式获取，构建网络可以基于关系矩阵、邻接矩阵、边列表等多种方式，分析网络可以包括节点和边的度中心性、介数中心性、紧密中心性、群落检测、可视化等方法。

社会网络分析法在实际应用中被广泛运用于组织管理、社会关系分析、新闻传播研究、社会影响评估、疾病传播预测等领域。在教育领域中，社会网络分析法可用于研究学生之间的互动、学习社区的形成、信息传播和学习成果等问题。

2. 话语分析法

话语分析法是一种研究语言运用的方法，主要通过对口语或书面语的语言材料进行深入的分析，来揭示语言背后的意义、权力关系和文化因素等。这种方法最初发展于社会学和人类学领域，后来也被应用于语言学、传播学、心理学等领域。

话语分析法主要关注的是在社交互动中发生的话语行为，强调话语的语境和意义，并试图揭示话语所包含的隐含意义和权力关系。话语分析法主要包括三个层面的分析：表面语言形式分析、话语交际分析和话语语言文化分析。在具体实践中，可以通过分析对话、广告、新闻报道、文学作品等语言材料，来深入了解语言的运用方式和文化内涵。

话语分析法具有多种应用，如在教育领域中，可以应用于对课堂教学语言的分析和改进；在媒体领域中，可以应用于对广告语言的分析和研究；在社会科学领域中，可以应用于对社交互动中语言的权力关系和文化因素的分析。

3. 内容分析法

内容分析法是一种用于研究文本、音频、视频等媒介所传达的信息的研究方法。该方法通过对文本、音频、视频等媒介所传达的信息进行系统、客观地分析和归纳，以揭示其潜在的意义和内在的规律。内容分析法可以用于对广告、新闻报道、政治宣传、文化娱乐等领域的媒体传播进行研究，可以从中发现文化、价值观念、思想观念等方面的变化和趋势。

内容分析法可以分为两类：定性内容分析和定量内容分析。定性内容分析是基于主题、概念和范畴等进行的分析，通常用于对某些主题、现象或概念的研究。定量内容分析则是将文本、音频、视频等媒介所传达的信息进行数值化处理，以便于统计和分析，通常用于对大量文本、音频、视频等媒介进行分析和比较。

内容分析法的步骤通常包括定义研究问题、选择分析对象、制定分析范畴和计分方法、进行分析和解释等。在分析过程中，需要注意分析者的主观性和判断力对结果的影响，因此需要多个研究者进行独立分析和交叉验证，以提高结果的可靠性和信度。

4. 学习分析基本模型

学习分析基本模型可以分为以下三个方面。

（1）数据收集和预处理：这个阶段包括了对学习者行为数据的收集和处理。数据收集可以通过不同的方式进行，例如，学习管理系统、智能手机应用程序、传感器等，以获取学习者行为数据。预处理则包括了数据清洗、数据分析和数据可视化等步骤，以确保数据的准确性和可靠性。

（2）数据分析和建模：这个阶段利用收集到的学习者行为数据进行分析和建模。主要任务是寻找和发现数据中隐藏的模式和关系，包括描述性分析、关联分析、聚类分析、分类分析等等。通过这些分析和建模方法，可以挖掘数据中有价值的信息，以帮助教师和学生更好地理解学习情况和优化学习策略。

（3）数据可视化和应用：这个阶段将分析和建模结果以可视化的形式呈现给教师和学生，以支持他们作出更加理性的决策。数据可视化技术可以将学习者行为数据转化为图表、图形和其他可视化形式，使得教师和学生能够更加直观地了解学习情况。同时，应用学习分析结果也可以优化学习资源和教学设计，以改进学习和教学过程。

二、"大数据"对外语教育变革的支撑作用

（一）大数据信息的高速聚合和高度智能进化功能

大数据信息的高速聚合和高度智能进化功能是指随着大数据技术的发展和应用，人们能够利用先进的数据处理技术，将大量的数据进行快速、高效地聚合和处理，并通过机器学习、人工智能等技术实现对数据的高度智能化分析和进化。

大数据信息的高速聚合功能是指人们能够利用现代数据处理技术将海量的数据进行快速的聚合和整合。通过对这些数据进行清洗、筛选和分类等处理，提取出有用的信息，为人们提供更精确、更全面的数据分析基础。

而大数据信息的高度智能进化功能则是指人们利用先进的机器学习、深度学习和自然语言处理等人工智能技术对数据进行分析和进化。通过对数据进行自动化的分析和挖掘，人们能够更好地理解和掌握数据所蕴含的信息，从而为人类社会的发展和进步提供更有效的支撑。

由于外语学习资源的多样性和信息数据处理的跨度，大数据信息具有高速聚合和高度智能进化适应的特性，能够使外语学习获取丰富多彩且与时俱进的学习资源。这一技术特性，方便外语教师随时建构最新的外语学习资源，通过网络教学平台开辟"外语视频聊天室""基于5G手机的外语翻译在线支持系统"等教学渠道，构成英语学习的内容、练习、评价、活动、生成性信息、多元格式等应用程序，并为学生提供多样个性化的实时交互指导。

（二）学习信息与资源的高度专业化链接

大数据技术的语义分析和标准化处理能够帮助建立更精细化的知识图谱和专业化、链接，使得学习资源和学习者之间的匹配更加准确、高效。同时，这也有助于学生在自主学习过程中更好地获取、利用和交流专业化信息，提高学习效果。

互联网和大数据技术的发展使得人们能够更加便捷地进行开放和合作学习，实现信

息共享和知识共建。通过开放式的在线学习平台，人们可以共享各种学习资源，包括教材、视频、练习题等，同时还可以通过合作学习来增强学习效果，例如，通过在线讨论、协作完成作业、参加小组项目等方式，从而实现更高效地学习。同时，这些学习活动所产生的数据信息也能够不断丰富和完善学习资源和学习方法，形成良性循环。

正是在这种开放与合作的学习环境下，外语学习者得以从各个方面获取到适合自己的、高质量的学习资源，并与他人分享和交流学习体验和知识，形成学习社区和网络学习圈，使得外语学习过程更加个性化、有效化、趣味化。同时，外语教师也能够通过开放教学资源共享、合作教学设计和在线协作等方式，促进教学创新和教学效能提升，为学生提供更好的学习体验和学习成果。因此，开放和合作学习模式已经成为外语教育中重要的趋势和方向。

（三）对教育观念与形式的解构与重构

教育观念与形式的解构与重构是指在当前信息技术快速发展和变革的背景下，对传统教育观念和教育形式进行重新思考和重构，以适应信息社会对人才培养的新要求。传统教育观念和教育形式主要强调知识传授和学科分割，而信息社会对人才的要求则更多地强调综合能力、跨学科能力和学习能力，需要教育观念和教育形式进行相应调整。

教育观念的解构与重构包括以下方面。

1. 知识观念：从以知识为中心转向以能力为中心，注重知识与实践的结合和应用能力的培养。

2. 学习观念：从被动接受知识转向主动学习和探究，强调学习者的自主性和主体性，倡导探究性学习和协作学习。

3. 教学观念：从以教师为中心转向以学生为中心，注重教学过程中学生的参与和主导作用，倡导个性化和差异化教学。

教育形式的解构与重构包括以下方面。

1. 课程设置：从分科教学转向跨学科教学，鼓励不同学科之间的融合和交叉，注重知识的整合和应用能力的培养。

2. 教学方法：从传统的讲授式教学转向以问题为导向的教学和探究性学习，注重学生的实际操作和实践能力的培养。

3. 教学手段：从传统的纸质教材和黑板教学转向以数字化教学资源和多媒体教学为主，注重多样化和个性化教学。

综上所述，教育观念和教育形式的解构与重构是在信息技术快速发展的背景下，对传统教育观念和教育形式进行重新思考和重构，以适应信息社会对人才培养的新要求。

这种基于网络技术的教育形式，推动了教育观念的解构与重构。传统教育观念中，教师作为知识的传授者和权威，学生则是知识的被动接受者。但在"大数据"时代，学生成为自主学习者，教师则成为学生的指导者和合作伙伴，共同探究知识。同时，教育观念也从以传授知识为主转向以培养学生能力和创新能力为主。

此外，"大数据"还推动了教育形式的重构。传统教育模式下，教学主要通过面对面授课来实现，但"大数据"时代的网络技术可以通过各种形式的在线学习、远程教育等方式打破传统教学的时间和地域限制，让学生能够随时随地获取教育资源。同时，教学资源也从传统的纸质教材、黑板书写等方式向数字化、多媒体化、互动化方向发展，使学习过程更加生动、丰富、个性化。

MOOCs等开放性网络教学资源的出现，打破了传统课程教学的时间、地点、教师资源等限制，为学习者提供了更加自由、灵活的学习方式。同时，通过开放式课程的共建和共享，也让学习者可以获得更加广泛和多样化的学习资源。

"颠倒"教学流程的"翻转"课堂和"碎片化"解读知识的"微课"课程等教学模式，则更加符合学生个性化、自主化学习的需求。通过翻转课堂，学生可以在课堂外自主学习、消化知识点，而在课堂上则更加注重知识的探究和交流；而微课程则可以让学生按照自己的节奏和时间进行学习，更加高效地掌握知识点。

这些教学创新不仅是教育形式的重构，更是教育观念的变革，强调学习者的主动性和自主性，将教育的重点从教师的教学行为转移到学生的学习过程中。

（四）无所不包的数据信息聚合能力

"大数据"具有无所不包的数据信息聚合能力，将教育相关数据进行分析并融合，可以更深层次地理解学习者的需求，为学习者提供更加定制化的教育服务，促进个性化教育的发展。这种能力可以将学生的学习数据、行为数据、情感数据等多种数据进行分析，深入了解学生的学习兴趣、学习方法和学习风格等方面的信息，从而为教师提供更加精准的教学指导和个性化辅导。

此外，"大数据"还具有对教育教学过程进行深度分析的能力，对于教育资源的优化和升级提供了有力支持。教育机构和教师可以通过"大数据"分析教学过程中的课程设计、学生反馈和教师评价等多方面的数据，进而调整和优化教学内容和方式，提升教学质量和效果。同时，也可以通过"大数据"分析教育资源的使用情况，了解学生对于资源的使用情况，进而进行针对性的资源开发和升级，满足学生多元化的学习需求。

确实，"大数据"技术带来的数据挖掘、学习分析、个性化推荐等应用，为外语教学和学习带来了全新的可能性，可以更加有效地满足学生的学习需求，提高学习效果和效率。同时，也需要教育工作者不断学习和掌握这些技术和方法，将其应用于教学实践中，推动外语教育的不断创新和进步。

三、大数据时代外语教师的职业发展

（一）"大数据"语境下的教师角色定位

1. 外语教学活动的组织引导者

在大数据背景下，教师的角色发生了转变。教师不再是简单地传授知识，而是成为学习者和知识管理者的指导者和引领者。教师应该利用大数据技术来深入了解学生的学习情况和学习需求，并根据学生的反馈和学习数据来调整和优化教学内容和方法。同时，教师也应该帮助学生理解并充分利用大数据技术所提供的各种学习资源，引导学生在自主学习的同时能够发挥主动性和创造性，提高学习效果和学习质量。

在大数据模式下，教师的职能职责发生了很大的变化。教师不再是单纯的知识传授者，更多的是担任学习的组织者和引导者。在网络学习系统中，教师需要设计和组织学习内容，制定学习目标，为学生提供学习材料和资源，同时监控学生的学习进展，及时对学生的学习情况进行反馈和指导。教师还需要积极引导学生，帮助他们学会自主学习和掌握学习策略，使学生能够更好地适应数字化教学环境，掌握学习技能，提高学习效率和质量。

2. 外语教学资源的研发者

在大数据背景下，教师的角色从传统的知识传授者转变为学习活动的组织者和引导者。教师需要根据学生的学习需求，利用大数据分析技术提供个性化的学习资源和学习指导，同时还需要不断更新自己的教学内容和方法，以适应新兴的教学模式和技术。在这一新型教学模式中，学生的学习方式也得到了革新，他们不再是简单地接受教师传授的知识，而是通过自主性泛在学习获取知识，利用大数据提供的多样化的学习资源和工具，学习自主性和学习效果得到显著提升。同时，教师也可以通过大数据技术更好地了解学生的学习情况，为其提供针对性的教学支持和指导，使得学生在学习中得到更好的发展和提升。

大数据技术为教师提供了更多的数据分析和挖掘工具，使得教师可以更好地理解学生的学习需求和学习行为，进而针对不同的学生提供个性化的学习资源和教学指导。同时，教师还需要积极参与到学生的学习过程中，引导学生运用多种渠道的学习资源，发挥自主学习的能动性，同时通过数据分析和反馈，及时了解学生的学习情况，调整教学策略，为学生提供更好的学习支持和服务。因此，大数据技术为教师和学生之间的教学互动提供了更多的可能性和机会，同时也促进了教育教学的变革和创新。

教师应该将自己的角色定位为"学习资源的设计者和组织者""学习过程的引导者和监控者""学习成果的评价者和认证者"等多元化的教学职能。同时，教师也需要具备对信息和知识进行快速获取、处理、评估和应用的能力，以便能够充分利用大数据技术所提供的丰富资源，为学生提供更具价值的学习体验和学习支持。

（二）大数据背景下外语教师的职业发展

随着科技的不断发展，教育方式和教学手段也在不断变革和更新。对于外语教育而言，教师需要不断提升自己的网络和信息技术能力，掌握数据分析技能，并深入了解和应用大数据技术，以适应时代的发展和变化，以便更好地指导和帮助学生完成学业。

现代外语教育的快速发展对外语教师的要求越来越高。除了掌握相关学科专业知识和教育科学知识外，外语教师还需要具备信息技术应用能力、数据分析能力和创新能力等现代教育技能。同时，外语教师还需要具备跨学科的知识结构和较高的自我修养和道德人格，以便更好地指导和教育学生。因此，高校外语教师需要通过不断学习和自我完善，不断提高自己的综合素质和教育能力，以适应现代外语教育的快速发展和变化。

在新的教学模式中，教师需要不断适应和转化自己的角色定位，从传统知识的传授者转化为学习资源和学习环境的组织者和引导者。同时，教师也需要积极提高自身的能动性和适应性，不断更新教学理念和教学方法，提升自身的教育技术和数据分析能力，以便更好地应对学生的学习需求和教学挑战。教师的教育使命也需要重新审视和定义，从单纯的知识传授转化为帮助学生发展自主学习和创新思维能力，培养他们成为终身学习者和全面发展的人才。

大数据技术的出现，不仅给外语教学带来了前所未有的机遇和挑战，同时也使外语教师面临更高的职业要求和责任。外语教师需要不断提高自身的专业素养和技能，适应新的教学模式和教学手段，开展教育教学改革，积极探索数据分析的方法，推进外语教育的智能化、个性化和全球化，促进学生综合素质的提升和全面发展。

因此，教师的角色正在逐渐转变为学习资源的组织者和学习活动的引导者，他们需要不断更新自己的知识和技能，掌握数据分析、教学设计和教学评价等方面的能力，以创新的教学模式和方法满足学生个性化、多样化的学习需求。同时，教师也需要加强对学生学习过程的监控和引导，激发他们的学习兴趣和加强学习动机，培养他们的自主学习能力，使其在大数据时代获得更好的外语学习体验和成效。

可以说，大数据技术的应用为外语教育带来了全新的机遇和挑战，使外语教师不再是知识的唯一拥有者，而是需要充当学习活动的组织引导者，帮助学生在泛在学习环境中实现个性化、多元化、自主化的学习。外语教师需要具备跨学科的复合型知识结构，灵活运用数据分析技能和方法，掌握教学新模式和新方法，从而实现教学过程的"颠倒"，促进学生在自主学习和合作学习中提高外语综合能力和职业素养。

第三节 网络资源与英语教学

一、网络资源的优势

网络多媒体资源与实体资源相比，具有以下优点。

（一）海量信息，覆盖面广

"海量信息"指的是在大数据时代，信息呈爆炸性增长，涵盖领域广泛，数量庞大，散布在各个领域、行业和社会层面的各类数据信息。这些数据信息涵盖的范围非常广泛，包括但不限于文本、图片、音频、视频、传感器数据、社交媒体数据等。这些信息可以来自各种不同的来源，如互联网、物联网、移动设备、社交媒体等等。由于海量信息的特点，如何有效地收集、处理和利用这些信息成为当代信息时代面临的重要问题。

（二）实时更新，传播及时

大数据时代的信息更新速度非常快，网络上的信息可以随时更新和传播，这使得外语教师可以利用网络上的最新信息和资源来更新自己的教学内容，让学生接触到最新的外语知识和文化背景。同时，学生也可以及时获取最新的外语学习资源，以保持学习的前沿性和实时性。

（三）突出个性，因材施教

大数据时代的外语教学，可以根据学生的个性化需求，为他们提供个性化的学习内容和学习方案。通过大数据的分析和挖掘，可以发现学生在学习过程中的优势和劣势，并为他们提供更有针对性的学习资源和指导。同时，外语教师也可以通过大数据技术获取学生的学习情况和反馈，及时调整教学策略和方法，满足不同学生的学习需求，使学生能够更好地掌握外语知识和技能，提高学习效果。

（四）资源共享，经济便捷

网络资源的共享和开放为语言教师提供了极大的便利和创新空间。通过利用网络资源，教师可以很方便地获取各种语言学习材料，如视频、音频、图片、文本等，以及学习工具和软件，如语音识别、文本翻译、在线词典等，从而为学生提供更加丰富多样的学习体验和学习资源。同时，教师也可以根据学生的学习需求和特点，自主选择和组织网络资源，以因材施教的方式，提高教学的针对性和有效性。网络资源的共享和开放还促进了语言教师之间的交流和合作，教师可以在网络平台上共享自己的教学资源和经验，听取他人的反馈和建议，从而进一步提升自己的教学水平和专业素养。

二、网络资源的表现形式

(一) 文本资源

文本资源是指以文字形式记录下来的各种信息资源,包括文学作品、历史文献、科技论文、报纸杂志、政策法规、官方文件、学术论文等等。在数字化时代,这些文本资源被数字化、存储和管理,变成可以通过网络进行访问和传播的电子资源。文本资源是外语学习和教学中最基本和最重要的资源之一,它可以用来提高学生的听、说、读、写和翻译等能力,也可以用来帮助教师设计课程和教学活动,丰富教学内容,增强教学效果。在大数据背景下,海量的文本资源可以通过数据挖掘和文本分析等技术进行深度分析和处理,从而帮助外语教师更好地了解学生的学习需求和行为习惯,精准地指导学生学习,提高教学效果。

(二) 视、听资源

视听资源指的是在教学中运用到的各种视听资料,如视频、音频、幻灯片等。在网络上,这些资源可以随时随地搜索、浏览、下载和分享。例如,教师可以利用网络资源获取与教材相关的视频、音频、图片等,来增加课程的趣味性和生动性,让学生更好地理解和记忆教材内容。另外,学生也可以通过网络自主获取与学习相关的视听资源,如网络课程、网络直播、教学录像等,以提高学习效果和兴趣。

网络视听资源的使用已经成为现代英语教学中非常普遍的一种方法,也为学生提供了丰富的学习机会。除了广播新闻和影片视频外,还有许多英语电台、播客、TED演讲等资源可以供教师和学生使用。使用这些资源有助于学生发展听力和口语技能,提高学生的英语交际能力。

(三) 在线词典、翻译工具

在线词典和翻译工具是外语教学中不可或缺的基本工具。网络上有许多免费的在线词典和翻译工具,如谷歌翻译、百度翻译、有道翻译、金山词霸等。这些工具可以帮助学生快速查找生词的意思,或者翻译整句或段落的翻译。同时,这些工具也可以帮助学生了解不同单词和短语之间的用法和搭配,促进学生的语言学习和交际能力的提高。

有道在线词典作为一款免费网络词典,在全球拥有众多用户,其优点不仅在于可在全球范围内使用,同时也支持多种语言的翻译,如英汉、日汉、韩汉等,还支持词语的发音、造句、同反义词查询等功能。在外语教学中,有道在线词典等翻译工具的使用可以帮助学生快速了解单词和句子的含义,同时也可以提高学生的翻译能力,为学生提供更多的学习支持。

（四）语料库资源

语料库资源是指包含大量实际语言材料的数据库，可以用于研究语言现象、分析语言规律以及支持语言教学和翻译工作等。在英语教学中，语料库资源也越来越被重视和使用。一些著名的英语语料库资源包括。

1.COCA（Corpus of Contemporary American English）：美国当代英语语料库，包含5200万个单词，覆盖多种文体和语言层次。

2.BNC（British National Corpus）：英国国家语料库，包含1亿个单词，涵盖了1980年代至1990年代的英国英语。

3.CLEC（Chinese Learner English Corpus）：中国学习者英语语料库，包含从初中到大学不同年级学生的英语写作和口语材料，可用于分析中国学生的英语语言习惯和错误。

4.Corpus del Español：西班牙语语料库，包含1.7亿个单词，涵盖了20世纪后半叶至今的西班牙语。

通过使用这些语料库资源，教师可以更加准确地了解英语的使用情况和特点，帮助学生更好地掌握英语语言规律和应用技巧。同时，学生也可以利用这些资源来进行自主学习和研究。

语料库资源的应用在外语教学中可以让学生更好地接触和理解英语的真实用法，同时也能够让教师更好地引导学生分析语言现象，加深学生对语言规律的理解。使用语料库资源的教学方法也越来越受到教师和学生的认可，成为现代外语教学不可或缺的一部分。

三、英语网络资源

（一）学术文献

1. 学术文献网站

免费的学术搜索服务和平台为学者和研究人员提供了丰富的学术文献资源。例如，国内的知网、万方、维普等数据库都提供了大量的学术期刊、论文、学位论文等资源，而国外的谷歌学术、IEEE Xplore、ScienceDirect 等平台也提供了全球范围内的学术文献检索和下载服务。这些资源不仅可以帮助学者获取最新的研究成果和学术进展，也可以为教师提供相关教材和教学案例，促进教学和研究水平的提高。

（1）Oaister

Oaister 是美国密歇根大学的数字图书馆项目，是世界上最大的学术数字图书馆之一，也是全球公共资源的一个重要门户之一。它由密歇根大学的数字图书馆计划组织创建，目的是收集和提供开放获取的数字化文献和文化遗产资源，使这些资源可以更加容易地被查找和利用。Oaister 的资源涵盖了各种学科领域,包括文学、历史、科学、社会科学等。

(2) Google scholar

Google Scholar 是由 Google 公司推出的学术搜索引擎,旨在帮助用户发现并检索全球范围内的学术文献、论文、书籍、摘要等学术资源。与普通的 Google 搜索引擎不同,Google Scholar 主要面向学术界,其搜索结果都是来自学术期刊、学术会议、研究机构等学术组织发布的文献,所以其搜索结果更加专业、权威、准确。同时,Google Scholar 提供了多种搜索条件和筛选工具,方便用户进行精准搜索和筛选,非常适合学者、研究人员和学生进行学术研究和论文写作。

注意,在搜索关键词后加上"pdf"或"doc"并不能保证找到所有免费学术文章。部分学术文章可能需要付费或者仅限制在特定的学术数据库中获取。因此,在使用 Google 或其他搜索引擎搜索学术文章时,最好先了解相关的学术数据库或者使用专门的学术搜索引擎,以便更好地获取所需的学术资源。

2. CNKI 知网

CNKI 知网是一个集知识服务、学术交流、科技成果等多种功能于一体的综合性学术资源平台,为用户提供学术文献、专利、会议论文、学位论文等多种类型的文献资源,同时还提供学术搜索、数据分析、学术社交等服务。CNKI 知网的文献资源涵盖了各个学科领域,是国内外学术交流的重要平台之一。

通过 CNKI 知网可以获取大量的学术期刊、硕博论文等中文资源,这对于中国学术界以及研究工作者来说是非常重要的资源。此外,CNKI 知网还提供了英文期刊和国外数据库的资源,可以方便用户进行多语种的文献检索和获取。

在 CNKI 中检索到的相关文章数量庞大,而检索结果的质量也各不相同。为了提高检索结果的参考价值,用户可以采取以下措施。

(1) 使用准确的关键词,以确保检索结果的相关性。

(2) 在搜索结果中根据时间、作者、来源、关键词等筛选条件进行精细化搜索,以便更好地找到自己需要的论文。

(3) 评估文章的来源和质量,例如,了解期刊的权威性和学术水平,查看作者的研究背景和发表历史等。

(4) 对于大量的检索结果,可以使用相关性排序或其他筛选方法,以获取最相关或最优质的文章。

(5) 尝试使用不同的检索工具或不同的数据库,以获取更多的信息和更好的结果。

（二）英语教师专业网站

1. 专业学会网站

（1）IEERA（国际英语教育研究协会）

IEERA 是一个国际性的英语教育研究协会，成立于 1967 年，总部位于英国伦敦。IEERA 的成员包括了全球英语教学领域的专家、学者、教师和研究生等，目的是促进全球英语教育事业的发展和提高英语教学的质量和效果。IEERA 每年都会举办国际性的研讨会、研究会和论坛等活动，以促进英语教学理论与实践的交流和创新。

（2）TESOL（国际英语教师协会）

TESOL 是一个致力于提高英语作为第二语言（ESL）和英语作为外语（EFL）教学的国际性教师组织。TESOL 协会的成员来自世界各地，他们都在英语教学领域工作，包括教师、学者、研究人员、政策制定者和行业专业人士。TESOL 协会旨在促进全球范围内的英语教学研究和实践，并提供培训、资源和机会，以帮助教师提高其英语教学技能和专业发展为目的。TESOL 协会每年都会举办国际性会议和培训活动，以便会员之间进行知识交流和经验分享。

2. 在线期刊网站

（1）ELT Newsletter（英语教师通信）

ELT Newsletter 是一份由英国文化协会出版的在线英语教师杂志，定期刊登英语教师和教育工作者的文章、新闻、研究和最佳实践等。该杂志涵盖的主题包括英语教学、学习策略、评估和测试、课程设计及教学材料开发等。ELT Newsletter 对全球的英语教师和教育工作者都是免费开放的，可以通过订阅邮件列表、访问网站或在社交媒体上关注其账号来获取最新内容。

（2）TESL-EJ（英语二语教学电子杂志）

TESL-EJ 是一份在线开放获取的英语二语教学电子杂志，创立于 1994 年。它主要刊载与英语作为第二语言或外语教学相关的学术论文、教学案例、研究报告、书评等。TESL-EJ 为广大英语二语教学工作者提供了一个免费获取高质量教学资源的平台，也为学术交流和研究提供了便捷的渠道。

（3）Humanizing Language Teaching（人性化语言教学）

Humanizing Language Teaching 是一份在线的英语教师杂志，其主要目标是推广一种人性化的英语教学方法，旨在帮助教师更好地了解和应对学生的情感和认知需求，进而提高英语教学的效果。该杂志提供有关教学策略、教学资源、教学实践和反思等方面的文章和案例研究。杂志内容丰富，语言简明易懂，适合英语教师和教育工作者阅读。

3. 语言活动网站

（1）Test Your English（语言能力自测网）

Test Your English 是一个在线的英语测试网站，可以通过该网站测试自己的英语听、说、读、写等能力水平，并且可以根据测试结果得到相应的学习建议和指导。网站提供了多种类型的测试，包括词汇量测试、语法测试、阅读理解测试、听力测试等，同时还有不同难度级别的测试，可以满足不同程度的英语学习者的需求。除此之外，网站还提供了一些英语学习资源和学习建议，帮助学习者更好地提高自己的英语能力。

（2）Tower of English（英语城堡）

Tower of English 网站是一家付费在线英语教育机构，提供各种类型的英语课程和培训服务。

（3）Teen Advice Online（青少年论坛在线）

Teen Advice Online 是一个在线的青少年论坛，提供各种有关青少年生活和学习的信息、建议和讨论。此网站包含有关学校、职业、人际关系、身体健康等方面的信息，旨在为青少年提供一个安全、有益的交流平台。

第四节 英语网络教育资源建设

一、网络教育资源建设

（一）国内外基础教育网络教育资源建设的现状

各个国家和地区都在不断发展自己的教育资源门户网站，这些网站不仅提供各类教育资源的搜索和下载，也提供了教育政策、课程标准、教学方法等方面的信息。这些门户网站的建设不仅方便了教师和学生的教育资源获取，也为教育研究提供了大量数据支持。同时，这些门户网站的建设也反映了国家对教育信息化的重视和推广。

国外教育资源库的建设比较灵活多样，根据实际需求提供相应的内容和服务。此外，国外还有许多其他的教育资源库，如 MIT 开放课程库、哈佛公开课、Coursera 等在线教育平台，这些资源库为学生提供了更加灵活多样的学习方式和途径，也为教师提供了更加广阔的教学资源和平台。

中国基础教育知识仓库（CFED）是一个重要的教育资源门户网站，它由中国学术期刊光盘版电子杂志社研制，并得到国家重视。CFED 致力于为全国学校、师生提供商品化共享服务，共享方式包括个人上网、网上机构包库、校园网开放式镜像站点、校园网封闭式镜像站点、电子阅览室或多媒体教室,以光盘局域网方式共享等多种形式。该门户网站收录了大量的教育资源,包括基础教育、高等教育、职业教育等各个领域的教育资源,如教材、试题、教案、课件、视频、音频、图片等,涵盖了全国各地的教学内容和知识点。用户可以通过CFED轻松检索所需的教育资源,并进行下载或在线使用。

(二) 教育资源素材开发工具

除了SnagIt外,还有一些其他的文本抓取工具可以使用,例如,Evernote、OneNote等。这些工具可以帮助教师快速抓取网页上的文本信息,并进行整理、编辑、分类等操作,方便后续的使用和分享。此外,对于图形、图片、音频、视频等素材,教师可以使用各种专业的软件进行制作、编辑、处理,如Photoshop、Audacity、Premiere等,也可以利用各种在线素材库进行素材的获取和使用。

除了软件创作、扫描、拍摄、输入等方法外,还有一些其他的途径可以获取图形、图像素材。比如可以通过各大图库网站购买商业授权的高质量图像素材,或者使用免费的图库网站获取免费的图像素材。

此外,社交媒体平台上也有大量的用户上传并分享了各种类型的图像素材,可以通过搜索关键词获取到相关素材。还有一些专业的图像素材搜索引擎,可以根据关键词搜索相关的图像素材。

对于音频素材的采集,还可以通过在线录音网站进行录制,如Online Voice Recorder、Vocaroo等。这些网站可以直接在浏览器中录制、编辑和保存音频文件,无须安装任何软件。同时,也可以通过购买授权或免费下载一些高质量的音频素材库,如AudioJungle、Freesound等网站提供的音效、音乐素材。

购买数字媒体资源是获取高质量、专业化的多媒体素材的一种途径,而从Internet上搜寻和下载免费的多媒体素材也是另一种途径。这种方式需要注意版权问题,不要侵犯他人的版权。同时也需要谨慎筛选,确保素材的质量和适用性。

在数字化时代,资源共享和合作是非常重要的。通过数字化筛选和加工等方式,可以充分利用已有的优秀素材,避免重复建设和浪费。此外,资源的开放共享也是非常重要的,可以促进教育资源的互联互通,提高资源的利用效率和质量。同时,通过调动相关人员的积极性和创造力,可以不断地为教育资源库注入新的活力和动力,推动教育资源的不断发展和进步。

(三) 英语网络教育资源建设的理论基础

1. 建构主义学习理论

建构主义学习理论是指人们通过与外部环境互动,建构自己的知识、理解和经验。根据建构主义理论,学习不仅仅是从教师或书本中获取知识,而是一种个人化的过程,每个学习者都会根据自己的经验、知识和文化背景来建构自己的意义和理解。

建构主义学习理论强调学习者的主动性和参与性，学习者应该被赋予探究的能力和机会，以建构自己的知识和理解。这种学习方式可以帮助学习者更深入地理解和掌握知识，而不仅仅是表面上的学习。同时，建构主义学习理论还强调了社交交互的重要性，即学习者应该通过与他人交流和合作来建构自己的知识。

建构主义学习理论被广泛应用于现代教育中，许多教育方法和教学策略都与建构主义学习理论密切相关。例如，项目学习、问题解决、探究性学习等都是建立在建构主义学习理论基础之上的教育方法。

（1）同化

同化是指学习者将外界的信息与已有的认知结构相结合的过程。学习者通过将新知识和经验纳入已有的知识结构之中，从而使新知识得到理解和应用。同化过程有助于加深学生对新知识的理解和掌握，提高学习效果。

（2）顺应

顺应是在同化无法解决新刺激的情况下进行的调整和重建过程。这个过程是与同化相对应的，学习者需要调整自己的认知结构，以适应新的知识或经验的输入。通过不断的顺应和调整，学习者能够不断发展和提高自己的认知水平和能力。

（3）平衡

平衡指的是学习者个体在同化和顺应的过程中，通过自我调节机制使得自己的认知能力发展到一个新的平衡状态。在这个过程中，学习者通过不断地适应和调整，使得自己的认知结构得到改进和发展，从而使得自己能够更好地适应新的环境和刺激。平衡是建构主义学习理论的一个重要概念，也是学习者个体认知发展的一个关键过程。

建构主义认为学习是一个个体建构自己的知识体系的过程，通过个体对新信息的感知、处理、整合和与旧知识的联系，建立新的概念、认知结构和知识网络。在建构主义学习环境中，学习者应具有积极的主体性、独立思考和自我反思的能力，能够自主探究和发现问题，建构自己的知识体系。教师则应该充当引导者和促进者的角色，提供有意义的情境和资源，帮助学习者建立连接新旧知识的桥梁，并及时反馈和调整学习进程。

建构主义学习理论和建构主义学习环境要求学生和教师的角色发生变化，强调学生的主体性和积极性，促进学生的认知发展和知识意义的建构，同时也要求教师成为学生学习的协助者和指导者。多媒体计算机和网络技术的应用可以创设适宜的学习情境，促进学生之间的协作交流和建立会话桥梁，有利于学生在与他人互动的过程中更好地建构知识和意义。因此，在建构主义学习环境下建立英语教育资源网是非常有意义和必要的。

2. 系统设计理论

系统设计理论是指在工程设计过程中，将系统的各个部分看作相互依存的组成部分，以系统化的方式设计、构建和维护系统的方法论和理论体系。系统设计理论主要包括以下方面内容。

（1）系统分析：对系统进行分析，确定系统的要求、目标和限制条件，为系统设计提供基础。

（2）系统设计方法：确定系统的整体架构和组成部分之间的关系，进行功能分配、接口定义和设计评估等。

（3）系统建模：将系统的各个组成部分和它们之间的关系用图形化或符号化的方式表达出来，以便于理解和沟通。

（4）系统优化：通过对系统的设计和实现过程进行优化，提高系统的性能、可靠性和可维护性等方面的指标。

（5）系统测试：对系统进行测试，验证系统的正确性和稳定性，以确保系统的质量和性能符合要求。

（6）系统维护：对系统进行日常的维护和管理，保证系统的可靠性和持续性。

系统设计理论是工程设计中非常重要的一个方面，它在工程项目的规划、设计、开发和实施过程中都有着重要的应用价值。

教学系统设计需要考虑学习资源的多样性和适应性，以满足学习者不同的学习需求和学习风格。同时，学习资源系统的设计需要考虑教学过程的全面性和连续性，使得学习资源在教学过程中能够起到支持和促进学习的作用，同时与教学目标和教学评估相适应。因此，在设计学习资源系统时，需要考虑以下因素。

①教学目标和需求：根据教学目标和学生需求，确定学习资源的种类、内容、难度和适用范围。

②学习者特征：了解学生的学习特点、学习风格、兴趣爱好和学习能力，以便为学生提供个性化的学习资源。

③学科特点：了解学科的特点，确定学科资源的种类、内容和难度等。

④教学过程：根据教学过程的要求，设计学习资源的结构和内容，以保证其支持教学过程的实施。

⑤教学评估：通过教学评估了解学生的学习效果，对学习资源进行评估和反馈，不断完善和改进学习资源系统。

总之，教学系统设计需要全面考虑学习资源的种类、内容、难度、适用范围等因素，以及学习者的特点和教学过程的要求，才能设计出适合学生学习的优质学习资源系统。

学习资源系统应该考虑整个社会教育系统的因素，充分利用社会资源为学习者提供更丰富的学习资源，提高学习效果和质量。在教学系统设计过程中，需要考虑如何与社会资源进行整合和利用,为学习者提供更好的服务。这需要我们充分认识到学习资源系统的内在联系,并将其作为设计教学系统的一个重要因素,从而更好地满足学习者的需求。

3. 信息加工理论

信息加工理论是指将信息处理看作一个加工的过程,人类通过对外部信息的接受、分类、组织、存储、检索、运用等过程来获得新的知识和理解。这个理论认为,人类大脑对外部信息的加工可以分成三个主要阶段:感觉记忆、短时记忆和长时记忆。

感觉记忆指的是人类对外界刺激的感知和接收,如对视觉、听觉、触觉等信息的感知和接收。这个过程是一个初始的信息处理阶段。

短时记忆是指人类对信息的短暂保存和处理,这个过程通常只持续几秒钟到一分钟。在这个阶段,信息将会被组织、编码、存储,但并不一定会被永久保存。

长时记忆是指人类对信息的长期保存和加工,可以持续几个小时甚至几年。在这个阶段,信息被保存在大脑的神经网络中,并且与其他知识和记忆进行联系和关联,以便日后的检索和运用。

信息加工理论在教育领域有着广泛的应用,例如,对学习者的学习方式和学习策略的研究,以及对教育技术的设计和开发。通过了解学习者信息加工的过程,可以更好地设计教育内容和学习活动,帮助学习者更好地理解和掌握知识。

根据信息加工学习理论,学习者通过感觉器官接收外部刺激,将信息通过注意、感知、记忆等过程进行加工,最终形成个人的知识结构。在远程教育中,学习者也需要通过自主学习的方式不断感知、加工和整合信息,从而获得新的知识和技能。

对于网络教育学习资源的建设,我们需要注重将要传授的知识内容和客观事物的特征以形象化的方式呈现出来,这样有利于学生更好地理解和掌握知识。利用多种媒体课件、计算机网络等教育手段,可以将抽象的知识内容变得更加具体、形象,从而帮助学生更好地理解和掌握知识。此外,还需要注重教育手段的选择和设计,以确保教育手段能够充分发挥其教学效果,促进学生的学习效果。

4. 情境认知理论

情境认知理论是认知心理学的一个分支,它强调学习过程中的情境对知识获取和应用的影响。它认为学习者不仅仅是被动接受知识,而是与学习环境互动并建立意义。

情境认知理论的核心观点是建立在知识和环境之间相互作用的基础上的,而不是单纯地把知识灌输给学习者。学习者通过不断与环境互动,建立对学科的理解和认识。同时,情境认知理论也认为,学习的过程是建立在已有知识的基础上的,学习者的现有知识会影响其对新知识的理解和接受。

情境认知理论指导着教育者如何构建有利于学生学习的环境,它要求教育者提供具有情境特点的学习材料,为学生创造具有真实感和现实感的学习环境。教育者也需要根据学生的现有知识和经验，设计和组织学习任务和活动，使学生可以在有意义的情境中进行学习，从而提高学习效果。

实践共同体理论认为学习不仅仅是个体行为，更是社会实践的一部分，通过实践中的社会交往和共同构建知识，学习者才能真正掌握知识和技能。在实践共同体中，学习者与实践者相互作用，逐渐掌握并应用相关的知识和技能，从而成为共同体的一员。这种学习方式更加注重个体的主动性和参与性，强调知识的构建和共享，使得学习过程更加真实、具有挑战性和可持续性，更符合实际应用需要。

根据情境认知理论，在设计学习资源时，应该考虑以下几个方面。

（1）设计具有情境性的学习资源，让学习者能够在真实的情境中进行学习。这样有助于学习者将所学的知识应用到实际生活中。

（2）提供多种不同类型的学习活动，如观察、参与、探索、发现和发明等。这样能够激励学习者积极参与学习，同时提高他们的学习效果。

（3）构建逐渐复杂的、不断变化的问题解决情境的序列。这有助于指导学生逐步构建专家所需的技能，并发现技能应用的条件。

（4）促进学生在实践中的协作和交流，通过社会交互作用和知识的社会建构不断进步，逐渐转变为"熟手"或"专家"。

综上所述，情境认知理论为设计学习资源提供了重要的指导原则，可以帮助教师更好地设计学习资源，从而提高学生的学习效果和能力。

二、当前校园英语网络教学资源建设存在的问题

（一）资源建设人员缺乏教学意识

资源建设人员缺乏教学意识可能会导致资源建设出来的教学内容与实际教学需求不符合，难以为教师和学生提供有效的学习资源。因此，在进行教育资源建设时，需要注重资源建设人员的培训和教学意识的提高，使其能够更好地理解教学需求，根据学科特点和学习目标设计及开发合适的教学资源，提高资源的实用性和可操作性，从而更好地服务于教育教学。同时，也需要加强资源建设人员与教师的沟通和协作，确保资源建设符合实际教学需求，并能够得到教师和学生的认可和使用。

（二）重视静态资源的建设而忽视收集动态的学习资源

在教育资源建设过程中，静态资源和动态资源都是非常重要的。静态资源主要是指那些不随时间变化而存在的资源，如图书、图片、音频、视频等；而动态资源则是指那些随时间变化而存在的资源，如在线课程、网络直播、虚拟实验等。静态资源和动态资源各有优劣，需要根据实际情况进行选择和建设。

在实际情况下，由于技术和人力资源的限制，一些学校和机构可能更容易建设静

态资源而忽视收集动态的学习资源。这可能会导致教育资源的局限性和单一性，不能满足学生在实际学习过程中的需求。因此，应该更加重视动态资源的建设和收集，尤其是针对在线学习和远程教育等趋势，加强对动态资源的建设和整合，以提供更加丰富、多样化和实时的学习资源，以满足学生的学习需求。同时，在动态资源的建设过程中，也要注重技术的创新和人才的培养，提高资源建设人员的技术水平和教学意识，以便更好地服务于教育事业的发展。

动态学习资源的建设确实非常重要，因为它们可以更好地满足学习者的实际需求，使得学习更加具有针对性和实用性。而且，随着社会和技术的不断发展，新的知识和技能也在不断涌现，如果教学资源库只关注静态资源，那么很容易陈旧过时，难以满足学生的学习需求。因此，在教学资源库的建设中，应该注重动态资源的收集和整理，将它们纳入教学资源库，使得学习资源库能够与时俱进、不断更新，更好地服务于教学。同时，教学资源库的建设也需要资源建设人员具备一定的教学意识和教学经验，能够准确把握学生的需求和教学的目标，从而设计出更加符合实际需求的动态学习资源。

（三）资源库内容缺乏统一规划、系统设计和明确的分类

资源库内容缺乏统一规划、系统设计和明确的分类会给学生带来不便，影响教学效果。学生往往难以找到所需的学习资源，也无法很好地利用这些资源进行学习。因此，资源库的内容应该进行统一规划和系统设计，建立明确的分类体系，以便学生能够方便地查找和利用所需的资源。同时，需要对每个资源进行详细的描述和评价，使学生能够更好地了解资源的内容和质量，从而更好地利用这些资源进行学习。

三、英语网络教育资源建设的原则

（一）科学性原则

科学性原则是指教学资源必须基于科学的理论和方法建立，符合科学的规律，以实现有效的教学效果和学习成果。在教学资源的开发和应用中，科学性原则具有重要的指导作用。主要表现在以下几个方面。

1.教学资源的设计必须基于有效的教育理论和教育学科研成果，遵循教学规律，满足学习者的学习需求和教学目标。

2.教学资源的制作过程必须严格按照科学的技术规范和制作标准进行，确保其质量和可靠性。

3.教学资源的使用必须符合教育教学的科学原则，采用有效的教学方法和策略，促进学生的深入思考和自主学习。

4.教学资源的评价必须基于科学的评价标准和方法，全面、客观地评价教学效果和学习成果，为教学改进提供参考。

5.教学资源的更新和改进必须基于科学的教育教学研究和教学实践的反馈,不断提高教学资源的科学性和实效性。

(二) 教学性原则

教学性原则是指在设计和使用教育技术时,需要遵循的一些教学原则,以确保教学效果最大化。以下是一些常见的教学性原则。

1.学习目标明确性原则:学习目标应该明确具体,以便学生清楚自己要学习什么。

2.个体差异原则:学生的个体差异应该被充分考虑,教学应该根据不同学生的需要进行个性化设置。

3.学习前知识原则:教学应该依据学生已有的知识和技能进行设计,逐渐向新知识和技能转移。

4.反馈原则:学生需要及时地获得反馈,以便他们知道自己是否掌握了知识和技能。

5.强化原则:教学应该利用正反馈和负反馈等方式强化学生的学习效果。

6.社会互动原则:学生之间的社会互动可以促进学习,教学应该鼓励学生之间的合作和交流。

7.多样化原则:教学应该采用多种教学方法和资源,以便满足不同学生的学习需求。

8.意义原则:学习应该具有意义,学生应该能够将所学知识与实际生活相联系。

这些教学性原则可以帮助教育技术的设计者和使用者设计、选择更加有效的教育技术,从而提高学生的学习效果。

(三) 可接受性原则

可接受性原则是指教学内容、教学活动、教学资源等要符合学生的认知水平和认知能力,能够被学生所接受。这个原则也可以称作个性化原则或适应性原则。

具体来说,教师在设计教学内容时应该充分考虑学生的年龄、性别、兴趣、背景、经验、能力等个体差异,以便让教学内容和活动更加贴合学生的需求和兴趣,从而提高学生的学习积极性和主动性。

此外,教学资源的设计也要符合可接受性原则,资源的难易程度、内容的组织形式、使用的工具等方面都要考虑学生的认知水平和能力,使得学生能够接受和理解资源的内容和形式,进而更好地进行学习。

(四) 使用方便的原则

使用方便的原则是指教育技术应该易于使用,具有良好的用户界面和可操作性,以便用户能够轻松地学习和使用。具体来说,它包括以下几个方面。

1.设计简洁明了:教育技术应该遵循"简约至上"的原则,界面设计应该简单明了,易于理解和使用。

2.操作便捷：教育技术应该提供易于操作的功能，让用户能够快速地完成任务，并且减少错误操作的可能性。

3.多样化的用户支持：教育技术应该提供多种用户支持的方式，比如用户手册、在线帮助等，以便用户能够及时获得帮助。

4.可定制性：教育技术应该提供一定程度的可定制性，以满足不同用户的需求和偏好。

5.良好的兼容性：教育技术应该考虑到与其他教育技术和平台的兼容性，以便用户能够轻松地集成和使用不同的技术和平台。

（五）互补性原则

互补性原则是指教学资源应该是互相补充和支持的，以提供一个全面、丰富和完整的学习体验。这意味着教学资源库应该包含各种形式的资源，包括但不限于文字、图片、音频、视频、互动课件等。而这些资源应该相互补充，共同构成一个全面的学习体系，以满足学习者不同的学习需求和学习风格。互补性原则还要求教学资源之间应该有清晰的联系和衔接，以便学习者能够有条理地学习，不至于在学习过程中出现信息的断层和不连贯。

（六）交互性原则

交互性原则是指学习资源应该设计成可以与学习者进行交互的形式，使学习者能够积极参与学习，增强学习的效果。这一原则主要包括以下几个方面。

1.提供反馈机制：学习资源应该能够及时地给学习者反馈，让他们知道自己的学习成果和存在的问题，以便及时调整学习策略。

2.引导学习者参与互动：学习资源应该鼓励学习者积极参与，通过讨论、合作等形式进行学习，从而加深对知识的理解和掌握。

3.提供多样化的学习活动：学习资源应该提供不同形式的学习活动，以满足不同学习者的需求。例如，可以提供在线讨论、课堂辅导、实验等不同形式的学习活动。

4.个性化学习：学习资源应该根据学习者的不同需求和兴趣，提供个性化的学习体验。例如，可以提供自适应学习系统、个性化推荐等功能，让学习者更好地掌握知识。

总之，交互性原则的实现可以增强学习者的学习动机和参与度，提高学习效果，是设计优质学习资源不可或缺的原则。

（七）时效性原则

时效性原则是指教育资源应该及时更新和维护，以保证其内容的准确性和有效性。随着知识的不断更新和发展，教育资源也应该及时跟进和更新。同时，随着技术的发展和更新，教育资源的呈现方式和形式也会不断变化，需要及时适应和更新。因此，教育资源库的维护和更新是至关重要的，应该建立起科学的管理机制，保障资源的时效性和可持续性。

（八）经济性原则

经济性原则是指在教育资源的设计、开发、使用和维护过程中，要尽可能地节约资源、降低成本，并实现资源利用的最大化。这个原则主要体现在两个方面。

1. 设计和开发阶段：在教育资源的设计和开发过程中，要采用高效、简便、易操作的软件和工具，避免冗余和浪费，尽可能节约人力、物力和财力成本。

2. 使用和维护阶段：在教育资源的使用和维护过程中，要注意资源的长期维护和更新，并采用适当的方式和方法来实现资源的高效利用，同时还要考虑资源的安全、可靠和可持续性。

在实际的教育资源建设过程中，经济性原则是非常重要的一项原则。通过合理的设计、使用和维护，可以使教育资源的开发成本和使用成本得到有效控制，提高教育资源的利用效率和质量，从而更好地满足学习者的需求和教育发展的需要。

四、英语网络教育资源建设策略和方法

（一）依据课程标准建设

依据课程标准建设教学资源库是很重要的。课程标准是指明学生应学习的知识和技能的规范文件。在建设教学资源库时，必须根据课程标准来确定所需的资源类型、数量、质量和深度。同时，课程标准也可以为资源库的构建提供指导，确保教学资源库与课程标准相一致，达到预期的教学目标。

建设教学资源库时，应根据教学目标和课程标准确定所需资源的种类和数量。同时，还应考虑资源的可用性、可靠性、适用性、可持续性等因素。资源库中的教学资源应该充分体现课程的层次、结构和内容，以满足学生不同阶段和层次的学习需求。此外，还应考虑教学资源的多样性和灵活性，以便于教师根据学生的实际情况进行选择和调整，实现个性化教学。

（二）遵循国家技术规范和标准

在资源建设过程中，遵循国家技术规范和标准是非常重要的原则，它可以保证资源的质量和可靠性。根据不同类型的资源，有相应的技术规范和标准，比如对于数字教材、多媒体教学软件等，可以参照教育部颁布的相关标准进行设计和开发，以保证其符合国家规定的技术和质量要求。同时，还应遵循互联网相关的技术标准，比如HTML、CSS等，以保证资源在不同平台和设备上的兼容性和可访问性。遵循国家技术规范和标准可以避免资源建设中的技术盲区和技术障碍，提高资源的可靠性和实用性。

(三) 自建与购买并重

在进行教育资源库建设时,自建和购买都是需要考虑的因素。自建的好处是可以根据自身的需求进行设计和定制,可以更好地适应本校的教学需要,同时也可以更好地掌握资源库的管理和维护。购买的好处是可以节省时间和成本,同时可以获得更加专业的资源,尤其是在特定领域或学科的资源上。

因此,在建设教育资源库时,需要根据自身的情况进行综合考虑,既可以自建,也可以购买,甚至可以自建和购买并重。对于一些常规性的资源,可以自行建设;对于一些高难度或专业性较强的资源,可以采取购买的方式;对于一些常规性的资源和一些有特殊需求的资源,则可以自建和购买并重,兼顾两种方式的优势。

(四) 全员参与,共建共享

全员参与,共建共享是指在教学资源库建设过程中,需要引导和促进相关人员的参与,包括教师、学生、管理员、技术人员等。所有人员的参与都能够促进教学资源库的建设和发展,同时也能够推动资源共建和共享的实现。

教师应该积极参与教学资源库建设,共享自己的教学资源,同时也应该从中获取自己需要的资源。学生也应该积极参与教学资源库的建设,分享自己的学习成果和收获,同时也能够从中获取到对自己学习有帮助的资源。管理员和技术人员则需要提供支持和帮助,保证教学资源库的正常运行和不断发展。

全员参与,共建共享的思想体现了协同合作的理念,所有人员都可以为教学资源库的建设和发展贡献自己的力量,同时也能够从中获得更多的收益。这种理念的实现需要全员积极参与、互相支持和协作,才能够真正实现教学资源库建设的共建共享目标。

(五) 骨干带头,活动推动

"骨干带头,活动推动"指的是在资源库建设中,需要有一批专业素质过硬、具备丰富教学经验和教育技术应用经验的骨干教师,他们可以通过组织开展各种形式的活动,如教学研讨会、课题研究、教学展示等,来促进教育教学改革和资源库建设的推进。

骨干教师可以发挥引领作用,通过示范和引导的方式,带动其他教师积极参与资源库建设。同时,骨干教师也可以在资源库建设过程中发挥专业特长,提供技术支持和教学指导,为资源库的建设和使用提供保障。

除了骨干教师的带头作用外,活动推动也是非常重要的。通过各种形式的活动,如课程设计、教学案例分享、教学研讨、教学评价等,促进教师之间的交流和协作,提高资源库建设和利用的水平和效益,从而不断推动教育教学的改革和发展。

（六）科研拉动，任务驱动

科研拉动和任务驱动是教学资源库建设中的两个重要方面。

科研拉动是指通过科研项目的开展，推动教学资源库的建设和发展。教学资源库的建设应该贴近教学实践，以科学研究的方法和手段，开展调查研究、需求分析等活动，制定科学的教学资源库建设规划，完善教学资源库建设的理论体系和方法论，提高教学资源库建设的科学性、规范性和实效性。

任务驱动是指以任务为驱动，将教学资源库建设与教学任务结合起来，提高教学资源库建设的针对性、实用性和适用性。具体而言，可以将教学任务分解成若干个具体的任务，并根据任务需求，有针对性地构建和开发相应的教学资源，以支持教学任务的完成。

科研拉动和任务驱动相结合，能够使教学资源库建设更具针对性和实效性，为提高教学质量和促进教育教学改革发挥积极作用。

第四章　信息化背景下信息技术与英语课程整合

第一节　信息技术与课程整合

信息技术与课程整合不仅仅是使用计算机辅助教学或多媒体、课件等简单工具。它更重要的是将信息技术融入教学设计、教学活动、教学评价等方方面面，从而实现对教学内容、教学方法、教学目标等方面的全面提升和优化。信息技术与课程整合的关键在于要将信息技术作为实现课程目标、提高教学质量和效果的手段和工具，同时将课程作为信息技术教育的重要载体和应用场景。这需要教师具备深厚的学科知识和信息技术知识，同时要有教育教学理论和实践经验，才能实现信息技术与课程整合的最佳效果。

一、信息技术与课程整合的目标与内涵

（一）信息技术教育应用的发展

信息技术在教育领域的应用不断发展。随着技术的不断进步，新的教学应用不断涌现，比如虚拟实验室、在线学习平台、移动学习等。这些新技术的应用，使得教育更加便捷和普及化。

同时，也有越来越多的学校和教育机构开始关注信息技术教育应用的质量和效果。不仅要考虑技术本身的特点，还要考虑如何将技术与教育有机结合，使得教学更加有效和高效。因此，在信息技术教育应用的发展中，不仅要注重技术的创新和应用，还要注重教学理念和教学模式的创新和改进。

此外，在信息技术教育应用的发展中，还需要考虑到信息技术的普及和使用的频率。在许多地区，信息技术的普及程度仍然不够，需要进一步加强基础设施建设和技术培训。同时，也要避免信息技术的过度使用和过度依赖，保持教育的多样性和灵活性，以便更好地满足不同学习者的需求。

信息技术与各学科课程的整合在过去几年中得到了广泛关注和实践。这种整合将信息技术作为支持教育、促进教学和学习的工具，并将其融入各学科课程中。这种整合可以改善学生的学习体验、提高学生的学习效果、激发学生的学习兴趣和创造力，并使学生更好地适应现代社会。此外，信息技术与课程整合也可以促进教师专业发展和提高教师的教学质量。

信息技术与各学科课程的整合不仅是一项教育变革，也是一个复杂的系统工程。它需要教育者、学科专家、技术专家、政策制定者、学生及其家长等多方的协同努力。在整合过程中，需要对信息技术的应用、教学设计、教师培训、资源共享、学生评价等方面进行全面考虑和规划。

总之，信息技术与各学科课程的整合是教育发展的重要方向之一，将会在未来的教育中扮演更为重要的角色。

（二）信息技术与课程整合的目标

信息技术与课程整合的目标是将信息技术与各学科课程进行有机结合，充分发挥信息技术的优势，实现教学质量和效率的提高，促进学生的全面发展。具体而言，它主要包括以下几个方面的目标。

1. 提高学生的信息素养和信息技术能力。通过信息技术与课程整合的教学模式，培养学生的信息素养，提高他们的信息技术能力和信息获取、处理、利用及交流的能力。

2. 丰富和拓展教学内容和教学资源。通过信息技术与课程整合的教学模式，丰富和拓展教学内容和教学资源，提高教学质量和效率，使学生更好地掌握知识。

3. 改善教学过程和教学方式。通过信息技术与课程整合的教学模式，改善教学过程和教学方式，提高教学的趣味性、互动性和启发性，让学生更加积极、主动地参与到学习中去。

4. 促进学生创新思维和实践能力的培养。通过信息技术与课程整合的教学模式，促进学生创新思维和实践能力的培养，培养学生的创新意识和实践能力，提高他们的综合素质。

5. 促进教师教学能力的提高。通过信息技术与课程整合的教学模式，促进教师教学能力的提高，提高教师的信息技术应用能力和创新能力，提高他们的教学效果和工作质量。

信息技术与课程整合的目标之一就是培养创新人才。通过将信息技术与学科课程有机结合，可以激发学生的创新思维和创造力，提高学生的信息素养和解决问题的能力，为学生的未来发展打下坚实的基础。同时，信息技术与课程整合也可以促进教学方法的转变，让教学更加生动、形象、灵活，培养学生的自主学习和合作学习能力，从而为实现素质教育目标提供支持。

(三) 信息技术与课程整合的内涵

信息技术与课程整合的内涵是指将信息技术与教育教学相结合，使得信息技术在各学科课程的教学过程中得到应用，达到提高教育教学质量、促进教育教学改革的目的。它包括以下几个方面的内容。

1. 信息技术在教学中的应用，以促进学生学习效果的提高和教师教学质量的改进。
2. 信息技术在课程设计中的应用，使课程的内容更加生动、丰富、具有启发性。
3. 信息技术在课程评价中的应用，以提高评价的客观性和准确性，促进学生综合素质的提高。
4. 信息技术在学科教学改革中的应用，以推动学科教学改革，推动学科发展和人才培养的现代化。
5. 信息技术在学校教育管理中的应用，以提高教育管理效率，促进学校管理现代化。

综上所述，信息技术与课程整合是一个系统工程，包括教育教学、课程设计、课程评价、学科教学改革和学校教育管理等方面。

补充一下，信息技术与学科课程的整合还包括：

1. 教育内容与信息技术工具的融合：将信息技术工具（如多媒体、计算机、互联网等）有机地融入教育内容中，以促进教学的交互性、启发性和多样性。
2. 教育模式与信息技术支持的融合：通过信息技术的支持，实现教学模式的改变，例如，采用基于问题解决、合作学习和项目学习的教学模式，使学生能够更加主动地参与到教学活动中。
3. 教育管理与信息技术的融合：利用信息技术手段，建立学科课程管理系统、课程评价与监控系统、学生档案管理系统等，实现教学过程的信息化管理。

综上所述，信息技术与学科课程的整合不仅仅是简单的技术融合，更是一种教学模式的改变、教育理念的更新，以及教育管理的创新。

正是通过信息技术与学科课程的整合，教师可以更好地促进学生自主、探究、合作等能力的发展，使学生在不同学科的学习中能够获得更丰富、更多元、更有效地学习体验，从而更好地掌握和运用所学知识。同时，也可以提高教师的教学效率和质量，使教学过程更具创新性和趣味性，达到更好的教学效果。整合信息技术与学科课程还可以加强教育教学的质量管理，提高学生的学习质量和水平，有助于培养具有现代素养和创新精神的人才，推动教育改革和社会进步。

信息技术教育应用进入第三个发展阶段的信息技术与课程整合阶段，其目标是营造一种新型教学环境，实现以"自主、探究、合作"为特征的教与学方式，从而充分发挥学生的主动性、积极性、创造性，培养学生的创新精神与实践能力，是培养创新人才的根本措施。

二、信息技术与课程整合的途径与方法

信息技术与课程整合的途径与方法主要有以下几种。

1. 教师课程设计中融入信息技术元素：教师在设计课程时，将信息技术元素融入其中，例如，使用多媒体课件、网上教学平台等方式，以提高教学效果和激发学生学习兴趣。

2. 设计和使用学习资源库：通过建设学习资源库，将信息技术资源和学科知识相结合，为学生提供更加丰富、系统的学习资源。

3. 利用多媒体技术进行课堂教学：利用多媒体技术，如投影仪、电子白板等设备，展示教学内容，提高教学效果。

4. 利用网络教学平台进行在线学习：利用网络教学平台，开展在线学习、交流和协作，增强学生的自主学习和探究能力。

5. 利用虚拟实验室等工具开展实验教学：利用虚拟实验室等工具，开展实验教学，提高学生的实践能力和动手能力。

6. 利用信息技术辅助学生课外学习：通过网络等信息技术手段，为学生提供丰富的课外学习资源，以培养学生的自主学习能力。

总之，信息技术与课程整合的途径与方法可以根据具体的教学需求和教育目标来选择，以提高教学效果和激发学生学习兴趣。

仅仅有硬件设施是不够的，还需要在教学内容、教学方法、教学管理等多个方面进行全面的改革，推进信息技术与课程整合的深度发展。这不仅能够提高教育教学质量，更能够培养学生的创新精神和实践能力，适应未来社会发展的需求。同时，信息技术与课程整合也是实现教育公平的重要手段，可以消除教育资源的不平衡，让更多的学生享受到优质教育资源。

信息技术与课程整合的途径与方法至关重要。以下是一些常见的途径与方法。

1. 教师培训和支持：教师应接受有关信息技术与课程整合的培训，提高他们的技能和知识水平，让他们能够熟练地使用信息技术来支持教学。此外，还需要提供技术支持，确保信息技术的设备和软件得到有效的维护和更新。

2. 教学资源的开发和共享：教师可以使用各种软件和工具开发教学资源，包括多媒体课件、网页、视频、模拟软件等，这些资源可以通过共享平台与其他教师分享。

3. 课程设计的重新规划：教师可以重新规划课程设计，将信息技术有机地融入课程中，创造一个更加互动和探究的学习环境，使学生更加积极主动地参与学习。

4. 学生的主体地位：信息技术与课程整合需要将学生置于教学过程的中心位置，使他们成为学习的主体。通过使用不同的技术工具，可以为学生提供更加灵活和个性化的学习方式。

5. 教学评估的改进：通过使用信息技术，可以更好地了解学生的学习进度和成果，

为教师提供更加准确的教学评估数据，以便调整和改进教学策略。

总而言之，信息技术与课程整合的途径和方法是多样的，但都应该以提高学生的学习效果和培养学生的创新精神和实践能力为目标。

有相关专家指出，信息技术与课程的有效整合意味着数字化的学习，而数字化的关键是将数字化内容整合的范围日益增加，直至整合整个课程并应用于课堂教学。当具有明确教育目标且训练有素的教师把具有动态性质的数字内容运用于教学的时候，它将提高学生探索与研究的水平，从而有可能达到数字化学习的目标。为了创造生动的数字化学习环境，学校必须将数字化内容与各学科课程整合。

美国教育技术 CEO 论坛的第三年度（2018 年）报告提出进行有效整合的步骤和方法如下。

1. 确定教育目标，并将数字化内容与该目标联系起来。
2. 确定课程整合应当达到的、可以被测量与评价的结果和标准。
3. 依据上面第二条所确定的标准进行测量与评价。

根据以上步骤，按照评价结果对整合的方式做出相应的调整，以便有效地实现教学目标。但是应该指出，这样的步骤和方法既不涉及"整合"的指导思想，又不涉及"整合"的教学设计、教学资源与教学模式，对教师而言在实际的操作中会有困难。

从事信息技术教育的学者普遍认为，信息技术与课程整合的目标是要通过融合信息技术与各学科的教学内容和教学方法，构建新型的教学环境和教与学方式，从而达到激发学生的学习兴趣、提高学生的学习效果和能力、培养学生的实践能力和创新精神的目的。其内涵是通过信息技术的应用，推动课程的创新和改革，使传统的以教师为中心的教学模式向以学生为中心的教与学方式转变，营造出一种注重学生自主学习、探究性学习、协作学习、实践性学习、创新性学习的教学环境。其方法是通过运用多媒体教学、网络教学、虚拟实验、电子课本、在线学习等信息技术手段，将信息技术与各学科的课程内容有机结合起来，实现学科知识的全方位、多角度、互动式地学习和探究，促进教师与学生之间的互动与合作，以及促进教育资源的共享与互通。

在我国的实践中，我们必须结合本土文化、国情和教育实践，探索出适合我国特点的信息技术与课程整合的理论与实践。因此，我们必须积极探索信息技术与课程深层次整合的基本途径和方法，创新教育教学模式，加强信息技术教育应用，提高学生的信息素养和创新能力，为实现中国教育现代化和建设创新型国家作出贡献。

（一）以先进的教育理念为指导

以先进的教育理念为指导是实现信息技术与课程整合的关键之一。先进的教育理念包括建立以学生为中心的教学模式、注重学生主动学习、强调实践教学等。在整合中，应该将信息技术作为一种手段，通过建立新型教学环境和教学模式，营造出积极主动、探究性、合作性的学习氛围，培养学生的创新能力和实践能力。只有将先进的教育理念和信息技术有机地结合起来，才能真正实现信息技术与课程深层次的整合，提高教学效果和质量。

（二）以建立新型的教学模式为中心

建立新型的教学模式是信息技术与课程整合的核心目标之一。新型的教学模式应该是以学生为主体的、以任务为导向的、具有实践性和创新性的。在这种教学模式下，教师的作用是引导和支持学生自主学习和探究，而不是单方面传授知识。学生通过完成实践性的任务，深入了解学科知识和实际应用，同时也能培养创新精神和实践能力。同时，这种教学模式也能有效地激发学生的学习兴趣和主动性，提高学习效果。信息技术作为这种教学模式的支撑和工具，能够提供丰富的多媒体教学资源和互动性强的学习环境，更好地促进学生学习。因此，建立新型的教学模式是信息技术与课程整合不可或缺的一部分。

（三）坚持"学教并重"的教学设计理论

"学教并重"教学设计理论指的是教学设计不仅要重视学生的学习过程和成果，也要注重教师的教学过程和成果。具体来说，教学设计要在教学过程中充分考虑学生的认知特点和学习需求，同时也要关注教师的教学能力和教学满意度。这一理论的核心是将学生和教师视为教学过程中的重要参与者，通过协作、互动、反思等方式，实现学与教的有机融合，提高教学效果和教学质量。

在信息技术与课程整合的过程中，采用"学教并重"的教学设计理论可以使教学设计更加符合学生的认知规律和教师的教学习惯，同时也能够激发学生的学习兴趣和提高参与度，激发他们的创新思维和实践能力，提高教学效果和教学质量。

（四）重视教学资源的建设

重视教学资源的建设是实现信息技术与课程整合的关键，只有建设出丰富、优质、多样化的教学资源，才能为整合提供强有力的支撑。教学资源的建设包括教材、教辅、多媒体课件、网络课程、实验室建设等方面，需要采取多种形式和方式进行建设。同时，还需要注重教学资源的更新、维护和共享，提高教学资源的使用效率和质量，以满足不同学科和不同层次的教学需要。

（五）注意结合学科的特点

新型教学模式的创建要通过全新的教学结构来实现。教学结构属于教学方法、教学策略的范畴，但又不完全等同于教学方法或教学策略。教学方法或教学策略一般是指教学上采用的单一的方法或策略，而教学结构则是指两种或两种以上的教学方法或教学策略的稳定组合。在教学过程中，为了实现某种预期的效果或目标，创建新型的教学模式，往往要综合运用多种不同的方法与策略。当这些教学方法与策略的联合运用总能达到预期的效果或目标时，就成为一种有效的教学结构。能实现新型教学模式的教学结构很多，因学科和教学单元的内容不同而各异。在实际教学中，教师应结合各学科的特点，通过信息技术与课程的深层次整合去创建新型的、既能发挥教师主导作用又能充分体现学生主体地位的"主导—主体相结合"教学模式。这种新型的教学模式的类型是多种多样的，是分层次的。常见的实现信息技术与课程深层次整合的教学模式包括探究性教学模式、专题研究式教学模式、仿真实验教学模式等。探究式教学模式适用于各个学科中的每一个知识点的常规教学，这种模式可以深入地达到各学科认知目标与情感目标的要求。专题研究性教学模式适用于培养学生解决实际问题的能力，包括发现问题、提出问题、分析问题、解决问题的能力。仿真实验教学模式则适用于物理、化学、生物等课程的实验教学。这几种教学模式均有各自不同的实施步骤与方法，如果能将这几种教学模式灵活运用，将有力地促进信息技术与课程设计的深层次整合。

三、信息技术与课程整合在大学英语教学改革中的实践意义

信息技术与课程整合在大学英语教学改革中具有重要的实践意义。通过将信息技术有机融入大学英语教学中，可以创造出更加开放、自主、探究、合作的学习环境，激发学生的学习兴趣和主动性，提高学生的英语综合能力。

具体来说，信息技术与课程整合可以在以下几个方面为大学英语教学带来实际意义。

1. 提高教学效果：通过信息技术与课程整合，可以利用多媒体、网络、在线课程等资源，打破传统教学方式的限制，丰富教学内容，使学生能够更加生动、直观地理解课程内容，提高教学效果。

2. 开拓教学方式：信息技术与课程整合可以开拓多种教学方式，如网络辅助教学、语音识别技术、自适应学习系统等，帮助学生实现更为自主、个性化的学习方式。

3. 促进英语技能综合发展：通过信息技术与课程整合，可以为学生提供更多的听、说、读、写、译等英语实践机会，同时，结合学生的实际需要和兴趣，激发学生学习英语的积极性，促进英语技能的综合发展。

4. 引导学生自主学习：信息技术与课程整合可以鼓励学生在学习过程中发挥主动性，自主探究和学习，帮助学生建立自主学习的意识和习惯，提高学习效率和学习成效。

总之，信息技术与课程整合在大学英语教学中具有重要的实践意义，它不仅能够提高教学效果，拓宽教学方式，促进英语技能综合发展，更能够引导学生自主学习，培养创新思维和实践能力，为学生的未来发展打下坚实基础。

第二节 信息技术与英语课程整合的重点

一、信息技术与外语教学整合的目标

信息技术与课程整合在大学英语教学改革中有着重要的实践意义，它可以推动英语教学从以教师为中心的传统模式向以学生为中心的新模式转变。通过整合信息技术与英语教学，可以为学生提供更加丰富、多样化的学习资源，创设更加灵活、自主的学习环境，以满足学生的个性化学习需求，激发学生的学习兴趣和动机，培养学生的创新思维和实践能力。同时，信息技术与课程整合也可以促进教师教学方式的转变，使教师更加注重学生的学习体验和学习效果，提高教学质量和效率。因此，在大学英语教学改革中，信息技术与课程整合不仅是一种手段，更是一种必要的路径和途径，有着重要的实践意义和应用价值。

(一) 在学科教学中渗透信息技术教育，提高师生信息素养

在学科教学中渗透信息技术教育可以提高师生的信息素养，培养学生的信息技术能力，进一步推动信息技术与课程整合的深入发展。具体来说，可以通过以下几点实现。

1.教师要积极探索利用信息技术来支持学科教学，例如，运用多媒体课件、网络课堂、虚拟实验室等教学资源，为学生提供丰富的学习资源和交互学习环境。

2.教师要培养学生的信息技术能力，例如，教授学生如何检索、筛选和整合网络资源的技能，如何运用计算机工具进行数据处理和分析的技能，以及如何利用信息技术进行创新性思维和问题解决的技能等。

3.教师要倡导学科教学与信息技术教育的有机结合，以提高师生的信息素养。例如，在教学中引入一些信息技术相关的案例，让学生通过实践运用信息技术解决学科问题，培养他们的创新意识和实践能力。

通过以上措施，可以在学科教学中渗透信息技术教育，促进师生信息素养的提高，进一步推动信息技术与课程整合的深入发展。

(二) 完善拓展课程的学习内容，为多种专业人才的培养打下基础

拓展课程可以为学生提供更广泛的知识和技能，为多种专业人才的培养打下基础。在拓展课程的学习中，融入信息技术教育可以让学生更好地掌握信息技术的基本应用，提高他们的信息素养。例如，可以开设数据分析、网络技术、人工智能等课程，让学生了解这些领域的基本概念、原理和应用。同时，通过案例分析、实验操作等方式，

培养学生的实际应用能力和创新思维能力。

此外,在拓展课程中,也可以通过开设与学科相关的跨学科课程,将信息技术与其他学科进行融合,例如,信息科学、数字艺术、生物信息学等课程,加强不同学科之间的交流和合作,提高学生的综合素养和跨学科能力。

通过完善拓展课程的学习内容,将信息技术教育与各学科深度融合,可以为多种专业人才的培养打下基础,提高他们的信息素养和综合能力。

(三) 培养学生的自我适应、自我生存能力

培养学生的自我适应、自我生存能力是当前教育的重要目标之一。信息技术与课程整合可以通过建立新型教学环境和实施新的教学方式,使学生在学习过程中养成自主、探究、合作的学习方式,促进学生的思维能力、创新能力、团队协作能力、信息素养等方面的提高,从而更好地适应和应对未来社会的变化和挑战。通过信息技术与课程整合的实践,学生可以获得更多的知识和技能,更好地理解和应用这些知识和技能,具备了更强的学习能力和适应能力,能够更好地适应社会的发展变化。

在当今社会,信息化的程度越来越高,信息技术不仅是学生学习的手段,也是一种基本素养。通过信息技术与课程的整合,可以使学生在学习过程中更好地获取和利用信息,提高信息素养,培养学生的自我适应能力、自我生存能力,更好地适应社会的发展变化。

信息技术与课程整合的最终目标是促进学科教学的质量和提高学生的学习效果和效率,而不是单纯追求技术的使用。整合应该是学科教育中的一个手段,通过有效的整合方法,将信息技术与学科教学紧密结合起来,促进学科教学的创新和发展。只有将信息技术与学科教育有机结合起来,才能更好地推动学科教育的改革和发展,培养更多具备创新精神和实践能力的人才。

二、信息技术与外语教学整合的前提

信息技术与外语教学整合的前提有以下几个方面。

1. 具备一定的信息技术基础。教师需要掌握一定的计算机技能,能够熟练操作计算机、互联网、多媒体等工具,具备较高的信息素养。

2. 有相应的教学资源。信息技术与外语教学整合需要相应的教学资源支持,如多媒体课件、网络资源、教学软件等,这些资源需要教师或学校进行收集、整理、开发和维护。

3. 教师应具有开放的教育观念。信息技术与外语教学整合需要教师具备开放的教育观念,敢于尝试新的教学方式和方法,乐于与学生互动、探究、合作,营造积极的学习氛围。

4.学生需要具备一定的信息素养。信息技术与外语教学整合需要学生具备一定的信息素养，能够利用信息技术进行学习、研究、交流和创新，具备探究、创造、合作和交流的能力。

5.学校和社会环境支持。信息技术与外语教学整合需要学校和社会环境提供相应的支持和条件，如配备先进的计算机设备、网络设施和教学资源，建立相应的教学管理体制和保障机制，支持教师和学生的教学研究和创新实践。

信息技术与外语教学的整合必须深入研究外语学科的特点以及学生的心理特点，针对不同的学生群体和教学环境，选取适宜的信息技术教学工具和教学策略，才能更好地发挥信息技术在外语教学中的作用。比如，对于初学者而言，可以运用多媒体技术呈现图像和动画，以加强视觉效果，提高记忆力和语感；而对于高年级的学生，则可以使用虚拟仿真技术和多模式学习等高级的信息技术手段，以提高学习效率和效果。在整合的过程中，教师还应该重视课程的设计和内容的选择，使得信息技术能够与外语教学无缝融合，达到最佳的教学效果。

三、信息技术与外语教学整合的条件

信息技术与外语教学整合需要满足以下条件。

1.教师信息技术素养高：教师需要掌握一定的信息技术知识和技能，才能在教学中灵活运用信息技术工具，且设计出符合外语学科特点和学生心理特点的教学内容和活动。

2.良好的教学资源保障：信息技术与外语教学整合需要大量的教学资源支持，如电子课件、多媒体资料、网络课程等。因此，学校需要提供良好的教学资源保障，包括教学硬件和软件等方面的支持。

3.适宜的教学环境：教学环境应当具有支持信息技术应用的条件，包括计算机房、多媒体教室、语音实验室等。此外，还需要有适宜的教学氛围，包括鼓励学生创新、探究和合作的教学理念和文化。

4.学生信息技术素养高：学生需要具备一定的信息技术素养，才能更好地利用信息技术进行学习和交流，并参与到信息技术与外语教学整合的活动中来。

5.教学管理和服务的支持：学校应当建立完善的教学管理和服务机制，包括教学督导、教学评估、教师培训和技术支持等方面的工作，以保证信息技术与外语教学整合工作的顺利实施。

以下是信息技术在外语教学中的优势。

1.多媒体技术丰富了教学手段和方式，使得语言输入和输出变得更加真实和生动。

2.网络技术为教学提供了更多的学习资源，使得学生能够更广泛地接触到外语文化和语言背景。

3. 个性化教学，如电子教材、在线练习、自主学习等，可以满足学生在学习进程中的不同需求。

4. 交互性强，如语音识别、虚拟现实、智能辅助等技术，可以提高学生的语言输出能力。

5. 提高了教学效率，如在线作业、自动评分等，可以减轻教师的负担，更好地监控学生的学习进程。

综上所述，信息技术在外语教学中的优势可以帮助教师更好地实现教学目标，提高教学质量，促进学生的学习效果和效率。

（一）语言学习环境自然、真实

通过信息技术，可以创造出一个语言学习的虚拟环境，使学生能够在更加自然、真实的情境中学习语言。比如，在多媒体课堂中，学生可以通过观看地道的英语电影、听外国流行音乐等方式，感受到语言环境的真实性和自然性，更好地掌握语言的应用。同时，通过网络等信息技术手段，学生也可以与海外的学生进行互动交流，增强语言学习的真实感和互动性。

（二）丰富的资源有利于自主学习

信息技术提供了广泛的、丰富的、易获取的语言学习资源，可以促进学生的自主学习和探究学习。通过信息技术与外语教学的整合，学生可以在课堂内外进行自主学习，从而深入了解和熟悉外语文化与社会文化，激发其对外语的兴趣和学习动力。例如，学生可以通过网络搜索各种类型的资料、音频、视频、互动课件等资源，进行自主学习和探究学习，拓宽知识面和提高语言技能。此外，信息技术还提供了多种互动学习平台，如在线讨论、博客、微博、微信公众号等，让学生可以随时随地与他人交流和分享学习体验，激发学习兴趣和创造力。

（三）更好地体现了素质教育

信息技术与外语教学整合不仅仅是为了提高外语教学的效果，也更好地体现了素质教育的理念。信息技术的应用可以让学生在学习外语的过程中，更多地关注自身的学习、发展和创新能力，而不仅仅是传统的知识和技能的获取。这种以学生为主体的学习方式，更好地体现了素质教育的要求，培养了学生的自主学习和创新精神，提高了学生的综合素质。同时，信息技术与外语教学整合还可以提高学生的信息素养，让他们更好地适应信息时代的学习和工作。

四、信息技术与外语教学整合的关键

信息技术与外语教学整合的关键在于教师的角色转变和教学方式的变革。教师不再是单纯的知识传授者,而是学生的引导者、学习资源的提供者和学习活动的组织者,更注重激发学生的兴趣和潜能、发挥学生的主体性、自主性和创造性。同时,教学方式也要从以教师为中心的传统模式转变为以学生为中心的探究式、合作式、研究性学习模式,更加注重学生的自主学习和合作学习,充分利用信息技术创造出多样化、交互化、自主化、合作化的学习环境和学习活动,提高外语学习效果。此外,教学过程中还应该注意合理选择和运用信息技术手段,不断完善信息技术与外语教学的整合方式,使之更加科学、合理、有效。

第三节　信息技术与大学英语课程的课内整合

一、建构主义理念下的探究式教学模式

建构主义理念是指学习者通过自己的经验去建构和理解知识,而非仅仅接受教师所传授的知识。在这种理念下,探究式教学模式成为一种常见的教学方法,它主张通过让学生在实践中发现问题、提出问题、探究问题并找到答案,使学生自主地构建知识、理解知识。

探究式教学模式重视学生的主动性和创造性,强调让学生在真实的问题中实践和探究,从而激发学生的思维和创造力,促进其个性的发展。探究式教学模式注重学生对学习内容的深入理解和掌握,而不是简单的死记硬背。

此外,建构主义教学也注重学生之间的互动与合作,通过小组讨论、合作研究等形式,激发学生之间的合作意识和创造力,培养其团队合作精神和协作能力。同时,建构主义教学也需要教师具备相应的素质和能力,如引导学生发现问题、引导学生思考、启发学生独立学习和探究的能力,以及充分利用教学资源和提供适当的支持与指导等能力。因此,基于建构主义理论的探究式教学模式对于学生和教师的素质要求都比较高,但同时也能够提高学生的学习兴趣和积极性,培养学生自主学习和创造力,促进学生全面发展。

正因如此,建构主义理念下的探究式教学模式也促进了学生自主学习能力的提升。在这种模式下,学生不再是被动地接受知识和技能,而是主动地构建知识和技能,通过与教师和同伴的交流与合作,不断完善和提升自己的学习成果。学生的学习过程中,还需要不断地进行反思和调整,以提高自身的学习效果和能力。在这个过程中,学生

逐渐从被动的学习者转变为自主的学习者,建立了自主学习的意识和能力,使得学生能够更好地适应未来的学习和生活。

学习方式是学习理论的重要概念之一,它不仅仅是指学习方法和策略,而更重要的是指学习者的态度、行为和思维方式。建构主义学习理论倡导的学习方式强调学习者的主动性、探究性和合作性,这与传统的被动接受知识的学习方式形成鲜明的对比。通过培养学生自主思考、自主学习、自主评价、自主创新的能力,可以提高学生的学习兴趣和积极性,以及激发学生的学习潜力,从而达到更好的学习效果。

探究式教学模式能够促进学生在学习过程中更加积极主动,以学生为中心的教学方式不仅能够提高学生的学习兴趣和提升学习效果,还能够培养学生的自主学习和独立思考的能力,使其具备更高的终身学习能力和适应能力。同时,探究式教学模式还能够激发学生的创造性和创新精神,培养学生的团队协作和沟通能力,这些能力对于未来的职业发展和社会生活都非常重要。

探究式教学模式适用于各种学科,包括语言学科、数学、科学、社会学科等,其学习对象可以是任何一个或多个知识点。通过探究式教学模式,学生能够通过对知识点的深入探究,逐渐理解其背后的原理和概念,并能够将其应用于实际问题的解决当中。此外,探究式教学模式也有助于培养学生的批判性思维和解决问题的能力,提高学生的自主学习能力和自我评估能力。

二、探究式教学模式的内涵与特征

探究式教学模式旨在培养学生的自主学习能力和创造性思维,涉及认知和情感两个方面的目标。在认知方面,学生需要掌握与学科相关的知识、概念、原理和技能,以及阅读、写作、计算、实验和上机操作等能力。在情感方面,学生需要培养健康情感、正确价值观和优秀思想品德,这些可以通过探究式教学中的合作学习、自主学习和创新性思维等活动来实现。探究式教学能够促进学生的认知与情感的全面发展,提高学习效果和学习质量。

探究式教学模式的特点和优势具体表现在以下两个方面。

1. 教师的主导作用

在探究式教学模式中,教师的角色不是简单地讲解知识点,而是起到指导、引导和促进学生学习的作用。教师需要设计课程内容和学习任务,帮助学生选择问题并提供必要的资源和工具,激发学生的好奇心和探究兴趣,促进学生的主动学习和自我发现,培养学生的批判性思维和创造性思维,提高学生的学习效果和成绩。

同时,教师还需要在学生探究的过程中提供适当的支持和反馈,帮助学生纠正错误和优化不足,指导学生进一步深入探究和思考。教师还需要协助学生学习团队合作和交流技能,帮助学生在学习中相互支持、相互学习、共同进步。

总的来说，教师在探究式教学模式中起到主导作用，但不是单纯地传授知识，而是通过引导学生探究、发现、思考和交流，促进学生的全面发展。

（1）学习动机的激发者

学习动机是促使学生学习的内在动力，是学生学习的驱动力。激发学习动机是教学过程中的重要任务之一，因为学生只有在内心产生强烈的学习动机时才会全身心地投入学习活动中。以下是一些激发学习动机的方法。

①创造积极的学习氛围：教师可以通过自己的表现和言行来营造积极的学习氛围，让学生感受到学习的重要性和价值。

②设定明确的学习目标：教师可以帮助学生设定具体、明确的学习目标，让学生知道学习的方向和目标，有助于激发学生的学习动机。

③培养自主学习的能力：教师可以培养学生自主学习的能力，让学生体验到学习的成就感，从而提高学习动机。

④提供挑战性的学习任务：教师可以提供一些具有挑战性的学习任务，激发学生的学习兴趣和动机。

⑤关注学生的兴趣爱好：教师可以关注学生的兴趣爱好，把学习与学生的兴趣爱好结合起来，从而激发学生的学习动机。

⑥提供及时的反馈：教师可以及时给予学生反馈，让学生知道自己的学习进展和不足之处，有助于激发学生的学习动机。

（2）学生自主学习和协作学习的组织者

在探究式教学模式中，学生的自主学习和协作学习是至关重要的。教师需要充当组织者的角色，以确保学生的自主性和协作性得到充分发挥。

教师需要通过设计具有启发性的学习任务来激发学生的学习兴趣和学习动机，同时提供充分的支持和指导，帮助学生克服学习中遇到的困难和问题。教师还需要设计合适的组织结构和协作机制，以促进学生之间的交流和合作，帮助他们相互学习和共同完成任务。

在协作学习中，教师需要提供积极的反馈和评估，帮助学生了解自己的学习进展和不足之处，并在此基础上调整学习策略和协作方式，进一步提高学习效果。同时，教师还需要激发学生的自主性，鼓励他们探究问题和自主学习，从而培养学生独立思考和创新能力。

（3）学习环境和资源的设计者

学习环境和资源的设计者是教师，教师应该设计符合探究式教学模式要求的学习环境和资源，包括以下几个方面。

①提供丰富的信息资源：教师应该为学生提供各种形式的信息资源，包括文本、图片、音频、视频等，这些资源可以来自教材、网络、实验室、图书馆等多种途径。

②提供适当的学习工具：教师应该为学生提供适当的学习工具，包括笔记本电脑、

平板电脑、智能手机、数字相机、录音笔等,以及相关软件和应用程序。

③建立鼓励学生探究和交流的学习氛围:教师应该为学生创造一个鼓励学生探究和交流的学习氛围,通过课堂讨论、小组合作、展示等方式鼓励学生分享自己的想法和观点。

④提供充分的时间和空间:教师应该为学生提供充分的时间和空间,让他们能够在学习中自主探究和交流,尽可能减少课堂讲解和限制学生的探究时间。

⑤提供必要的指导和支持:教师应该为学生提供必要的指导和支持,包括解答问题、提供反馈、鼓励和激励等。教师还应该及时评价学生的学习成果,鼓励他们继续探究和思考。

(4) 探究过程的评价者

在探究式教学模式中,评价是一个至关重要的环节,它既可以帮助教师了解学生的学习状况,也可以帮助学生发现自身的优势和不足,从而更好地提高自己的学习水平。评价在探究过程中起到了监督和促进的作用,它可以对学生的思考过程、实验过程和实验结果进行全面且深入的评价,从而发现学生存在的问题和不足,并及时给出指导和帮助。

在探究式教学模式中,评价不仅仅是对学生的知识掌握程度的评价,更是对学生思维能力、创新能力、合作能力和自主学习能力等综合能力的评价。因此,评价需要具有科学性、全面性、客观性和及时性,既要评价学生的表现,又要评价学生的学习过程和思考过程。

探究式教学模式的评价可以分为两个方面:一是对学生的学习成果的评价,包括对学生的实验结果、报告、展示等的评价;二是对学生的学习过程的评价,包括对学生的探究思路、探究方法、探究过程和探究成果的评价。在评价学生的学习成果和过程时,应该充分考虑学生的实际水平和能力,尽量采用量化和客观的评价方法,避免主观性和片面性的评价,保证评价的公正性和客观性。同时,评价应该及时反馈给学生,帮助他们认识自己的优势和不足,并给出针对性的指导和帮助,促进学生的全面发展。

2. 学生的主体地位

学生在探究式教学模式中担任着主体地位。这是因为探究式教学模式强调学生自主探究、自主发现和自主解决问题的能力,教师只是起到指导和引导的作用,而不是直接传授知识。因此,学生必须成为学习的主体,通过自己的学习和探究来获取知识和技能。同时,学生也必须承担起自己学习的责任和义务,主动参与学习,发挥自己的主观能动性,达到更好的学习效果。在探究式教学模式中,学生是学习的中心,教师只是起到辅助和指导的作用,促进学生自主学习和自主发展。

同时,学生的主体地位也体现在教师对学生的引导和支持上。教师不再是简单地传授知识,而是扮演着引导者和支持者的角色。教师需要在探究式教学过程中,积极地与学生互动，与学生共同探究问题，指导学生学习的方法、技巧和策略，提供适当的学习资源和环境，帮助学生克服困难和解决问题，同时也要鼓励学生自主思考、自主发现和自主解决问题，激发学生的学习兴趣和学习动机。这样才能让学生在学习中充分地发挥主体作用，促进学生的全面发展和健康成长。

学生在这样的课堂中能够充分发挥自身的潜能，不再是被动地接受知识的对象，而是能够通过自主学习、探究发现和团体合作来创造新的知识和思想。同时，学生在这样的课堂中也能够通过自我评价和观点分享来反思和改进自己的学习过程，不断完善自身的学习方法和学习策略。因此，教师在探究式教学模式中的主导作用不是对学生进行简单的传授和指导，而是要激发学生的自主性和创造性，引导学生充分发挥自身的潜能，从而达到学生主体地位得到充分体现的效果。

三、探究式教学模式的实施步骤

探究式教学模式通常包含下面五个实施步骤。

第一步，创设情景。在探究式教学中，创设情景是指为学生提供一个能够激发其学习兴趣和积极性、具有实际意义的学习环境。这个学习环境可以是一个真实的情境，也可以是一个虚拟的情境，以引起学生的探究欲望。

为了创设情景，教师可以利用各种教学手段和资源，如实验、模拟、游戏、案例、视频、图片、文献等，为学生提供一个贴近生活、有启发性和探究性的学习场景。同时，教师也要确保所创设的情景符合学生的认知水平和学科背景，能够引导学生在学习中逐步深入、拓宽知识面。

第一步，在创设情景的同时，教师还应该为学生提供一些具体的问题或任务，以引导学生展开探究。这些问题或任务应该具有一定的难度和挑战性，能够促使学生深入思考和独立探究，同时又不至于让学生望而却步。

第二步，启发思考。启发思考是探究式教学的重要环节，它是为了引导学生主动思考，激发他们的学习兴趣和求知欲，同时也是为了促进学生自主学习和自主探究。在这一步中，教师可以采用提问、引导、讨论等多种方式，激发学生的思考和探究兴趣，让学生参与到课程设计和问题探究中来，提高学生的思维能力和创新能力。

例如，在语文课堂中，教师可以通过提出问题、引导学生思考和讨论等方式，启发学生思考文本的意义和价值，引导学生自主发现和探究文本的深层次意义和内涵。在数学课堂中，教师可以通过提供问题、引导探究和讨论等方式，激发学生探究和发现数学规律、解决数学问题的兴趣和能力。在科学课堂中，教师可以通过引导学生提出问题、实验探究和讨论等方式，激发学生对科学知识的兴趣和求知欲，培养学生科学探究的能力和方法。

第三步，自主学习与自主探究。在启发思考的基础上，学生可以进行自主学习和自主探究。进一步鼓励学生积极主动地获取相关知识和信息,利用各种学习资源,如图书、网络、实验室等,从多个角度、多个方面去探究问题,并进行思考和总结。教师可以在这个过程中起到引导和指导的作用,帮助学生确定学习方向,提供必要的资源和支持,帮助学生规划学习进度和方法,并促进学生的交流和合作。同时,教师还要鼓励学生表达自己的观点和想法,尊重学生的选择和独立思考的能力,激发学生的学习兴趣和自主学习的动机。

第四步,协作交流。在探究式教学中,协作交流是非常重要的一步。在自主学习和自主探究的过程中,学生们产生了各自的想法和结论,这时候就需要协作交流来分享和讨论彼此的成果,从而形成更加深入的认识和理解。

在协作交流的过程中,学生们可以自由表达自己的看法,倾听别人的意见,并对自己的理解和观点进行修正和改进。这种交流的过程有利于激发学生的思考和创造力,促进他们之间的互动和合作,增强学生的沟通和表达能力,提高他们的合作意识和团队精神。

协作交流的方式可以多种多样,可以采用小组讨论、合作编写报告、展示交流等形式。在协作交流的过程中,教师要起到引导和促进作用,及时提供必要的帮助和指导,确保每个学生都能够积极参与到协作交流中,取得最佳的学习效果。

第五步,总结提高。在探究式学习活动中,总结提高是必不可少的一个环节。这一环节的目的是让学生通过对整个学习过程的回顾、总结和评价,深化对所学知识的理解和掌握,进一步提高学习效果。总结提高的过程中,教师可以通过提问、讨论、反思等方式,引导学生回顾整个探究过程,找出自己在学习中的不足,同时也可以分享学习成果,鼓励学生互相学习和借鉴。总结提高也是对学生自主学习和协作交流的一种评价和反思,有利于促进学生对学习过程和方法的自我认识和调整,进一步提高自主学习和协作交流的能力。

第四节 信息技术与大学英语课程的课外整合

一、建构主义理念下研究式学习教学模式的内涵与特征

建构主义中对学习者的认知主体作用的理解,即学习者不仅是信息加工处理的主体,更是能够通过自己的经验、知识和认知结构构建自己的意义和理解,进而形成个人独特的认知结构和知识体系,这种个人的构建过程是与社会文化环境密切相关的,也是不断发展和变化的。在这种理解下,教师的指导作用不仅是提供信息和帮助学生

加工处理，更是帮助学生构建更为准确、深刻和符合社会文化环境的知识体系和认知结构。同时，教师还要为学生提供多样化的学习资源和学习机会，以便学生更好地进行自主学习和自我构建。

（一）"研究式学习"的定义

"研究式学习"是指通过让学生围绕着某个问题或课题进行探究、研究和实践活动，通过自主学习、探究和交流合作等方式，达到深入理解知识和提高综合能力的一种学习方式。与传统的课堂教学相比，研究式学习更加注重学生的主体地位，强调学生通过自主探究和实践，发挥自身的主动性和创造性，逐渐建立知识结构，提高解决问题的能力和创新思维能力。

（二）"研究式学习"的特征

1. 强调学习的自主性

"研究式学习"强调学习的自主性。在这种学习方式下，学生有更多的自主权，他们可以自主选择研究主题、研究方法和研究成果的展示方式。这种自主性的强调鼓励学生积极参与学习，并能够提高他们的学习动机和自主学习能力。同时，学生在研究式学习中还需要具备自主思考、自主决策、自主解决问题的能力。

2. 强调学习的交互性

研究式学习强调学习的交互性，即学习者之间的互动和协作对学习的重要性。这种学习方式不仅包括学生与教师之间的互动，还包括学生之间的交流和合作。学生可以在小组内进行探究性学习，共同解决问题，分享观点和成果，以此促进个体和群体的学习和发展。通过交互，学生不仅可以获得新的知识和技能，还可以培养沟通、合作和领导等社交技能，这些技能对其未来的学习和职业发展至关重要。

3. 强调学习的开放性

"开放性学习"意味着学习者可以自由选择和掌握自己的学习目标和方式，不受外部限制。在研究式学习中，学习者可以通过自己的独立思考和探索，确定学习的目标和方向，采用适合自己的学习策略和方法进行学习，自主地选择和评价学习资源，从而实现对学习过程的控制和管理。学习者不仅可以根据自己的兴趣和需求选择学习内容和形式，还可以通过和他人的交流和协作获取更广泛的信息和知识，充分发挥个体和群体的创造力和创新性。因此，研究式学习注重学习的个性化和多样性，强调学习的开放性和灵活性，为学习者提供了更多的学习空间和机会。

4. 注重学习的实践性

实践性是研究式学习的重要特征之一。在研究式学习中，学生需要通过实践、实验、调查等方式积极参与到学习活动中，不仅要理解和掌握相关的理论知识和概念，更需要在实践中探索和应用这些知识和概念，从而提高解决实际问题的能力。因此，研究式学习旨在培养学生的实践能力，帮助他们将所学的知识应用到实际生活中，从而更好地解决实际问题。

5. 注重过程及学生的体验

研究式学习注重学习过程，强调学生通过自主探究和交互合作来实现对知识的理解和掌握。在这个过程中，学生会对所学知识进行反思和归纳总结，从而加深对知识的理解。同时，研究式学习注重学生的体验，通过实践性的活动、开放性的问题和多元化的资源来激发学生的学习兴趣和积极性，从而提高学生的学习效果。

6. 强调师生间的平等

在研究式学习中，师生之间的关系是平等的，学生不再是被动的知识接受者，而是与教师一同探究问题、共同学习。教师不再是唯一的知识来源和权威，而是帮助学生自主地发现问题、探究问题，并引导学生思考、讨论和交流。在这种平等的关系中，教师和学生都是学习的主体，共同构建知识，促进学生的自主学习和自我发展。

7. 促进创造性与潜在性的统一

"促进创造性与潜在性的统一"是指研究式学习强调发掘和激发学生的潜在能力和创造性，让学生在学习的过程中不仅仅是获得知识和技能，更是培养他们的创造性思维和创新能力。研究式学习注重学生的自主性和交互性，让学生能够在不断的探究和实践中激发自己的创造性潜能，培养创造性思维，从而促进创造性与潜在性的统一。此外，研究式学习还鼓励学生尝试新的学习方式和方法，从而培养学生的创新能力，不断推进个人和社会的发展。

二、研究式学习教学模式的实施步骤

正确的学习方法是建构主义教学成功的重要保证。建构主义强调学习者自主探究、自主学习，教师只是在学习者的自主性学习的过程中提供指导和支持。因此，学习者需要具备正确的学习方法，才能更好地实现自主学习。正确的学习方法包括：积极主动地探究、思考、提出问题，善于寻找信息，注重实践和实践经验的总结、反思和分享。同时，学习者还需要具备自主评价的能力，能够及时反思自己的学习过程，找出不足之处并加以改进。只有通过不断实践和反思，不断完善自己的学习方法，才能取得更好的学习效果。

建构主义理论对教育的影响在于教育者摒弃传统教育模式，尊重学生的主体地位，采用多元化的教学方法和技术,为学生提供多样化的学习环境和资源,鼓励学生通过自主、探究、合作的方式建构知识,培养学生的创新思维和解决问题的能力。因此,建构主义理论为教育改革提供了新思路和新方法,引领着现代教育的发展方向。

建构主义理念下的研究式学习教学模式通常包含以下五个实施步骤。

(一) 提出问题

提出问题情景是研究式学习的第一步,也是非常关键的一步。通过提出有挑战性的问题情境,可以激发学生的好奇心和求知欲,引导学生主动思考并尝试去解决问题。这样的问题情境通常需要与学生的实际生活和学习经验密切相关,能够激发学生的兴趣和思考,有助于提高学生的学习动机和学习效果。同时,问题情境的设置也需要注意问题的难易程度,不能过于简单或过于困难,要符合学生的认知水平和能力水平,有利于学生通过自主探究和协作学习来解决问题。

(二) 分析问题

在此环节中,教师应该鼓励学生尝试不同的思维方式,如系统思维、创新思维、批判思维、合作思维等,并指导学生如何运用这些思维方式分析和解决问题。同时,教师也应该引导学生学习如何收集和整理相关信息,如通过图书馆、互联网等多种渠道获取信息,并根据信息的来源、真实性、权威性等进行评估和筛选。在整个过程中,教师应该为学生提供充分的支持和指导,帮助学生发现和解决问题,同时也应该尊重学生的思考和创意,鼓励学生自主探究。

(三) 解决问题

在提出解决问题的初步方案的子环节中,学习者可以运用前面学到的问题分析和研究方法,针对问题进行个人思考和探索,提出初步的解决方案。这个过程中,教师应该鼓励学生发挥想象力,积极思考,提出自己的见解和建议,同时引导学生遵循科学的思维方式和方法,确保提出的方案符合逻辑、科学、实用的要求。

在优化解决问题方案的子环节中,学习小组成员需要将各自提出的方案进行比较、协商和完善,以期得出更优的解决方案。这个过程中,教师应该充分利用学习小组成员之间的互动和交流,促进学生之间的讨论和合作,引导学生深入分析问题的各个方面,发挥个人的优势,充分借鉴他人的经验和思路,不断完善和优化方案,以期得出最佳的解决方案。

(四) 实施解决问题方案

研究式学习的过程是动态的,需要随时调整和修正解决问题的方案。而且,通过及时反思和形成性评价,可以让学生更好地理解问题解决的过程,发现问题,并及时调整解决问题的方案。这种反思和评价不仅对学生的学习有益,而且可以帮助教师更好地理解学生的学习过程,调整教学方法和策略,以便更好地支持学生的学习。

(五)总结提高

教师总结还应该包括对本次研究式学习教学效果的评价,以及对下一步教学的改进与完善的思考和计划。这样的总结不仅可以让学习者对本次学习进行回顾和反思,进而深化对知识的理解和掌握,还可以为教师提供教学经验和教学改进的方向。同时,总结过程也是一个交流与分享的过程,有利于促进学习者之间的互动与合作,增强他们的归属感和自我效能感。

研究式学习是建构主义教学方法的一种实践方式,通过学生自主学习、探究、合作,以及教师的指导和促进,达到知识与能力的构建和发展。研究式学习强调学生的主体地位,注重学习的自主性、交互性、开放性、实践性、过程性以及体验性,同时也重视师生间的平等、创造性与潜在性的统一。通过研究式学习,学生不仅能够获得知识与技能,还能够培养创新思维与创新能力,促进个性化发展和全面素质提升。

三、对研究式学习教学模式下英语教学的反思

研究式学习还有以下几个优点。

1. **提高学生的学习兴趣**:研究式学习充分考虑到学生的兴趣、需求和能力,创设问题情境、提出问题、开展探究等都是紧密贴合学生兴趣的,激发学生的学习兴趣,使学习变得更加主动的自发学习。

2. **培养学生的合作精神**:研究式学习鼓励学生以小组为单位开展学习活动,通过交流与合作共同完成任务。在这个过程中,学生可以相互学习、相互借鉴,同时也可以学会如何与他人沟通协作,培养学生的团队意识和合作精神。

3. **提高学生的创新能力**:研究式学习追求创新和探索,要求学生在自主学习和探究中积极提出新的想法和思路。通过这样的学习方式,可以培养学生的创新能力和创造性思维,为未来的创新人才培养打下坚实的基础。

4. **培养学生的批判思维**:研究式学习注重的是学生的思考和研究能力,要求学生具备批判性思维和分析能力,从而可以更好地理解和评价所学的知识。这样的学习方式可以培养学生的批判思维,提高他们的思辨能力和分析能力。

综上所述,研究式学习具有多个优点,可以帮助学生更好地理解和掌握所学的知识,提高他们的学习兴趣和能力,同时也为未来的职业发展打下坚实的基础。

(一) 教学观念的转变和教师角色的定位

随着教育理念的不断发展和更新,教师的角色也发生了相应的转变。传统的教学方法注重教师的传授、灌输和检验,而现代教学方法则更注重学生的自主学习、探究和协作。这种转变涉及教学观念的转变和教师角色的定位。

首先,教学观念的转变是指教育工作者认识和理解教育的本质和目的的转变。传统的教育观念认为,教育的目的是将知识传授给学生,培养他们的听课、记忆和应试能力,而现代教育观念认为,教育的目的是培养学生的创造性思维、自主学习和实践能力。

其次,教师角色的定位也发生了变化。在传统的教育模式下,教师是知识的传授者和管理者,负责课堂的组织和管理。而在现代教育模式下,教师更多地扮演着指导者、引导者、帮助者和合作者的角色,帮助学生发现问题、探究问题、解决问题,并鼓励他们在学习过程中发挥主体作用。

因此,教师应当及时更新教学观念,更加注重学生的自主性和创造性,将学生的需求放在第一位,帮助学生实现自我发展。同时,教师应当在教学过程中,把握好自己的角色定位,既要充当好学生的引导者和帮助者,又要在适当的时候发挥教学的主导作用,确保教学质量和效果。

(二) 学生的中心地位和自主学习

教师在实施研究式学习时还需具备以下特点。

1. 以引导为主,以促进学生学习为目的。教师应该以引导学生学习为主要任务,引导学生从提出问题、分析问题、解决问题等方面自主探究,而不是仅仅传授知识。

2. 积极关注学生的学习和思考过程。教师应该密切关注学生的学习和思考过程,及时发现学生的问题和困惑,并通过与学生的互动来指导学生进行反思和调整。

3. 强调学生的主体地位。教师应该尊重学生的个性差异,激发学生的自主学习意识和学习兴趣,引导学生积极参与学习过程,提高学生的主体地位。

4. 注重小组合作学习。研究式学习需要学生之间互相合作,教师应该引导学生组建小组,并关注小组之间的互动和合作,帮助学生有效地解决问题。

5. 鼓励学生创新思维和创新能力的发展。研究式学习强调学生的主体地位和自主探究,教师应该鼓励学生从不同的角度思考问题,培养学生创新思维和创新能力的发展。

通过这些方式,教师可以帮助学生有效地进行研究式学习,促进学生的自主学习和思考能力的发展。

(三) 教学机制和学习资源的配套建设

研究式学习需要与传统的教学模式不同的是教学机制和学习资源支持。教学机制包括学生评价机制、教学评价机制、教学管理机制等。学生评价机制需要建立适合研究式学习的评价方式，例如，对学生自主研究、探究和合作学习的评价。教学评价机制需要能够评价学生在研究式学习中掌握的知识和技能，以及他们的创新思维能力和解决问题的能力。教学管理机制需要确保学生的学习过程得到充分的支持和管理，例如，教师对学生的学习过程进行监控和指导。

学习资源的配套建设也是研究式学习的重要保障。学习资源包括教材、教具、实验室设备、图书馆和信息技术支持等，这些资源需要能够支持学生的自主学习和研究。例如，在教学过程中，教师可以提供一些开放式的问题，让学生进行研究，同时提供足够的教材和图书馆资源支持学生的研究。信息技术的应用也能够为学生提供更加丰富的学习资源，例如，在线教育平台、数字化图书馆等。

总之，教学机制和学习资源的配套建设是研究式学习的重要保障，只有建立完善的机制和资源支持，才能让学生真正地实现自主学习和探究，培养创新思维和解决问题的能力。

此外，教学机制也需要相应的配套建设，以确保研究式学习的有效实施。具体而言，需要落实以下方面的工作。

1. 教学管理机制：建立完善的教学管理机制，确保教学目标的顺利实现和学习效果的评估与反馈。教学管理机制应包括教学计划的编制、教材的选择、课程评估和质量监控等方面。

2. 学生评价机制：建立科学的学生评价机制，旨在鼓励学生积极参与研究式学习，并提供针对性的反馈和改进意见。学生评价机制应包括课程评价、教师评价和同学互评等方面。

3. 教师评价机制：建立科学的教师评价机制，对教师的教学效果进行定期评估和反馈。教师评价机制应包括学生评价、同事评价和上级评价等方面。

4. 教学资源建设：建立丰富多彩的教学资源库，包括数字化教学资源、实验室设备、图书资料等多种形式，为学习者提供全方位的学习资源支持。

5. 教学团队建设：建立优秀的教师团队，包括具有研究式学习理念和教学经验的教师、教学助理和研究生等，提供专业的指导和支持，确保研究式学习的有效实施。

教学管理者在推进教学改革和研究式学习过程中扮演着至关重要的角色。教学管理者需要从多个角度出发，推动学校的教育教学改革，不断改善教育教学质量，提高教育教学的科学化水平。同时，教学管理者还应该加强对教师的培训和管理，为教师提供更多的培训机会和教学资源，以提高他们的教学水平和教学质量。只有教育教学的各方面都得到改善和完善，才能更好地促进学生的学习和发展，进而提高学生的素质和能力。

非英语专业学生需要通过学习专业英语，掌握各自专业领域的英语语言技能，提高在全球化时代参与国际交流、合作和竞争的能力。专业英语课程应当贴近学生的专业特点和实际需求,以符合学生的学习需要,提高学生的英语实际应用能力和专业素养。

在教学中,应注重学生的实际操作和应用能力的培养,充分发挥学生的主体性,鼓励学生积极参与课程的设计和教学活动,采用多种教学手段和方法,例如,问题解决、小组合作、模拟演练等,从而提高学生的实践能力和综合素质。

除了教学内容和方法的改革外,专业英语课程还需要配套教材和教学资源的开发和更新,如在线学习资源、教学视频、网络课堂等,以便于学生随时随地进行学习,并提高学生的自主学习和自我管理能力。

最后,教学评价也应该与专业英语课程的教学目标和学生需求相适应,采用多种评价方式,如作业、考试、演示、报告等,并及时反馈学生的学习情况和进展,以便于学生及时调整学习策略和提高学习效果。

第五章　信息化背景下的英语教学模式

第一节　现代信息技术下大学英语教学模式的理论框架

一、新型高校英语教学模式理论框架的成分

(一) 多模态、多媒体、多环境理论

1. 多模态

多模态是指信息或意义以多种形式表达，不仅限于语言文字，还包括图像、音频、视频等多种媒介和表达方式。在教育领域，多模态教学指教师运用多种形式和媒介，以满足学生不同的学习风格和学科知识的不同特点，促进学生的深入理解和有效学习。

多模态教学可使学生的学习更加立体化、丰富化，能够激发学生的多种感官、多种思维方式和表达能力，有助于拓宽学生的视野和认识范围。同时，多模态教学也能够更好地满足现代信息时代人们获取信息的多样化需求，有利于提高学习效果和激发学生的学习兴趣。

2. 多媒体

多媒体指的是包括文字、图片、声音、视频、动画等多种形式的信息媒介。多媒体技术是一种综合性的技术，它将多种媒体资源进行整合，以更加直观、丰富、生动的形式呈现给用户。在教育领域中，多媒体技术已经被广泛应用，比如电子课件、互动白板、在线学习平台等。多媒体技术可以增强教学的视觉和听觉效果，使学生更加容易理解和记忆教学内容，激发学生的学习兴趣和参与度，有助于教学效果的提高。同时，多媒体技术也能够为教师提供更加灵活、便捷、高效的教学方式，提高教学效率和教学质量。

3. 多环境

多环境指的是多种学习环境，学校、教室、自习室、图书馆等，同时还有教师教学模式、课程设置等。环境可向学生提供机遇与框定。学生的学习行为可在多种混合环境下进行，不同的环境因素提供的框定和机遇千差万别，对学生学习效果的影响也不相同。因此，在教学中，教师应尽可能为学生创造能够获得丰富体验和学习环境，并考虑环境中的各类影响因素。

（二）信息技术与英语课程的生态化整合理念

现代教育技术如计算机、网络、多媒体等已经成为英语教学不可或缺的重要组成部分。它们为英语学习者提供了更多元化的学习方式和丰富多彩的学习资源，使英语教学具备更多的个性化和互动性。同时，这些现代教育技术也为英语教学提供了更广泛的应用场景和更高效的教学方法，如网络教学、计算机辅助语言学习、多媒体教学等。英语教师可以通过现代教育技术，使英语教学更加生动、灵活、富有创意，有助于培养学生的英语综合应用能力。

信息技术与课程的生态化整合旨在为教育教学注入新的生机和活力，促进教育教学现代化，实现学生的自主、探究、合作和创新精神的发展。营造信息化教学环境是整合的前提，实现新型教与学的方式是整合的基础，转变传统教学结构是整合的核心，这三者密切关联，构成了信息技术与课程生态化整合的核心内涵。

（三）基于建构主义的教学理念

基于建构主义的教学理念和基于客观主义哲学观的传统教学理念在许多方面存在着显著差异。

在知识观方面，基于客观主义的教学理念认为知识是客观存在的、外在可传授的，学生的学习任务就是接受这些已有的知识；而基于建构主义的教学理念则认为知识是学生主动建构的，学习过程是通过个人和社会互动，对经验的反思和重建来建构知识。

在学习观方面，基于客观主义的教学理念重视教师的教学方法和资源，学生被视为被动接受者；而基于建构主义的教学理念则强调学生的主动参与和个体化，重视学习的过程，倡导学生自主探究和合作学习。

在教学观方面，基于客观主义的教学理念强调教师的知识传授和控制学习过程，认为教师是知识的传授者；而基于建构主义的教学理念则主张教师的角色是引导者和促进者，通过提供合适的学习环境和资源，帮助学生建构知识。

在评价观方面，基于客观主义的教学理念强调考试和成绩，评价学生的知识掌握程度；而基于建构主义的教学理念则主张综合性的、多元化的评价，注重学生的学习过程和能力的培养。

在教师和学生角色方面，基于客观主义的教学理念强调教师的主导作用，学生的角色是被动接受者；而基于建构主义的教学理念则主张教师和学生之间是互动的、平等的，学生是学习的主体。

在目标倾向和价值取向方面，基于客观主义的教学理念强调知识的灌输和考试成绩，注重学科知识的传授；而基于建构主义的教学理念则主张培养学生的学习能力和思维能力，注重学生的个性发展和综合素质的提高。

建构主义的教学理念强调知识的动态性和个人的主体性，认为学习是一个积极主动的过程，教师应该为学生提供适当的学习环境和机会，促进学生对知识的构建和理解。与此同时，教学方法也需要改变，教师应该更多地充当学习的引导者和支持者，而非单纯地传授知识。同时，建构主义也认为知行合一非常重要，即将学到的知识应用到实践中，促进学生实践能力和创新能力的发展。

建构主义教学理念注重学生的自主性、创新性和思考能力，强调教师与学生之间的互动与对话，同时将信息技术作为促进学习的有效工具。在建构主义教学模式中，师生是双方共同参与的主体，教师应当为学生提供合适的学习环境和工具，帮助学生构建知识、实践能力和社会价值观。

二、新型高校英语教学模式理论框架的核心要素与关系

（一）学习环境的创设

在建构主义教学模式下，学习环境的创设是非常重要的，因为它直接影响到学习者的学习效果。下面是一些创设学习环境的建议。

1. 创设开放式的学习环境：教师应该尽量避免仅以课堂为学习场所，而应该把教学延伸到更多的开放场所，如实验室、图书馆、自然环境等。这样的开放式环境可以让学习者更加自由地探索、体验和实践，从而更好地理解和掌握知识。

2. 建立协作学习的环境：在建构主义教学模式下，教师应该鼓励学习者之间的交流和合作，通过小组合作、对话交流等方式，让学习者在互动中创造和分享知识。

3. 提供多样化的学习资源：教师应该提供多种多样的学习资源，包括文字、图片、音频、视频等，以满足学习者不同的学习需求和学习风格。

4. 利用信息技术支持学习环境的创设：信息技术是建构主义教学模式下创设学习环境的重要手段，教师应该充分利用信息技术，为学习者提供便捷、高效、多样化的学习资源和学习方式。

5. 关注学习者的个体差异：建构主义教学模式下，学习者是学习过程的主体，教师应该关注学习者的个体差异，根据学习者的特点和需求，为他们提供合适的学习环境和资源。

多模态学习和多媒体学习确实是数字化教学环境下重要的实践方式。同时，建构主义的理论框架更加系统和细致，为实践提供了更为可操作性的指导，因此对于教学设计和实践的支持也更加强大。

教师在多模态教学环境下，仍然是教学活动的主导者和组织者，应该具备设计和组织多媒体课程的能力。教师需要有足够的专业知识和技能来运用信息技术，设计适合学生学习的多媒体学习资源，以帮助学生建立起跨媒介的信息获取和处理的能力。同时，教师还需要适时调整教学策略，根据学生的表现和反馈信息，对教学模式进行调整和优化，确保教学的有效性和高效性。

数字化环境可以为多模态学习提供广泛的多媒体资源，如图像、音频、视频等，通过多种方式展示和传达信息，帮助学生更加深入地理解和掌握所学内容。此外，数字化环境还可以为学生提供各种学习工具和平台，如在线词典、语法工具、学习社区等，帮助学生更好地进行自主学习和协作学习。因此，如何有效地利用数字化环境创设多模态学习的学习环境，需要教师在教学实践中不断探索和实践。同时，学校也需要提供先进的数字化设备和软件，为教师和学生提供良好的技术支持。

正是这种数字化学习环境，提供了更多的学习方式和学习机会，让学生能够通过与教师、同学之间的互动和交流，进行知识的建构和共享。在数字化学习环境下，学生可以通过各种多媒体资源、网络资源、在线学习平台等方式，获取更加丰富、多样的学习资源，并且可以根据自己的学习需求进行自主选择和安排学习内容和学习方式。此外，数字化学习环境也为学生提供了更加灵活的学习时间和空间，让学生能够随时随地进行学习，大大提高了学习的效率和灵活性。

同时，在数字化学习环境下，教师可以更加便捷地与学生进行互动和交流，及时了解学生的学习情况和学习困难，有针对性地进行教学指导和帮助，进一步促进学生的意义建构和学习效果的提高。总之，数字化学习环境为建构主义教学提供了有力的支持和保障，为教师和学生提供了更加优质、高效、灵活的学习和教学体验。

（二）教学结构的转变

在建构主义教学模式下，教学结构的转变是不可避免的。传统的教学结构是以教师为中心的，由教师主导控制课堂，学生主要是被动接受知识的过程。而在建构主义教学模式下，教学结构是以学生为中心的，学生处于更为积极的地位，教师则更像是一个引导者和协助者，与学生之间的关系是一种互动和合作的关系。教学结构的转变需要从以下几个方面进行改变。

1. 教学目标的转变：从注重知识的传授和掌握转变为注重学生的实践能力和创新能力的培养。

2. 教学方法的转变：从单一的讲授和灌输式的教学转变为以学生为主体的探究式教学。

3. 教学内容的转变：从传统的教材内容转变为涵盖多媒体、网络等各种资源的丰富的信息内容。

4. 教学评价的转变：从传统的以考试为主的评价转变为注重对学生实际能力和成果的评价。

5. 教学角色的转变：从单一的教师授课转变为教师和学生之间的互动和合作，使学生成为主体。

总之，教学结构的转变是建构主义教学模式中不可缺少的一环，只有将传统的教学模式进行转变，才能更好地适应当前教育发展的需要。

（三）这三种理念本身具有相互依托、相互补充的关系

正是这种相互促进、相互细化的关系，使得多模态、多媒体、多环境理论和生态化整合理念在现代英语教学中得以广泛应用，并成为教学改革和创新的重要方向之一。在这种理念的指导下，英语教学逐渐从传统的以教师为中心、单一的讲授形式转变为以学生为中心、多元化的学习方式。通过有效地整合信息技术与英语教学，可以更好地促进学生的主动学习、多元思维和创造性思维，提高英语学习的效率和质量。

同时，教师在教学设计中充分考虑学生的需求和兴趣，灵活运用多媒体资源，采用多样化的教学方法，激发学生的学习兴趣和积极性。此外，该新型教学模式也强调学生的自主学习和合作学习，在教学过程中充分尊重学生的个性和特长，倡导学生主动参与，通过合作学习和互助学习，提高学习效果和个人能力。

总的来说，现代信息技术为英语教学提供了新的机遇和挑战，新型大学英语教学模式的提出，旨在通过数字化环境的创设和教学结构的改变，实现教学与学习方式的转变，促进学生的学习效果和个人能力的提高。

该研究提出的理论框架，以多模态体验和模态转化学习为实际操作的着力点，整合了多种理论和概念，是对大学英语教学模式创新的有益探索。但是，实际操作时仍需要考虑教学环境和教师角色的问题，并进行实践验证，以便完善和发展该框架。

第二节 信息化背景下大学英语教学模式的构建路径

一、建构主义指导下的信息化教学模式的设计原则

1. 以学习者为中心：学习者的知识、认知特征和背景应成为教学设计的重要依据，教学资源、策略和工具应为学习者量身定制。

2. 创设情境：创设情境有助于学习者进行模态转换和实现多模态体验，提高学习效果和意义建构质量。

3. 强调协作：协作学习是建构主义教学理念的核心，通过协作学习可以促进学习者之间的互动和合作，发挥集体智慧。

4. 重视会话交流：会话交流是意义建构的基础，教学设计应鼓励学习者进行多元、多角度的会话交流，发挥会话交流的作用。

5. 多元化的学习资源：教学资源应该包括多种形式，如文本、音频、视频、图像等，以满足学习者不同的学习风格和需求。

6. 教师的指导和帮助：教师是教学过程的组织者和指导者，应该通过适当的引导和帮助，促进学习者的主动性、责任感和创新精神。

7. 充分利用信息技术：信息技术是支持信息化教学的重要工具，教学设计应充分利用信息技术的优势，创造出更加优质的学习环境。

（一）学习自主性原则

学习自主性原则是指在信息化教学模式下，学习者应该具备学习自主意识和学习自主能力，成为知识的主动建构者。教师应该尽可能地提供多样化的学习资源和学习工具，以激发学生学习的主动性和积极性。同时，教师还应该建立学生自主学习的机制和氛围，支持学生在自主学习中不断探索、实践和创新。通过学习自主性原则的实践，可以提高学生的自我学习和自我管理能力，培养学生的创新精神和终身学习能力。

（二）真实情境创设原则

真实情境创设原则是指教学模式设计应该创设真实、贴近生活的情境，以激发学生的兴趣和学习动机，使学生在情境中能够真实地感受到语言的应用场景和语言的实际运用。这种情境不仅包括语言的应用场景，还包括语言的文化背景、社交因素等，使学生能够更全面、深入地理解语言知识。在创设真实情境的过程中，可以利用各种教学资源，例如，多媒体、实地考察、文化体验活动等，以丰富学生的学习体验和感受，

从而激发学生对英语学习的兴趣和热情。同时，教学者应该注意情境创设的真实性和可行性，避免过度虚构和夸张，以免引起学生的困惑和不信任。

建构主义认为学习者在学习中是主动参与者，需要通过与外部环境交互来建构知识和意义。因此，真实情境创设原则就是要求在教学中尽可能地创设真实的情境和场景，使学习者在真实环境中进行学习和实践，这有利于将抽象知识转化为实践能力，并提高学习者的学习动机和学习效果。真实情境创设也有利于学习者建构意义和对所学知识的理解，从而提高他们的学习质量。

情境教学具有以下特点。

1. 基于真实情境：情境教学着重于提供与真实生活密切相关的情境，通过真实情境中的实际问题、任务和挑战，激发学生的学习兴趣和动力。

2. 强调学习的主动性：情境教学强调学生的主动学习，让学生在真实情境中扮演积极的角色，主动探究、发现问题和解决问题。

3. 注重合作学习：情境教学倡导学生之间的合作学习，通过合作，学生可以共同思考和解决问题，相互交流和反馈，提高学习效果。

4. 强调知识的应用：情境教学注重将所学的知识与实际问题和情境相结合，帮助学生理解和运用知识，培养学生解决实际问题的能力。

5. 多模态学习：情境教学采用多种媒体、多种形式的教学资源，使学生可以通过视觉、听觉、触觉等多种方式来获取知识和经验，从而更好地理解和应用所学的知识。

（三）学习的社会性原则

学习的社会性原则是建构主义教学理论的核心之一。根据这一原则，学习是一种社会行为，学习的结果是基于学生与他人的互动和协作的。学习者在学习过程中不仅仅是在个人层面上建构知识，还是在学习共同体的互动和协作中建构知识。学生通过与他人的交流和合作，不断地重新构建和重组已有的知识结构，这种过程既涉及认知层面的思考和推理，也包括情感、社交和道德等方面。

学习的社会性原则要求在教学实践中，教师应该建立一个以学生为中心的学习环境，鼓励学生之间的交流和合作，帮助学生建立自己的社会认知和社会技能，促进学生的个人和社会发展。在这种教学环境中，教师应该充当引导者和支持者的角色，帮助学生在交流和合作中建构知识，发挥他们的创造性和主动性。同时，教师还应该关注学生的情感需求，鼓励他们发展积极向上的情感态度，以及道德和伦理意识，建立起和谐、积极、有益的学习共同体。

二、信息技术为建构主义理论提供技术支持

信息技术的发展使得多媒体教学成为可能,为学生提供了更为丰富的学习资源和更加开放的学习环境,使得学生可以在学习过程中更加自主、更加多样化地进行学习。例如,通过网络教学平台,学生可以随时随地获取课程资料和教学资源,并进行在线交流和讨论,以实现学生之间、学生与教师之间的互动与合作。信息技术也为评价学生学习成果提供了更加全面、客观的手段,使得教学评价更加符合建构主义学习理论中关注学生思考过程、强调反思、探究和协作的特点。

因此,信息技术的应用为建构主义学习理论提供了更加实际的实践基础和更加广阔的发展空间,同时也使得建构主义学习理论得以能够更好地服务于教学实践,更好地推进教育教学改革。

(一)超媒体与"自主学习"

超媒体是指一种基于计算机技术的多媒体信息交互方式,它通过超链接将不同类型的媒体元素(如文字、图像、音频、视频等)有机地组织起来,形成一种多媒体信息的网络结构,让用户可以非线性地浏览和交互。相对于传统的线性媒体,超媒体具有交互性、非线性、多样性等特点,因此也被视为是一种较为符合建构主义学习理念的教学模式。

自主学习是指学习者在教师的指导下,依靠自身的学习动机和认知能力,自主规划学习过程、选择学习内容和方法,并在自我反思和评价的基础上不断调整和改进学习策略的一种学习方式。自主学习的目标是使学习者具备更加自主和积极的学习态度和行为,培养学习者的自我学习能力和解决问题的能力,以及帮助学习者在不断变化的环境中应对未来的挑战。

超媒体教学和自主学习具有较高的匹配度,因为超媒体教学可以为学习者提供丰富的学习资源和多样的学习方式,同时也可以让学习者自主选择学习内容和路径,提高学习者的学习动机和参与度。超媒体教学模式下,学习者可以依靠自身的学习目标和兴趣,在多媒体资源中进行自主探究和发现,通过与其他学习者和教师的交流和协作,实现知识的共建和意义的构建。这种教学模式不仅可以培养学习者的自主学习能力,也可以提高学习者的信息素养和创新能力,以适应信息时代对人才的要求。

(二)虚拟现实技术与"情境学习"

虚拟现实技术(Virtual Reality,VR)是一种利用计算机生成的三维图像和声音等技术,使用户可以沉浸在一个虚拟的环境中,感受身临其境的感觉。在教育领域,虚拟现实技术的应用也越来越受到重视,尤其是在情境学习方面,可以提供更加真实的情境体验,促进学生在虚拟环境中的情境学习。

虚拟现实技术能够创造出各种生动的情境，让学生置身于真实的场景之中，例如，历史事件、地理环境、科学实验等等。通过虚拟现实技术，学生可以亲身体验所学的知识，感受知识的真实应用场景，从而激发学习的兴趣和积极性。虚拟现实技术还可以提供交互性和个性化学习体验，允许学生自主选择学习内容和学习节奏，从而更好地实现情境学习和自主学习。

总之，虚拟现实技术为情境学习提供了更加真实、生动的学习环境，有助于学生在情境中主动探索和建构知识，提高学习的效果和效率。

（三）多媒体通信网络技术与"协作学习"

多媒体通信网络技术是协作学习的重要支持和催化器，它将教师和学生联结在一起，使得学习者在数字环境下可以随时随地地协同工作、交流和协商，更加方便和自然地获得知识和信息。多媒体通信网络技术提供了一个数字化的学习场所和平台，为协作学习提供了现实的基础和保障。例如，通过在线讨论、视频会议、共享文档等功能，学习者可以方便地展开讨论、分享思考、协同作业等，从而实现知识和经验的共建和共享。

此外，多媒体通信网络技术还能够为协作学习提供更加丰富的学习资源和互动手段，如网络课件、在线实验、虚拟现实、游戏化学习等。这些技术和工具不仅可以激发学生的学习兴趣和创造力，还可以提高他们的主动性和自主性，促进协作学习的深入和发展。

总之，多媒体通信网络技术为协作学习提供了广阔的空间和无限的可能性，为学生和教师搭建起一个数字化的学习和交流平台，推动了建构主义教学理念在教育领域中的深入应用和推广。

三、高校英语信息化教学模式的构建

（一）教学目标分析

教学目标分析是教学设计的重要环节之一，目的是明确教学的目的，制定出符合学生认知发展特点的教学目标，从而指导教学实践。教学目标分析包括以下几个方面。

1. 课程目标：明确课程所要达到的总体目标，即学生应掌握的知识、技能和态度。

2. 教学目标：明确每一课时所要达到的目标，即本课时应掌握的知识、技能和态度。

3. 学情分析：对学生的认知发展特点、学习能力和学习兴趣进行分析，以便制定出符合学生认知发展特点的教学目标和教学方案。

4. 教材分析：对教材进行分析，明确教材所包含的知识和技能，并根据学情分析制定符合学生认知发展特点的教学目标。

5.教学策略：根据学情分析和教材分析，制定出符合学生认知发展特点的教学策略，以实现教学目标。

教学目标分析的目的是确保教学的有效性和高效性，帮助教师更好地掌握教学的方向和重点，使教学达到预期效果。

（二）创设真实情境

创设真实情境是建构主义教学中至关重要的一步。在教学中，真实情境指的是能够与学生现实生活经验相连贯的、充满真实感和互动性的学习环境。它不仅能够提高学生的学习兴趣和参与度，还能够激发学生的学习动机和学习热情，从而更好地促进知识和技能的建构。

为了创设真实情境，教师可以采用以下几种方法。

1.利用现实案例。教师可以通过现实案例来引导学生思考，让学生能够将学到的知识与实际情况相结合，加深对知识的理解。

2.利用场景重构。教师可以利用多媒体技术，将真实的场景重构成虚拟的情境，使学生能够在虚拟情境中进行模拟操作，达到真实情境的效果。

3.利用情景模拟。教师可以设计一些情景模拟活动，让学生在模拟情境中进行实践和体验，从而更好地掌握知识和技能。

4.利用互动游戏。教师可以设计一些互动游戏活动，让学生在游戏中学习知识和技能，提高学生的参与度和学习效果。

总之，创设真实情境需要教师在教学设计中注重学生的生活情况和实际需求，合理运用多种教学手段，让学生在学习中能够获得真实的体验感。

（三）自主学习

自主学习是指学习者根据自身的学习目标、兴趣和需求，自主选择学习内容和学习方式，积极主动地参与学习活动，掌握和应用新知识、技能的过程。自主学习强调学习者的主动性、自我管理和自我评价，注重学习者的发展和个性化需求的满足。自主学习的核心是学习者的自我意识和自我控制，强调学习者通过自我管理和自我评价，提高自己的学习效果和质量，从而达到自我完善和自我实现的目标。在教学实践中，教师应该通过提供合适的学习资源和学习环境，鼓励学生自主学习，激发学生的学习兴趣和学习动机，培养学生的自我管理和自我评价能力，促进学生全面发展。

（四）协作学习

协作学习是建构主义教学理念的重要组成部分之一，强调学生之间的合作和互动，在一个合作的环境中，学生可以分享知识、经验和观点，互相支持和帮助，从而共同达到学习目标。协作学习不仅能够提高学生的自主学习能力和解决问题的能力，还能够提高学生的沟通和协调能力、团队精神和创新能力。

在协作学习中，学生通常会被分成小组，每个小组都有一个共同的学习目标。小组成员之间需要互相合作，共同完成任务，而教师则充当着指导者和促进者的角色，帮助学生解决问题，并提供必要的支持和指导。协作学习可以通过各种方式实现，包括小组讨论、角色扮演、合作项目等。

协作学习可以在很大程度上提高学生的学习效果，因为在一个合作的环境中，学生可以互相促进和学习。同时，协作学习也可以培养学生的团队合作能力和领导能力，这对他们未来的职业发展和社交生活都有很大的帮助。

（五）意义建构

意义建构是建构主义学习理论的一个核心概念，指学习者通过与周围环境的互动，主动构建和重构自己的知识结构和认知模型，将新学习的知识与已有的知识联系起来，从而形成更为深入的理解和新的意义。在意义建构的过程中，学习者不是被动地接受知识，而是通过自己的思考和行动，主动地将新的知识转化为自己的理解和认知模型，从而提高自己的认知水平和能力。

意义建构的过程通常是在情境的创设和协作学习的过程中完成的。在创设真实情境的情况下，学习者可以将新学习的知识应用到实际情境中，并与他人进行交流和协作，通过交流和协作的过程来构建新的意义。在协作学习的过程中，学习者可以相互激发和启迪，共同探索和建构知识，形成共同的理解和意义。

意义建构强调学习者在学习过程中的主动性和自主性，同时也需要教师在教学过程中发挥指导和促进的作用，引导学生思考和行动，促进学生的意识建构过程。教师可以通过引导学生提出问题、探究问题、分享发现、反思经验等方式，激发学生的兴趣和动力，促进学生的意义建构。

但是我们也需要认识到信息化教学本身并不是万能的，它需要合理地设计和使用，而且需要教师和学生共同努力，才能真正发挥出其优势和作用。因此，在信息化教学中，教师需要不断地探索和实践，不断地总结经验和教训，以便不断地提高教学质量和效果；而学生也需要积极主动地参与和探索，不断开阔视野和拓展能力，以便更好地适应未来社会的发展需求。

现代信息技术的发展和应用为建构主义学习理论提供了有力支持，它们的结合使得教学变得更加注重学生的个性化和自主性，而非单纯地强调教师对学生的监控和传授。同时，信息技术也为学生提供了更广泛、更便捷的学习资源和交流途径，促进了协作学习的实现，让学生在互动合作中获得更多的知识和经验，从而更好地建构知识和意义。因此，现代教育技术的支持使得建构主义学习理论更加实践化和具有针对性，为大学英语教学模式的创新和发展提供了可靠的基础。

第三节　现代信息技术下大学英语教学模式的创新

一、教学模式的建构

(一) 教学模式建构的基本原则

正是基于这个理念,我们在设计课堂教学流程时应该遵循以下原则。

1. 强调学生主体地位,关注学生的个性和能力发展,尊重学生的主动性和独立思考能力,使其成为学习过程中的主体。

2. 创设情境,打造真实、丰富、多样的学习场景和学习环境,提供多种学习资源和学习策略,激发学生的学习兴趣和动力。

3. 建立合作学习机制,倡导学生之间的互动、协作和交流,培养学生的团队合作能力和社会交往能力。

4. 注重学生的反馈和评价,鼓励学生对自己的学习过程进行自我评价和反思,及时给予学生正确的引导和建议,提高学生的学习效果和学习成果。

5. 教师的角色是引导者和指导者,引导学生积极参与学习,激发学生的学习兴趣和动机,为学生提供必要的帮助和支持,实现学生的全面发展。

基于这些原则,我们可以设计出具有创新性和实用性的课堂教学流程,使学生在学习过程中真正做到能力和素质并重,不断提高自身综合素质,实现自我价值的最大化。

1. 理论的科学性与实践的可行性相统一原则

教学模式的设计需要考虑多个方面的因素,如学科特点、学生特点、社会需求等。理论的科学性能够为教学提供指导,而实践则能够验证理论的可行性和适用性。教学模式的设计需要不断地反思和调整,以适应不断变化的社会需求和学生需求。

2. 主体性原则

主体性原则是指学习过程中学习者应该成为学习的主体和决策者,根据自己的需要和目标选择适合自己的学习方式和学习策略,自主学习和探究。教师作为指导者和支持者,应该帮助学习者明确学习目标,提供合适的学习资源和策略,引导学习者进行自主学习和交流协作,激发学习者的学习兴趣和学习动力,发挥学习者的主观能动性和创造性。在建构主义的学习观中,主体性原则是非常重要的,因为只有学习者成为学习的主体,才能真正地建构属于自己的知识体系,同时也能够为自己的学习之路负责,更好地实现个性化和自我发展。

3. 普及与提高相统一原则

普及与提高相统一原则是指在教育教学工作中，要保证教育的覆盖面广泛，但同时也要不断提高教育的质量，使每个受教育者都能够获得高质量的教育。这个原则的实践需要通过改进教育资源的配置和管理，提高教师的专业素质和教学水平，以及不断更新教学方法和教学技术，从而提高整个教育系统的教育质量和效果。

在大学英语教育中，普及与提高相统一原则需要教育机构提供广泛的英语学习机会，让尽可能多的学生能够接触到高质量的英语教育资源。同时，教师也需要提高自身的专业素养和教学能力，不断更新自己的教学方法和技术，为学生提供高质量的英语教育。在教学过程中，也需要关注每个学生的个性化学习需求，采用不同的教学策略和方法，帮助学生实现学习目标。只有这样，才能实现大学英语教育的普及和提高相统一，让更多的学生受益于高质量的英语教育。

4. 批判继承、合理借鉴与积极创新相统一原则

批判继承、合理借鉴与积极创新相统一原则是指在借鉴前人经验和成果的基础上，批判地思考、分析和吸收其中有益的部分，并结合自身实际情况和发展需求，积极地创新和探索教学理念、方法和手段。这种原则体现了对传统的教学经验和成果的尊重与肯定，也充分考虑到教学实践的具体情况和发展趋势，以期更好地适应当前的教育教学形势和要求，推进教育教学的不断创新和发展。在大学英语教学中，批判继承、合理借鉴与积极创新相统一原则可以体现在以下几个方面。

（1）批判继承与合理借鉴：对传统的教学理念和经验进行分析、思考和总结，吸收其中的有益经验和成果，对当前教学模式进行科学合理的借鉴，形成适合本校、本专业的教学模式。

（2）积极创新：在借鉴前人经验和成果的基础上，积极创新教学理念、方法和手段，尝试使用新的技术手段、引入新的教学模式，探索教学的新途径和新思路，推动教育教学的不断创新和发展。

（3）教学实践与理论研究相结合：将教学实践和理论研究相结合，根据实践需求和问题，针对性地进行理论研究和教学探索，通过反思和总结教学实践经验，进一步完善和改进教学模式，推进教育教学的不断发展和提高。

创新教学模式的目的并不是一味地推倒旧有的教学方式，而是在继承和借鉴现有教学模式的基础上，通过整合和创新来提升教学效果，满足学生不断变化的学习需求和社会对人才培养的要求。因此，在创新教学模式时，需要审慎考虑各种因素，包括教学目标、教学内容、教学方法、教学资源等，确保创新教学模式能够真正提高学生的学习效果和能力，同时也要不断地评估和改进教学模式，使其更加符合实际需求。

（二）教学模式建构的基本方式

1. 演绎法

演绎法是一种从普遍原理推导出具体事实的推理方法，也称为"推论法"或"顺推法"。演绎法从已知的一般规律、原则、定理出发，推导出特殊的结论，是一种由一般到特殊的推理过程。例如，从"所有人都会死亡"这个普遍原理出发，可以演绎出"张三会死亡"这个特殊结论。演绎法是科学研究、逻辑推理、数学证明等领域中常用的一种方法，也可以应用到教学中，例如，从一般原则出发推导出具体的实例，帮助学生理解和记忆概念与定理。

2. 归纳法

归纳法是一种从具体实例推导出一般规律的逻辑推理方法。它基于观察到的特定事实或数据，通过归纳出普遍规律来推断出未知的事实或数据。归纳法的推理过程常常包括以下步骤。

（1）观察到一系列特定的事实或数据；

（2）从这些特定的事实或数据中归纳出一个普遍规律；

（3）推论出这个规律对未知情况的适用性；

（4）验证这个规律的正确性，可能需要更多的实证研究和证据支持。

二、多媒体支架式教学模式

多媒体支架式教学模式是一种以多媒体技术为支架的教学模式。它通过多媒体技术创设多种情境、提供多样资源、展示多种形式、支持多重反馈，引导学生多方面参与课堂教学活动，全方位、多维度地获取信息和知识，提高课堂教学的效果。

这种教学模式的主要特点包括。

①多媒体技术的应用：通过使用多种多媒体技术，包括图像、声音、视频、动画等，来呈现教学内容和知识点，丰富课堂教学的形式和内容。

②学生为主导：鼓励学生积极参与教学活动，自主获取知识，从而激发学生的学习兴趣和学习动力。

③情境化教学：在教学过程中创设多种情境，提供真实、生动的语言环境，激发学生的学习热情，提高学生的语言交际能力。

④多重反馈机制：提供多重反馈机制，通过回顾、总结、自我评价等方式，帮助学生巩固和提高所学内容。

⑤强化课堂互动：通过各种方式，包括小组讨论、互动游戏等，激发学生的学习热情，提高课堂氛围和互动效果。

多媒体支架式教学模式可以有效地激发学生的学习兴趣和学习效果，提高学生的语言能力和交际能力，同时也能够促进教师的教学效果和教学创新。

(一) 理论基础和模式特点

1. 理论基础

维果斯基强调了教师在学习中的重要作用，认为教师可以通过提供适当的支持和帮助学生在学习中逐步提高自己的认知水平，从而实现学习的最终目标。最近发展区的概念，也强调了教学在学习中的重要性，只有在适当的教学环境和教学支持下，学生才能够充分发挥自己的潜力，实现更高水平的学习成果。

建构主义的理论基础是认为人类是知识建构的主体，通过个体与外部世界的互动、交流和合作，不断地建构和重建自己的知识体系。因此，建构主义的教学模式注重学生的自主性、情境性和社会性，强调教学过程的互动性和合作性。

在建构主义的教学模式中，学生是知识建构的主动者和主体，教师的角色则是指导者、促进者和组织者。教师需要充分考虑学生的认知特点、兴趣爱好、学习经验等方面的因素，针对学生的学习需求和个性特点，设计适合的学习环境和教学策略，让学生在情境化的教学环境中自主地探索、实践和建构知识。

同时，建构主义的教学模式强调社会性，倡导学生之间的合作学习和交流，通过群体学习和讨论，激发学生的思维和创造力，提高学习效果和质量。

总之，建构主义的教学模式是以学生为中心的教学模式，注重学生的自主性、情境性和社会性，强调教学过程的互动性和合作性。

2. 模式特点

此外，多媒体支架式教学模式还可以通过网络和互联网技术，打破地域的限制，使英语教学实现"远程教学"，同时也能够更加贴近学生的生活、兴趣和需求，实现个性化、差异化的教学。此模式不仅可以提高学生的英语语言水平，还可以培养学生的信息素养、创新思维和终身学习能力，为学生的未来发展奠定坚实的基础。

(二) 实证研究

鲍静的实证研究主要分为以下几个部分。

①实验对象的选择：选择了来自某高校的英语专业大学生，共60人，将其随机分为两组，一组为实验组，采用多媒体支架式教学模式；另一组为对照组，采用传统的教学模式。

②教学内容的设计：根据第二课的主题，设计了教学内容，包括主题讲授、小组讨论、词汇学习和语法知识点学习等。

③教学模式的实施：实验组采用多媒体支架式教学模式，即在教学过程中通过多媒体技术展示相关的图片、视频、音频等，帮助学生更好地理解教学内容。对照组则采用传统的黑板讲授方式。

④效果评价：通过考试成绩、问卷调查等方式对两组学生的学习效果进行评价，

发现实验组学生的学习成绩明显高于对照组，且对实验组学生进行的问卷调查显示，学生对于多媒体支架式教学模式的评价较高，认为其能够增加教学的趣味性和互动性。

通过实证研究，鲍静证明了多媒体支架式教学模式在大学英语教学中的有效性，同时也为教师提供了一种新的教学模式。

1. 搭建支架

在多媒体支架式教学模式中，搭建支架是非常关键的一步。在搭建支架的过程中，教师应该把握好时机，确保学生能够理解和吸收所提供的资料。同时，教师还应该鼓励学生自己思考和表达，让学生在理解的基础上能够积极地参与到课堂教学中。这种搭建支架的方式能够激发学生的学习兴趣和积极性，帮助学生更好地理解课程内容，并且提高课堂教学效果。

2. 进入情景

在进入情景环节中，教师需要创设一个能够激发学生兴趣和思考的情境。在多媒体支架式教学模式中，可以通过播放视频、音频、图片等多种媒介形式来呈现情境。教师需要在引入情境的同时，布置任务让学生积极参与讨论，并且充分发挥学生的主体作用。在讨论的过程中，教师需要引导学生思考问题的不同角度和解决方案，鼓励学生提出自己的观点和想法，同时也要给予学生充分的思考时间。通过这种方式，教师可以激发学生的思考和探究欲望，提高学生的学习效果。

3. 独立探索

多媒体支架式教学模式在引导学生独立探索文章主题方面发挥了重要作用。通过多媒体技术的支持，教师能够更加生动、形象地向学生提出问题，让学生通过自主思考和讨论得出自己的答案，并能够更深入地挖掘文章的主题。同时，教师的示范和答案的给出也能够帮助学生更好地理解和掌握知识。

4. 协作学习和效果评价

通过让学生合作讨论，共同探索问题并解决问题，教师可以培养学生的合作精神和团队意识。同时，多媒体支架式教学模式的使用可以帮助学生更好地理解和探索主题，提高学习效果。在效果评价环节，学生可以通过测试和自我评价来检验自己的学习成果，同时也可以接受教师和同学的评价和建议，以便更好地改进和提高学习效果。

多媒体支架式教学模式的使用可以让学生通过视听感受的方式更加深入地了解知识点，从而提高学习效果。同时，多媒体支架式教学模式也能够促进学生的积极性和主动性，因为学生在参与多媒体教学时会更加感到自己是知识的创造者和主人公。而且，多媒体支架式教学模式的使用可以增强学生的学习兴趣和动力，使得学生更加乐意去学习和探索。

三、微课教学模式在大学英语教学中的应用

(一) 微课应用在大学英语教学中的优势

1. 不受时间限制，随时随地是课堂

使用微课能够提供更为灵活的学习方式，让学生不再局限于传统课堂教学的时间和空间，而是可以在任何地点和任何时间段内进行学习。同时，微课的形式更为多样，可以包含图片、音频、视频等多种形式的信息，更加生动直观，让学生更易于理解和接受所学知识。微课还能够方便教师对学生的学习情况进行监测和评估，帮助教师更好地了解学生的学习情况，调整教学策略，提高教学质量。另外，微课也能够帮助学生迅速了解教学内容的基本知识，为更深入地学习打下基础，提高学生的学习效率。

2. 短小精悍，针对性强

"短小精悍，针对性强"这句话是指表达的内容要简洁明了，言简意赅，能够让读者一下子就明白主要的意思，同时又要针对性强，能够准确地表达出所要传达的信息，避免冗余或无关紧要的内容。这种表达方式在写作、演讲、广告等方面都非常重要，且能够更好地吸引读者或听众的注意力，并有效地传递信息。

3. 模式新颖，有吸引力

微课的"短小精悍、针对性强"的特点，也使得学生能够快速有效地掌握知识点，同时提高了学生的学习效率。微课可以通过多样的形式，如故事、游戏、模拟等方式呈现，丰富了学生的学习方式和体验。此外，学生可以随时随地进行学习，自主选择适合自己的学习时间和地点，增强了学生的自主性和自律性，对于提升学生的学习成果有着重要的作用。

4. 类型多样，顺应不同教学需求

微课的灵活性和多样性使得它成为适应不同教学需求的理想选择。教师可以根据不同的教学目标、教学内容和学生特点等因素，选择适合的微课形式和录制方法，以达到最佳的教学效果。此外，微课的短小精悍也让学生更容易消化吸收所学知识，有效地提高学习效率。

(二) 微课在大学英语教学中的应用

如何在大学英语教学中更好地应用这一新的教学模式，是我们正在探索和实践的内容。微课的应用模式包括以下几种。

1. 微课的课前预习应用

微课可以用于课前预习，学生可以通过观看微课视频提前了解课程内容，增强对知识点的理解和记忆，提高学生的课堂参与度和学习效果。教师可以根据课程内容制

作简短、精准、有针对性的微课视频,为学生提供一种新的学习方式。在微课课前预习中,教师可以在视频中加入知识点的梳理和讲解,让学生更好地理解知识点;同时也可以加入互动环节,让学生通过视频与教师进行交流和答疑解惑。这样能够激发学生的学习兴趣,帮助学生主动掌握课程知识,提高学生的学习效率。

2. 微课的课上授课应用

微课可以在课堂上作为补充教材使用,让学生对所学知识有更加深入的理解和掌握。教师可以在课前安排学生观看相关微课视频,然后在课堂上进行讨论和练习。同时,教师也可以在课堂上播放微课视频,将重点和难点知识用视频的形式展示出来,让学生通过视觉、听觉等多种感官进行理解和消化。这样,不仅能够提高课堂教学的效率,还能够提升学生的学习兴趣和主动性。同时,教师也可以利用微课视频在课堂上展示实验、演示等实际操作,让学生在课堂上进行模拟实验和操作练习,从而更好地掌握实际应用技能。

3. 微课的课后巩固应用

微课的课后巩固应用包括两个方面,作业和反思。

(1)作业:教师可以通过微课制作与教学内容相关的作业,让学生巩固所学知识。例如,教师可以要求学生通过微信公众号或学校平台提交作业,包括选择题、填空题、简答题等形式,这些作业可以是单项选择、多项选择、填空、解释、综合等多种类型,同时也要求学生在规定的时间内完成作业。

(2)反思:学生可以通过微信公众号或学校平台进行课后反思。教师可以提供一些问题,让学生思考所学知识在实际生活中的应用,或者在学习过程中遇到的问题和困难。学生可以通过文字、语音、图片、视频等多种形式进行反思。这些反思可以作为学生的学习记录,也可以为教师提供有价值的反馈和改进教学的思路。

(三)微课在大学英语教学应用中的注意事项

1. 目标明确,主题分明

确保微课的主题明确、目标明确是非常重要的。一个好的微课应该有一个清晰的主题,围绕主题进行讲解和展开,而不是试图涵盖过多的内容。微课应该突出重点,强调关键概念,使学生能够在短时间内深入理解和掌握所学知识。此外,微课也应该与课堂教学相结合,形成有机的整体,以达到最佳的教学效果。

2. 把握时间,不宜过长

正确地掌握微课视频长度确实非常重要,因为微课的主要目的是快速有效地传递知识点,让学生能够更快地掌握所需知识,提高学习效率。如果微课视频过长,学生容易产生疲劳感,会降低学习效果,甚至会使学生产生反感情绪。因此,教师应该在微课设计中控制视频长度，精简内容，确保每个知识点都得到了清晰的讲解，同时不失微课的短小精悍的特点。

3. 结合教师教学，给学生启发与思考

微课虽然小，但是需要教师花费大量的时间和精力进行设计制作。教师需要深入理解所要讲解的知识点和学生的学习需求，把握好微课的主题和内容，以达到预期的教学效果。教师还需要在制作微课的过程中注重任务驱动、问题导向和反馈互动等基本原则，让学生在学习微课的过程中获得真正的知识，并且能够进行思考和反馈。好的微课可以帮助学生提高自主学习和思考能力，进而提高他们的学习成效和培养良好的学习习惯。

同时，教师需要不断提高自身的技能，掌握制作微课的技巧和工具，提高微课视频的制作水平和效果，以达到更好的教学效果。此外，教师还需要注意微课的使用方法和教学效果的评估，及时进行微课的改进和更新，使微课教学不断适应学生学习的需要和发展趋势，真正实现微课的教学价值。

四、慕课教学模式在大学英语教学中的应用

（一）慕课的应用

1. 教师讲解与慕课播放的有效结合

此外，慕课也为英语学习提供了很好的资源，教师可以利用慕课中的课程、资料、练习等资源进行辅助教学。慕课还可以提供多种形式的学习内容，如视频、音频、文字、图片等，让学生能够以多种形式获得信息和知识。同时，学生也可以根据自己的学习进度自主选择慕课资源，学习时间和地点更加自由灵活。因此，在慕课背景下的高校英语教学，教师应该合理运用慕课资源，搭配教学内容，提高学生的学习效果和激发学生的学习兴趣。

2. 应用慕课创新阅读教学模式

慕课在英语阅读教学中的应用可以创新教学模式，提高学生阅读能力，激发学生的阅读兴趣和增强学习动力。具体来说，可以采取以下措施。

（1）教师可以通过慕课平台上传相关英语阅读材料，让学生在自己的电脑或移动设备上阅读，使阅读的方式更加便捷。

（2）在慕课平台上设置阅读任务，让学生在阅读材料后回答问题或完成练习，促使学生认真阅读，提高阅读效果。

（3）教师可以通过慕课平台提供学生阅读材料的解析和分析，让学生更好地理解阅读内容和掌握阅读技巧。

（4）通过慕课平台的讨论区，学生可以自由地交流和讨论阅读材料，教师也可以在讨论区中指导学生，提高学生的阅读水平和交流能力。

总之，应用慕课创新阅读教学模式，可以丰富教学手段和方式，让学生在阅读中感受到学习的乐趣和成就感，提高英语阅读能力和学习效果。

可以通过慕课创新阅读教学模式来激发学生的合作学习精神。例如，可以设计小组合作阅读任务，让学生在小组中进行合作阅读、讨论，分享彼此的理解和分析。同时，还可以采用在线讨论或博客等方式，让学生在阅读后进行交流和分享，从而拓展彼此的知识和见解，提高英语交流的能力和水平。

此外，慕课创新阅读教学模式还可以采用个性化的教学方式，根据学生的英语水平和阅读需求，为学生量身定制教学计划和阅读材料，提高学生的学习效果和激发学习兴趣。同时，还可以通过在线测试和评估，及时了解学生的阅读能力和学习进度，帮助学生在阅读中发现自己的不足和提升空间，从而更加有效地提高英语阅读水平。

3. 应用慕课减轻学生学习压力，提高学习效果

慕课的引入可以使学生减轻学习压力，提高学习效果。一方面，慕课教学形式具有自主性和灵活性，学生可以在自己的时间和地点学习，更加方便，避免了因时间和地点的限制而造成的学习压力；另一方面，慕课具有互动性和反馈性，学生可以与教师和其他学生进行互动，获得及时的反馈和指导，有利于学生的自我提高和成长，从而提高学习效果。同时，慕课教学还可以通过多媒体手段和互动性的教学方式，使学生更容易理解和掌握知识，从而提高学习效率。

（二）慕课教学的优势

慕课教学模式具有很多的优势，其中最明显的就是能够为学生提供灵活的学习方式，减轻学习压力。由于慕课教学的在线学习方式，学生可以在自己的时间和空间里进行学习，不必为学习时间和地点的限制而感到担忧。此外，慕课课程教学内容更加丰富多样，包括多媒体教学资源、在线学习工具、交互式课程内容等，使学习过程更加富有趣味性和互动性。最重要的是，慕课模式强调学生的自主学习和合作学习，能够有效地激发学生的学习兴趣和学习动力，提高学习效果。

1. 慕课的推广有助于普及教育公平发展

慕课作为一种互联网＋教育的新兴教育形式，具有大规模、灵活、开放、共享等特点，可以让更多的学生通过网络学习，促进了教育公平的发展。慕课可以突破时空限制，让地域条件差的学生也能够接受高质量的教育资源，实现学习资源的平等共享。此外，慕课教育模式的推广，也能够缓解传统教育模式下，教师资源分配不均的问题，提高教师的教学效率，减轻教育负担。总之，慕课教育模式的推广，可以有效促进教育公平的发展。

2. 发挥学生学习主体地位，转变教师角色

教师不再是传统的讲授者，而是变成了学习的指导者和协调者。教师的任务是协助学生制订学习计划、提供学习资源、鼓励学生自主思考、指导学生的学习进展和反馈学生的表现等。在慕课教学中，教师需要重新思考教学目标、教学内容和教学方式，适应学生自主学习的需求，促进学生自主学习的发展，提高学生的学习效果和学习动力。同时，教师也需要通过不断的学习和更新知识，不断提高自己的专业素养，适应教育的快速发展和变化。

（1）由"知识传授者"转变为"知识协助者"。在慕课的学习中，教师不再仅仅是传授知识的角色，更重要的是协助学生进行学习。教师需要通过慕课平台来指导学生进行学习，提供在线答疑、辅导、评价和指导等服务。教师还可以根据学生的学习情况，提供个性化的学习建议和学习方案，帮助学生制订学习计划，提高学生的学习效果和学习兴趣。教师需要通过多种方式协助学生进行学习，如开设在线讨论、发起学习任务、提供学习材料等。教师不再是知识的独占者，而是知识的协助者和引导者，与学生共同探讨学习，促进学生知识的共建共享。

（2）由知识的"传授者"转变为"启发者"。传统的教学模式，教师通常是知识的传授者，以讲授为主要手段，学生则是被动地接受。而在慕课教学模式中，教师更多的是作为启发者的角色，通过提供资源和指导，引导学生在学习中进行思考和探索，发现问题并解决问题。教师在慕课教学中，不再是知识的唯一来源，而是通过激发学生的兴趣和潜力，帮助学生积极参与到学习过程中，以达到知识的共同建构。同时，教师也需要关注学生的情感需求，给予学生关爱和支持，引导学生正确的学习态度和学习方法。

（3）由"单打独斗"者到"团队协作"者。这种合作方式可以使教师团队共同完成慕课资源的开发工作，提高资源的质量和使用效果。同时，这也能激发教师的教学创新意识和实践能力，促进教师专业知识和教学能力的提高。在这个过程中，教师们需要不断学习和研究新技术和新方法，才能够不断完善慕课资源的开发与应用。这也就要求教师具备一定的团队协作能力和创新精神。只有通过合作、交流和分享，才能够最大限度地发挥慕课教学的优势，促进教育教学的改革和创新。

慕课的开发不仅需要单个教师的努力，更需要教师团队的协作与配合。这种协作方式能够激发每个成员的智慧与创造力，最终实现资源的共享，提高教育教学质量，同时也培养了学生的团队协作意识，增强了他们的实际能力。

3. 能调动学生更深层次的学习兴趣

慕课在教育教学领域发挥了重要作用，不仅可以为传统教学注入新的思维和元素，提高教学质量和效果，也可以满足学习者多样化的需求，帮助他们更好地掌握知识和技能，实现教育公平和资源共享。

4. 真正做到"因材施教"的个性化教学

正是这些数据分析技术和个性化教学策略的引入，让慕课教学模式变得更加贴合学生的需求，更加注重学生的个性化发展和能力提升。通过数据分析，教师可以更好地了解学生的学习情况，及时调整教学策略，为学生提供更有针对性、更有效地学习资源和辅助措施。同时，这些数据还能为学校、教师和教育决策者提供更精准的数据支持，帮助学校制订更好的教学计划和政策。因此，慕课教学模式不仅能够为学生提供更灵活、更高效、更贴心地教学体验，同时也为教育教学领域的科研和实践提供了更多的可能性和机遇。

5. 优质的教学资源极大地丰富了大学英语教学

慕课教学模式为大学英语教学提供了更加广泛、深入的资源，大大丰富了英语教学内容，使学生可以获得更加丰富的知识，同时也使教学更加有针对性、科学化、创新性。慕课资源的精华被整合起来，可实现课堂教学与在线学习的有机结合，教学方式更加灵活，以学生为中心的教育理念深入人心。慕课还鼓励学生利用多媒体技术和网络平台，自主掌握知识和技能，使学生学习的效果得到了大幅度提升，对于学生实际运用英语能力的提升有着明显的促进作用。

第四节　信息化大学英语教学平台的创建

一、信息化大学英语教学平台

信息化大学英语教学平台是指一种基于网络技术和现代教育理念的教学平台，旨在提供多元化的教育资源和教学手段，帮助学生提升英语水平。

该平台可以提供包括在线英语学习课程、课堂录像、语音互动、网络测试、学习社区等多种教学服务，为学生提供全面、个性化的英语学习体验。

平台通过互联网技术实现了教师与学生的在线互动，使得教学内容和方法得以更新、优化和完善，且教学效果得以提升。同时，学生可以随时随地在线学习，具有时间和空间的灵活性，也更具有个性化的学习特征。

总之，信息化大学英语教学平台是将网络技术和现代教育理念应用到英语教学中的一种新型教学模式，旨在为学生提供更加便利、高效和个性化的英语学习方式。

二、E-Learning教学平台

（一）E-Learning教学平台的概念及体系结构

1. E-Learning教学平台的概念

E-Learning教学平台是指基于互联网技术、采用电子化手段为主要形式进行学习和教学的平台。它包括教学管理系统、网络课程、在线考试等功能，可以提供多样化的学习资源，包括文本、音频、视频、动画、互动式练习等，满足学生在不同时间、不同地点的学习需求。同时，教师可以通过教学平台进行课程设置、作业布置、考试管理、学生跟踪等，实现对学生的全方位指导和监督，提高教学效果和教学质量。E-Learning教学平台是现代信息技术与教育教学相结合的产物，为教育教学提供了全新的思路和方法，成为高效、便捷、灵活、多样化的学习和教学平台。

2. E-Learning教学平台的体系结构

E-Learning教学平台的体系结构包括以下几个层次。

（1）应用层：用户使用的学习系统界面，包括网页、移动应用等。

（2）服务层：提供学习系统的核心服务，如用户管理、课程管理、数据管理、作业管理、交互式教学等服务。

（3）平台层：提供基础设施支持，如服务器、存储、网络等。

（4）硬件层：提供物理设备支持，如服务器、存储设备等。

在这些层次中，应用层和服务层是E-Learning教学平台的核心部分，其主要功能包括。

（1）学生和教师的账号管理，包括注册、登录、个人信息维护等功能。

（2）课程管理，包括课程的发布、修改、删除、分类、搜索等功能。

（3）学习内容管理，包括学习资源的上传、删除、分类、搜索等功能。

（4）作业管理，包括作业的发布、提交、批改、评分等功能。

（5）交互式教学，包括在线直播、视频教学、在线讨论、在线测试等功能。

（6）数据分析，包括学生的学习情况分析、课程的效果分析、教师的教学效果分析等。

除此之外，E-Learning教学平台还需要具备良好的用户体验和安全性能，保证学习者和教师能够在平台上进行安全、便捷、高效的学习和教学活动。

（二）E-Learning教学平台的特点

1. 知识的可重复性

E-Learning教学平台的灵活性和方便性为学习者带来了很多好处。学习者不再受限于时间和地点，可以按照自己的节奏和需求进行学习。此外，E-Learning教学平台还可以提供个性化的学习内容和教学方法，以适应不同学习者的需求和学习风格。同时，学习者也可以随时与教师和其他学习者进行互动和交流，分享学习心得和体验，进一步促进学习效果的提高。

2. 知识的网络化

E-Learning 教学平台将成为学生学习的重要来源，它可以提供多种形式的学习资源，包括文字、图片、音频、视频、模拟实验等。这些资源的结合，使得学生可以在不同的视听方式下理解同一个概念，增强学习效果。同时，学生还可以通过交互式的学习方式来加深对学习内容的理解，比如在线讨论、在线测试等。除此之外，E-Learning 教学平台还能够根据学生的学习进度和水平自动调整学习内容和难度，实现个性化的学习。因此，E-Learning 教学平台是一种高效、灵活、个性化的学习方式，有望成为未来教育的主流趋势。

3. 学习的自由性

正是这种灵活自主的学习方式，使得学习者能够更好地掌握知识，发挥个人的学习优势，同时也提高了学习者的自主学习和自我管理能力。学习者可以根据自己的兴趣和需要，选择自己感兴趣的课程，自由调整学习进度，随时随地进行学习。此外，E-Learning 教学平台还可以提供个性化的学习建议和学习计划，根据学习者的学习情况和学习目标，给出合理的学习建议，使学习者更加高效地学习。

4. 学习的可跟踪性

E-Learning 教学平台能够实时地记录学习者的学习活动和学习过程，包括学习时间、学习内容、学习进度、答题情况等。这些数据可以帮助教师评估学生的学习效果，制定更加个性化的教学方案，也可以帮助学生自我评估学习情况，及时调整学习策略，提高学习效果。同时，这些数据还可以为教育研究提供宝贵的数据来源，探究学习规律和优化教学方法。

5. 学习内容保持及时、持续的更新

由于网络资源的更新速度和传播速度都很快，教师可以及时将最新的信息、理论和技术应用到教学内容中，使学生始终处于知识的前沿。同时，学生也可以及时获取最新的知识和技术，不断提高自己的能力和素质。这种及时、持续的更新使得学习内容不会过时，可以满足学生不断变化的需求和教学的要求。

(三) E-Learning 教学平台的应用

随着技术的不断进步和应用，越来越多的 E-Learning 教学平台涌现出来，它们有的专注于某一领域的教育，有的则提供全方位的教学支持。Web CT 是最早的 E-Learning 教学平台之一，其提供基于互联网的在线课程、作业、测试等。Blackboard 是最大的

E-Learning 教学平台之一，其提供完整的在线课程管理、交互和评估功能。Virtual-U 是由美国国家科学基金会支持的虚拟大学项目，提供高质量、互动性强的网络学习环境。Moodle 是一个开源的 E-Learning 平台，其允许教师创建自己的在线课程并管理学生，提供多种教学工具和社交互动功能。4A 网络教学平台是中国自主研发的在线教育平台，具有完备的教学管理、教学资源管理和学习管理功能。天空教室是国内一家领先的在线教育机构，提供优质的在线学习资源和互动课程。Web course in a box 是一款开源的 E-Learning 平台，适用于小型教育机构或个人教学者，提供基本的课程设计和学习管理功能。这些平台都具有各自的特点和优势，可以根据实际需求选择使用。

1. Web CT

Web CT（Web Course Tools）是一种基于 Web 的网络教学管理平台，由加拿大英属哥伦比亚大学的 Murray Goldberg 博士于 1995 年发明，并于 1997 年商业化。Web CT 旨在提供一个支持在线教学的平台，包括课程管理、在线作业、在线测试、讨论区、电子邮件、白板等多种功能。

Web CT 最初面向高等教育市场，但后来扩展到了 K-12 教育、政府和企业培训等领域。2006 年，Web CT 被 Blackboard 收购，成为 Blackboard 公司的一部分。

Web CT 还提供了在线交流的功能，如论坛、聊天室和电子邮件等，学生可以在这些平台上与教师和其他学生进行讨论和交流，这种交互方式能够增强学生的学习兴趣和积极性。同时，Web CT 还支持教师进行在线考试和测试，可以自动生成答题报告，方便教师进行学生学习效果的评估和提供针对性的教学指导。总的来说，Web CT 是一种全面的网络教学平台，具有强大的教学管理功能，可以帮助教师更好地组织和管理网络教学活动。

2. Moodle

Moodle 是一种基于 Web 的开源学习管理系统（LMS），它提供了一个易于使用的平台，教师和学生可以通过它来创建和管理在线课程、交流和评估学生的学习成果。Moodle 支持多种教学活动和资源，包括在线测验、讨论区、博客、日历、文件共享、即时通信等，并且可以与其他应用程序（如视频会议和协作工具）集成，从而提供了更丰富的学习体验和更多的教学方式选择。

Moodle 的特点包括易用性、可定制性、开放性和灵活性。通过 Moodle，教师可以轻松创建、管理和分发课程，同时能够监控学生的学习进度和评估学生的表现。学生可以方便地访问课程材料、参与讨论、提交作业和与教师或其他学生交流。

总之，Moodle 作为一种开源、灵活、易于使用的学习管理系统，已经成为在线学习和远程教育领域的重要工具之一。

Moodle 是一种基于网络的开源学习管理系统，其作为创设虚拟学习环境的软件包具有以下特点。

（1）开源自由：Moodle 是一个开源软件，允许用户免费获取和使用，同时也可以自由地进行修改和定制，满足不同学校和机构的需求。

（2）网络化：Moodle 是一个基于网络的学习管理系统，学生和教师都可以在任何时间、任何地点通过网络进行学习、教学和交流。

（3）多样性：Moodle 提供了各种类型的学习资源和工具，如文本、图片、音频、视频、在线测试、作业提交、论坛等，可以满足不同学科和教学目标的需求。

（4）互动性：Moodle 提供了丰富的互动功能，如讨论论坛、即时聊天、在线协作和社交网络等，可以促进学生和教师之间的交流和互动，增强学习效果。

（5）灵活性：Moodle 的学习内容和结构可以根据学校或机构的需求进行灵活定制和管理，包括创建课程、分配学生和教师、设置考试和作业等。

（6）可扩展性：Moodle 可以通过插件和扩展模块进行功能扩展和定制，支持多语言、多平台和多设备。

总之，Moodle 是一种功能强大、灵活多样、互动性强的网络学习管理系统，可以为学生和教师提供丰富的学习资源和工具，促进学习效果的提高。

除此之外，Moodle 的特点还包括。

（1）可以自定义课程结构和内容，适应不同学习需求和教学目标。

（2）支持多种教学活动，如在线讨论、作业提交、测验等，满足不同的教学需求。

（3）支持多种多媒体文件格式，如文本、图片、音频、视频等，可以很好地丰富课程内容。

（4）提供了丰富的在线学习工具，如聊天室、博客、日历等，便于学生与教师之间的交流和协作。

（5）提供了多种评估和反馈机制，如成绩单、评估问卷等，帮助教师了解学生学习情况并及时调整教学策略。

（6）具有灵活性和可扩展性，可以根据不同的需求进行个性化定制和扩展。

三、基于虚拟仿真技术的虚拟教室

（一）虚拟仿真技术概述

虚拟仿真技术是指利用计算机技术和虚拟现实技术，构建出一种高度仿真的、人类感官可以接受的虚拟环境，并在其中进行各种活动和操作，以达到真实环境下相同或相似情境下的学习、研究或实践的目的。

虚拟仿真技术主要包括以下几个方面。

1.虚拟现实技术：将人类感官的视觉、听觉、触觉、嗅觉等与计算机技术结合起来，构建出高度仿真的虚拟环境。

2. 计算机图形学：通过图像处理和计算机绘图技术，构建出虚拟环境中的物体、场景等，实现对虚拟环境的创造和控制。

3. 数学建模：利用数学建模技术，对虚拟环境中的对象进行建模，实现对虚拟环境中的运动、变形等物理效应的模拟。

4. 人机交互技术：包括语音识别、手势识别、虚拟现实设备等，实现人与虚拟环境之间的交互操作和信息交流。

5. 多媒体技术：包括声音、图像、视频等多种媒体形式，实现对虚拟环境中的信息进行传输和展示。

虚拟仿真技术在教育、军事、医疗、工业等领域都有广泛的应用，可以提高人们的学习效率、实践能力和安全性。

（二）虚拟教室的定义与构成

虚拟教室是指一种通过网络等技术手段模拟真实教室场景的教学环境，它可以为学生和教师提供在线学习、教学、交流和协作的平台，实现远程教学和远程培训。虚拟教室主要由以下几部分构成。

1. 虚拟场景：虚拟教室通常是基于三维虚拟场景构建的，包括教室的形状、布局、装饰等。

2. 互动元素：虚拟教室具有一系列交互元素，如可视化的白板、PPT等教学工具，以及文字、音频、视频等交流方式，以实现学生和教师之间的互动。

3. 学习资源：虚拟教室中包含各种形式的学习资源，如课件、学习资料、教学视频等。

4. 教学管理系统：虚拟教室还配备有一套教学管理系统，用于教师对学生进行管理、考试和评估等。

5. 学生管理系统：虚拟教室还配备有一套学生管理系统，用于学生进行课程注册、选课、作业提交和考试等。

6. 数据分析与报告系统：虚拟教室还可以进行数据分析和生成学习报告，以便教师了解学生的学习情况和进展。

（三）虚拟教室在大学英语教学中的应用

1. 将虚拟教室运用于大学英语课堂教学

将虚拟教室运用于大学英语课堂教学可以为学生提供更加生动、逼真、互动的学习环境，从而激发学生的学习兴趣和积极性，提高英语学习效果。

一方面，虚拟教室可以为学生提供更加逼真的学习环境。学生可以在虚拟课堂中身临其境地感受到英语语言背景下的文化氛围，如可以通过虚拟旅游体验英国、美国等英语国家的文化和风俗，也可以通过虚拟商店购物体验英语语境下的购物场景，从而增强学生的语言感知和文化认知能力。

另一方面,虚拟教室也可以提供更加灵活的教学方式和多样化的教学资源。在虚拟教室中,教师可以采用多种教学手段,如视频、音频、文字等,来为学生提供更加丰富的学习内容。此外,虚拟教室还可以提供丰富的互动功能,如在线交流、讨论、问答等,从而实现学生与教师之间的实时互动,促进学习者之间的交流和协作。

总之,将虚拟教室运用于大学英语课堂教学,可以为学生提供更加生动、逼真、互动的学习环境,促进学生的语言和文化认知,提高学生的学习兴趣和积极性。同时,虚拟教室还可以提供丰富的教学资源和互动功能,帮助学生更加有效地学习英语,提高英语学习效果。

2. 将虚拟教室应用于大学英语实践教学

将虚拟教室应用于大学英语实践教学可以使学生在虚拟环境中进行英语实践,如听力、口语、阅读和写作等方面的练习和测试。以下是一些具体的应用。

(1)虚拟听力实验室:学生可以在虚拟环境中进行听力测试和训练,通过录音设备和虚拟听力实验室进行语音分析,让学生更好地了解自己的听力水平,并适当地调整学习策略。

(2)虚拟口语练习:学生可以在虚拟环境中与虚拟的英语母语者进行交流,进行口语练习和测试,以提高自己的口语表达能力。

(3)虚拟阅读和写作:学生可以在虚拟环境中进行阅读和写作练习,如阅读英文原版文章,进行写作练习等。这种虚拟环境可以提供更加真实的语境,让学生更好地理解和掌握英语知识。

(4)虚拟实践场景:学生可以在虚拟环境中进行各种实践场景的模拟,如商务英语实践、旅游英语实践等,以增强学生的实践能力和应对能力。

(5)虚拟交流平台:学生可以在虚拟教室中与其他学生和教师进行交流和互动,如进行课堂讨论、参加在线学习小组等,以提高学生的互动和合作能力。

总之,将虚拟教室应用于大学英语实践教学可以为学生提供更加真实、灵活、多元的学习环境,增强学生的实践能力和应对能力。

第六章 信息化背景下英语教学方法与学习方式

第一节 英语教学方法与手段

一、大学英语教学方法

(一) 大学英语教学法的基本构架

1. 大学英语教学法的 AMT 三级构架

AMT 三级构架是指认知层次、元认知层次和元元认知层次，这三个层次是大学英语教学法的核心构架。

(1) 认知层次：学生需要掌握英语的语音、词汇、语法和语言表达能力，这是语言学习的基础。在这个层次，教师需要制订合适的教学计划和教学目标，采用适当的教学方法和技巧，帮助学生掌握语言知识和语言技能。

(2) 元认知层次：这一层次主要关注学生对自己学习过程的认知和控制。学生需要了解自己的学习风格和习惯，知道如何设定学习目标，制订学习计划，并评估自己的学习成果。在这个层次，教师需要引导学生发展元认知能力，帮助他们了解学习策略和技巧，提高学习效率和质量。

(3) 元元认知层次：这一层次是对学习过程中的"元"信息进行认知和控制。学生需要了解和管理自己的学习环境和学习资源，包括如何选择适合自己的学习资源和工具，如何与教师和同学交流和合作，如何克服学习困难和挑战。在这个层次，教师需要引导学生发展元认知能力，帮助他们建立自我管理和自我监控的意识，提高自我反思和创新能力。

通过 AMT 三级构架，大学英语教学可以更加系统化和科学化，有助于提高学生的学习效果和自主学习能力。

2. 大学英语教学法的 ADP 三维构架

大学英语教学法的 ADP 三维构架是指"目的、设计和实施"三个维度。具体如下。

（1）目的：教学目的是教师在规划和设计教学活动时需要考虑的第一个方面。在大学英语教学中，教学目的应该是培养学生听、说、读、写、译等方面的语言技能，提高他们的英语应用能力和交际能力。

（2）设计：教学设计是指教师在教学目的的基础上，根据学生的特点和需求，制订出一套科学、合理的教学计划，包括教学内容、教学方法、教学手段、教学资源等。在大学英语教学中，教学设计应该充分考虑学生的英语水平、学习目标和实际需求，采用多种教学方法和手段，使学生在轻松愉悦的氛围中学习英语。

（3）实施：教学实施是指教师按照教学设计的要求，对学生进行英语教学的实际过程。在大学英语教学中，教学实施应该采用多种教学方法和手段，如课堂讲授、小组讨论、听说读写训练、角色扮演、情景模拟等，让学生积极参与、全面掌握英语语言知识和技能，提高他们的英语应用能力和交际能力。

教学方法的应用才是教学实践。教学设计和教学步骤之间确实需要协调和衔接，避免重复和矛盾。在实际应用中，我们需要根据教学目标、教学内容和学生需求等因素进行灵活的教学设计和教学步骤的安排。而 ADP 三维构架作为一种理论框架，其主要目的是为教师提供一个思考教学的视角和方法，而非一种固定的教学模式或步骤。因此，在实际应用中，我们需要根据具体情况进行合理调整和创新。

3. 大学英语教学法的五层框架结构

大学英语教学法的五层框架结构是指，将大学英语教学法分为五个层次进行分析和研究，包括目标层次、内容层次、教学设计层次、教学实施层次和评价层次。

（1）目标层次：主要是针对学生的英语能力目标进行分析和设定，如听力、口语、阅读和写作等方面的能力目标，以及这些能力目标的具体表现形式和水平要求。

（2）内容层次：主要是围绕英语能力目标，选择合适的教材和课程内容，以及教学所需的相关知识、技能和态度等内容，为教学设计提供基础和保障。

（3）教学设计层次：主要是对课程的总体设计和每一节课的教学设计进行规划和安排，包括教学目标的具体化、教学内容的组织和安排、教学方法和策略的选择和运用、教学资源的利用等方面。

（4）教学实施层次：主要是将教学设计转化为具体的教学活动和实践，包括课堂教学、学生自主学习、课外拓展活动等，旨在帮助学生达成英语能力目标。

（5）评价层次：主要是对教学过程和教学结果进行评价和反馈，包括课堂教学评价、学生自主学习评价、课程评价等，旨在优化教学过程和提高教学效果。

（二）大学英语教学法的主要流派

完整地概括了大学英语教学方法的发展与形成的三个重要因素：语言学的发展、教学实践的经验积累以及社会需求的变化。这三个因素相互作用，共同影响着大学英语教学方法的发展和变革。语言学的不断发展为大学英语教学提供了新的理论基础和研究方法，促进了大学英语教学方法的创新与改进；教学实践的经验积累使得教学方法更加贴近实际，更加适合学生的学习需求；而社会需求的变化则要求大学英语教学方法不断更新，以适应不同的社会需求和发展趋势。

1. 认知派教学法

认知派教学法是一种以学生为中心、注重学生认知活动的教学方法。它强调学生主动参与、自主学习、探究和发现，通过启发式教学、发现学习、问题解决和探究活动等方式来激发学生的学习兴趣和主动性，帮助学生建立自己的知识结构和思维模式。

认知派教学法的主要特点包括以下几点：

（1）强调学生的主动参与和自主学习。认知派教学法不再以教师为中心，而是以学生为中心，鼓励学生主动思考、探究和发现。

（2）注重学生的认知活动。认知派教学法强调学生通过积极地思考、记忆、理解、分析、综合等认知活动来建立自己的知识结构和思维模式。

（3）采用启发式教学、发现学习、问题解决和探究活动等方式。认知派教学法通过这些方式来激发学生的学习兴趣和主动性，促进学生的深层次思考和理解。

（4）强调知识的结构性和连贯性。认知派教学法认为知识是一个有机的整体，强调知识的结构性和连贯性，帮助学生建立知识之间的联系，形成自己的知识网络。

（5）鼓励学生的批判性思维。认知派教学法强调培养学生的批判性思维，帮助学生分析、评价和应用知识。

总之，认知派教学法注重学生的主动参与和认知活动，通过启发式教学、发现学习、问题解决和探究活动等方式来激发学生的学习兴趣和主动性，帮助学生建立自己的知识结构和思维模式，提高学习效果。

2. 经验派教学法

经验派教学法，又称传统教学法，是一种基于学生已有知识和经验的教学方法。这种教学方法强调学生通过反复的实践和练习来掌握知识和技能。经验派教学法的主要特点是传授已知事实和知识，让学生反复地实践和练习，以此来加深学生对知识的理解和记忆。

经验派教学法的重点是对学生的知识背景、认知水平和学习能力进行了解，然后按照学生的情况设计教学内容和教学方法，以达到最佳教学效果。经验派教学法适用于许多学科和领域，如语言学、音乐、运动技能等。

然而，经验派教学法在教学效果和教学方法上存在一些问题，如缺乏创造性和灵活性、过于依赖传授知识和技能、缺乏培养学生自主学习能力等。因此，随着教育理念的不断变化和教育技术的不断进步，经验派教学法逐渐被更多灵活、开放、探究性的教学方法所取代。

值得一提的是，听说法和视听法都是经验派教学法的代表，强调通过大量的语言实践，逐渐熟悉语言结构、表达方式和语言运用规则。这两种方法在一定程度上弱化了语法知识的教学，重点放在了语言运用的实践上。虽然这两种方法在其盛行时期受到了广泛的推崇，但现代语言学研究发现，这两种方法的局限性也逐渐显现，如听说法缺乏对语法和语言结构的深入讲解和理解，导致学生在语言应用时容易出现错误和不准确的表达；视听法则过于注重形式和情景，而忽视了学生对语言运用的深层次理解和掌握，导致学生在面对实际应用场景时难以适应。因此，现代英语教学更加注重知识和实践的结合，鼓励学生在理解语法和语言结构的基础上，通过大量的语言实践来提升语言运用能力。

3. 人本派教学法

人本派教学法是一种强调人的主体性、自我实现和自我发展的教学方法。它在20世纪60年代产生于美国，反映了当时美国社会学、心理学和教育学的发展趋势。人本派教学法认为，学习是一种自我探索和自我发现的过程，学习者需要在自己的兴趣、需求和体验中寻找学习的动力和方向。因此，人本派教学法注重培养学习者的自主性和主动性，强调学习者在学习中的自我实现和自我认识，强调学习者在学习中的自我评价和自我反思，鼓励学习者在学习过程中积极地表达自己的观点和情感。

在大学英语教学中，人本派教学法的应用主要体现在以下几个方面：

（1）重视学习者的主体性和个性化发展。在大学英语教学中，教师应该充分尊重学生的学习兴趣和需求，引导学生积极主动地参与到学习过程中来，从而实现个性化的学习。

（2）培养学习者的自主性和自我评价能力。在大学英语教学中，教师应该为学生创造一个自主学习的环境，鼓励学生自我评价和自我反思，帮助他们发现自己的学习问题并解决。

（3）强调情感因素的作用。在大学英语教学中，教师应该充分发挥情感因素的作用，通过鼓励学生表达自己的情感和观点，培养学生的交际能力和情感素质。

（4）注重交际能力的培养。在大学英语教学中，教师应该注重培养学生的交际能力，提高他们的口语表达和听力理解能力，从而帮助他们更好地应对未来的社交环境和职业需求。

二、大学英语教学手段

大学英语教学手段包括但不限于以下几种。

（1）阅读：学生通过阅读英文原版书籍、文章、报纸、杂志等文本来提高英语阅读能力。

（2）听力：学生通过听英语原版录音、电视、电影等来提高英语听力能力。

（3）口语：学生通过口语练习、辩论、演讲等活动来提高英语口语能力。

（4）写作：学生通过写英语文章、作文、报告等来提高英语写作能力。

（5）翻译：学生通过翻译英文文章、句子等来提高英语翻译能力。

（6）语法：学生通过学习英语语法规则来提高语言结构和语法运用能力。

（7）词汇：学生通过学习英语词汇来扩展词汇量和提高词汇应用能力。

（8）影视资源：学生通过观看英语电影、电视剧等来提高英语听说能力和语感。

（9）多媒体教学：通过利用多媒体教学软件，如PPT、视频、音频等，来呈现课程内容，提高学生的学习效率和兴趣。

（10）在线学习：学生通过使用网络资源、在线学习平台等进行学习，实现随时随地、个性化学习。

（一）初级阶段

1. 简单教具

简单教具是指那些价格较为低廉、易于制作、易于操作、能够支持教学活动的教具。这些教具通常是针对某个具体的教学目标或教学内容设计的，例如，字母卡片、数字卡片、形状卡片、图像卡片、计数器、计时器、模型等等。这些教具在教学中能够起到生动直观、易于理解、易于记忆的作用，帮助学生更好地掌握知识和技能。与复杂的教学设备相比，简单教具更加经济实用，也更加适合教育教学场所资源较为有限的情况。

2. 电化教具

电化教具是一种集成了电子技术和教育技术的教学工具。电化教具可以通过数字化的方式呈现教育内容，包括文字、图片、视频、音频等。常见的电化教具包括电子白板、电子课件、电子图书、电子实验室、电子教具等。这些教具可以丰富教育资源，提高教学效果，提供更加个性化、灵活多样的教育方式。同时，电化教具还具有易于更新、方便管理、节省成本等优点，可以有效提高教育信息化水平和教学质量。

除了电视、电影和录像外，现代电化教具还包括投影仪、电子白板、多媒体课件等。投影仪和电子白板的应用使得教师可以在课堂上通过电脑、平板等设备将多媒体课件进行演示，通过图片、视频等多种形式呈现课程内容，激发学生学习的兴趣，提高学习效率。同时,学生也可以在课后通过网络等途径重新学习和巩固课堂所学内容。多媒体课件的设计应当精心制作,符合教学的需要和学生的心理,使其更好地适应多媒体教学的特点和学生的认知习惯。

在电化教具的运用中,教师仍然是课堂的主导者,学生在一定程度上仍然处于被动接受知识的状态中。这与信息技术与课程整合的理念是不符的。信息技术与课程整合追求的是建立一个既能发挥教师主导作用又能充分体现学生主体地位的教与学模式,让学生在自主、探究、合作的氛围下积极参与到学习过程中。因此,电化教具只是信息技术与课程整合的一部分,它需要与其他信息技术手段相结合,才能真正实现学生的主体地位。

(二) 语言实验室辅助教学阶段

在语言实验室中,学生可以通过耳机听取教师的录音或录像,进行听力训练;使用录音机、录像机、投影仪等设备进行模拟对话、演讲等语言实践活动;使用计算机进行自主学习和交互式教学等。语言实验室的出现大大提高了英语教学的效率和质量,为学生提供了更多的学习机会和方式,使学生在各个方面得到了全面的提高。此外,语言实验室也为英语教学研究提供了更多的数据和可能性,促进了教学理论的创新和教学方法的改进。

现代化的语言实验室还配备了多种数字化的教学设备,如数字化语音录制设备、电子白板、交互式教学软件等,使得语言实践课的教学更加丰富和多样化。学生可以在语言实验室中进行听力、口语、阅读、写作等多方面的练习,通过各种多媒体教材和互动式教学软件来丰富课堂内容,从而提高学生的语言能力和语言综合素质。

此外,还有教师用的控制台,通过控制台教师可进行以下工作:

1. 给全体学生播放录音,或放不同的录音给不同程度的学生听。
2. 对个别学生进行提问、对话、答疑、改错等项工作。
3. 组织同组或不同组的学生互相问答。
4. 通过问答检查学生的学习效果。
5. 通过监听装置,监听学生的学习活动。
6. 向全体学生、个别组、个别学生发指示。
7. 解答学生的疑难问题。

由此不难看出,语言实验室具有下列显著优势:

1. 语言实验室实现了电化教具的系统的管理与使用,提高了教学手段的利用率与效益,有助于大学英语教学质量的提高。
2. 在语音实验室里,每个学生都有安装在座位上的录音机、电视屏幕与耳机,这增加了学生学习英语的自由度。而且教师除了自己讲解外,还可以留出一些时间,让学生自己掌握学习进度。对于一些较困难的语言材料,学生可以根据需要反复听与练习,教师也可在一旁随时指导，这对于学生学习能力的提高十分有利。

但是，语言实验室也存在一定的缺陷，具体如下：

1.语言实验室常有脱离实际生活中现实情景的现象，因此缺乏真实的语言交流现象，不能很好地培养学生的英语交际能力。在语言实验室中的英语学习仅为一种语言知识与技能的练习，所以，为了培养英语交际能力，学生还需走出实验室，不断接触真实生活中的英语，并运用英语进行交际。

2.语言实验室的建设耗资较大，而且在房屋建造方面有较高的要求，所以并不是所有的学校都有财力配备高水平的语言实验室。此外，语言实验室数量较少，学生不可能随时使用，从中受益。

（三）计算机辅助教学阶段

计算机辅助教学阶段是指利用计算机技术和软件，辅助和促进英语教学过程中的学习和教学活动的阶段。随着计算机技术的快速发展和应用，计算机辅助教学在大学英语教学中得到了广泛的应用。计算机辅助教学有以下几个阶段。

①线性教学阶段：计算机辅助教学的最初阶段是线性教学阶段。该阶段的计算机辅助教学软件是固定的，学生按照教学软件的顺序进行学习。这种教学方式有一定的限制，缺乏足够的灵活性。

②交互式教学阶段：随着计算机技术的发展，计算机辅助教学进入了交互式教学阶段。该阶段的教学软件具有交互性，学生可以根据自己的兴趣和需要选择不同的学习路径，更加灵活自主地学习。

③多媒体教学阶段：随着多媒体技术的发展，计算机辅助教学进入了多媒体教学阶段。该阶段的教学软件不仅具有交互性，还具有图像、声音、动画等多种形式的媒体元素，更加生动形象地呈现教学内容，提高了学生的学习兴趣和参与度。

⑤智能化教学阶段：随着人工智能技术的发展，计算机辅助教学进入了智能化教学阶段。该阶段的教学软件不仅具有交互性和多媒体元素，还能够根据学生的学习情况和反馈信息，智能地调整教学内容和方式，提高了学习效果和效率。

1. 行为主义阶段——计算机充当教学辅导员

在行为主义阶段，计算机被视为一种工具，用于改善和控制学习者的行为。这一阶段强调教师和计算机的角色，认为教师应该将信息输送给学生，计算机则被用来辅助教学，帮助学生掌握基础知识和技能。在这个阶段，计算机程序主要是为了让学生进行练习和测试，如计算机辅助语言学习（CALL）程序，这些程序往往是针对特定的语法规则或单词列表进行练习。

行为主义阶段的计算机教学主要有以下特点：
（1）重视教学内容的设计和呈现，强调信息的传递和控制。
（2）计算机程序主要是为了让学生进行练习和测试，以提高学生的学习效率和准确率。
（3）教师和计算机被视为学习的主导者，学生被视为被动的接收者。
（4）计算机教学的效果主要是通过学生的行为变化来体现的，强调结果导向。

总之，行为主义阶段的计算机教学主要是控制学习者的行为，使他们在规定的范围内获得知识和技能，强调计算机对学生行为的影响，而忽略了学生的自主学习和思考能力。

2. 认知法与交际法时期——计算机担任学生的角色

在认知法与交际法时期，教育学家们更加强调学生的主体性和自主性，认为学生应该主动地构建知识体系和交流信息。计算机在这个阶段的作用也有了新的发展。它不再只是作为辅导员，而是被视为一种可以扮演学生角色的工具，与学生互动。计算机通过提供多样化的课程内容和多样化的交互形式，鼓励学生在课堂上积极参与，构建自己的知识体系。同时，计算机在这个阶段还可以提供更加精细的学习指导和反馈，帮助学生更好地理解和掌握知识。这样，学生的学习成为一种更加个性化和自主化的过程，而计算机也成为学生与知识互动的重要桥梁。

在该阶段的计算机辅助教学中，仍然存在一定的限制和不足。虽然计算机提供了情景和练习项目，但仍然是学生在计算机的指导下进行学习，而没有真正实现学生主体的学习。此外，由于技术限制，计算机的人机互动还比较有限，师生之间的交流和互动仍然有待加强。但是，这一阶段的计算机辅助教学为后来的计算机辅助语言学习打下了基础，为人机互动和个性化学习提供了奠定性的技术基础。

总体而言，相较于语言实验室，计算机辅助教学呈现出显著的优势，具体表现为以下几点。

（1）个性化学习：计算机辅助教学可以根据学生的个体差异，提供个性化的学习路径和资源，让学生在自己的节奏下更加高效地进行学习。

（2）丰富的教学资源：计算机可以提供海量的教学资源，包括图片、音频、视频、动画等，可以满足学生在不同层次、不同方面的学习需求。

（3）互动性强：计算机可以提供各种互动的学习环境，如游戏、模拟实验等，让学生在互动中更加轻松愉悦地学习。

（4）反馈及时：计算机可以即时反馈学生的学习成果，让学生及时发现和改正自己的错误，避免错误的累积。

（5）省时省力：计算机辅助教学可以让学生在任何时间、任何地点进行学习，不再受制于时间和地点的限制，省去了学生和教师大量的时间和精力。

综上所述，计算机辅助教学在提高学习效果、提高学习效率、提高教学质量等方面具有显著的优势。

不可否认，计算机辅助教学具有很多的优点，但是在具体的使用过程中也存在一定的缺陷，具体表现如下。

（1）技术限制：计算机辅助教学需要使用先进的技术和设备，而这些技术和设备的更新速度很快，需要不断更新和升级，成本较高，需要投入大量资金。

（2）个性化教学的困难：虽然计算机可以根据学生的学习情况自动调整教学内容和方式，但是对于某些需要个性化教学的学生，计算机可能无法满足他们的需求，这需要教师进行针对性的辅导和指导。

（3）教师角色变化：计算机辅助教学使得教师的角色发生了变化，从过去的知识传授者变为指导者和辅导者，需要教师具备更多的计算机技能和教学技能。

（4）对学生学习动机和态度的影响：计算机辅助教学可能会对学生的学习动机和态度产生负面影响，使他们更加依赖计算机，而忽视自己的学习能力和意愿。

（5）可能增加学生学习负担：计算机辅助教学可能会增加学生的学习负担，因为他们需要花更多的时间来学习计算机技术和应用，而这些时间可能会减少他们学习其他学科的时间。

（四）网络辅助教学阶段

网络辅助教学阶段是指使用网络作为辅助教学手段进行教学。随着互联网的普及和发展，网络辅助教学在外语教育领域逐渐得到广泛应用。

网络辅助教学具有以下几个特点和优势。

1.信息获取方便：学生可以通过网络获取到各种形式的语言学习资源，如听力、阅读、写作等教材、录音、视频等。

2.交互性强：学生可以通过网络与教师和同学进行实时交流，互动性较强，这有利于学生更好地理解和掌握知识。

3.学习时间和地点自由：网络辅助教学具有时间和地点的灵活性，学生可以根据自己的时间和空闲情况随时随地进行学习。

4.个性化教学：网络辅助教学可以根据学生的不同需求和水平提供个性化的学习内容和方案。

5.互联网技术支持：网络辅助教学借助于互联网技术，使得教学资源共享、教学管理、学生评价等方面更加方便和高效。

但是，网络辅助教学也存在一些缺点。

1.网络环境限制：网络辅助教学需要良好的网络环境支持，如果网络不稳定或者网速慢，会影响学习效果。

2.缺乏面对面交流：网络辅助教学缺乏面对面的交流，可能会影响学生的口语表达能力和社交能力。

3.需要自我管理和自我激励能力：网络辅助教学需要学生有较强的自我管理和自我激励能力，否则可能会导致学习效果不佳。

4.学习内容和质量参差不齐：网络上的教学资源丰富，但也存在质量参差不齐的情况，学生需要有一定的判断力和筛选能力。

第二节 信息化背景下英语个性化教学

一、英语个性化教学模式

(一) 个性化教学模式的分类

个性化教学模式可以分为以下几类。

1.自适应教学模式：根据学生的学习情况和学习需求，自动调整教学内容和教学方法，使学生能够更有效地学习。自适应教学模式可以基于学生的学习历史和学习兴趣，提供不同的教学内容和学习路径，帮助学生更好地理解和掌握知识。

2.个性化授课模式：根据学生的学习特点和个性化需求，教师为每个学生制订不同的学习计划和授课方式，以满足学生的学习需求。个性化授课模式需要教师具备较高的教学能力和管理能力，能够充分理解学生的需求和特点，提供针对性的教学服务。

3.个性化作业模式：根据学生的学习特点和能力，提供不同难度和类型的作业，以帮助学生更好地巩固和应用所学知识。个性化作业模式需要结合学生的学习情况和作业反馈，不断调整和改进作业内容和难度。

4.个性化评估模式：根据学生的学习特点和表现，提供不同类型的评估方式和评价标准，以更全面地评估学生的学习效果和水平。个性化评估模式需要结合学生的学习需求和学习目标，制订个性化的评估计划和方法。

个性化教学可以简要描述如下。

（1）掌握教学：强调学生对知识和技能的掌握程度，重视学生的基本功训练，注重巩固与提高学生的学习成绩。

（2）策略教学：强调学生学习策略的培养，帮助学生学会有效的学习方法和技巧，提高学习效率和自主学习能力。

（3）创造思考教学：强调培养学生的创造性思维和批判性思维能力，鼓励学生自主思考、自主探究和创造性思维。

（4）情意教学：强调培养学生的情感、态度和价值观，重视人文关怀和个性化关注，注重培养学生的社会责任感和文化素养。

（5）民主教学：强调学生的参与和主体地位，注重学生的自主选择和学习兴趣，鼓励学生发挥个性特长，促进学生的自我发展和全面成长。

（二）英语个性化掌握教学学会认知

1. 英语掌握教学的过程与基本步骤

掌握教学模式是以单元教学为基础，侧重于教师对学生的学习情况进行诊断，并根据诊断结果设计适合学生特点的学习单元。在掌握教学模式中，学生需要先掌握某一学习单元的任务才能进入下一个学习单元的学习，教师则需要根据学生的学习情况进行适当的指导和纠正，帮助学生掌握学习过程并完成学习任务。这种教学模式能够提高学生的学习效率，促进学生对知识的深入理解和掌握。

对掌握教学进行设计时，除了要根据掌握教学过程的特征外，还要考虑教学的基本步骤。布鲁姆把教学步骤分为以下几种步骤：

（1）建立教学目标

建立教学目标是进行个性化教学的第一步。教学目标应该是明确、可度量的，并且与学生的个性化需求相一致。教学目标的明确性可以帮助学生了解自己的学习方向，有利于学生学习的自我调节和反思。同时，教学目标的可度量性也能够帮助教师评估学生的学习成果和教学效果，及时进行调整和改进。

在建立教学目标时，应考虑学生的个性化需求和学习特点。例如，对于不同程度的学生，教学目标可以设置不同的难度和深度；对于喜欢口语交流的学生，教学目标可以突出口语表达能力的培养；对于需要提高阅读理解的学生，教学目标可以强调阅读技能的训练。教学目标应该是与学生需求相一致的，才能够更好地激发学生的学习兴趣和积极性。

（2）设计单元教学

设计单元教学需要考虑以下几个方面。

①教学内容：根据教学目标确定教学内容，将内容分解为适合学生掌握的小单元。在设计单元教学时，要确保教学内容的连贯性和逻辑性。

②教学方法：根据学生的特点和学科的特点，选择适合的教学方法。可以结合多种教学方法，如讲授、示范、讨论、案例分析等。

③教学资源：根据教学内容和教学方法确定教学资源，包括教材、多媒体课件、网络资源、实验室设备等。

④教学评价：设计单元教学需要确定教学评价方式，以便检测学生掌握情况和教学效果。可以采用测验、作业、小组讨论、口头报告等方式进行评价。

⑤教学时间：合理安排教学时间，确保教学任务的完成。需要充分考虑学生的学习能力和教师的教学进度。

⑥教学环境：为了创造良好的教学氛围，需要确保教学环境的舒适性和学习工具的可靠性。

综合考虑以上因素，可以设计出具有针对性、系统性、科学性和可操作性的单元教学。

（3）展开教学活动

展开教学活动是个性化教学的重要环节，它是实现个性化教学的手段和途径。在展开教学活动时，教师要根据学生的特点和教学目标，选择合适的教学方法和教学手段，组织多样化的学习活动，让学生在不同的情境中进行学习，使学生充分参与到教学活动中来，提高他们的学习兴趣和动力。

在个性化教学中，教师可以采用不同的教学方法和手段，如讨论、研究、探究、游戏、模拟等，这些教学方法和手段都能够促进学生的学习和思考，让学生在互动中自主学习。教师还可以通过信息技术等现代化手段来开展教学活动，如网络教学、多媒体教学、虚拟实验等，这些手段能够丰富学生的学习体验，提高学生的学习效果。

同时，在个性化教学中，教师还要注意给学生留下足够的时间和空间来自主探究和创造，让学生充分发挥自己的想象力和创造力，自主完成任务。教师要给学生提供充足的资源和指导，引导学生主动探索和解决问题，让学生在教学中有所收获，不断提升自己的能力。

（4）设计形成性评价

设计形成性评价需要从以下几个方面考虑。

①评价标准：确定评价标准是形成性评价的关键。评价标准应该能够全面反映学生在学习过程中的表现，同时具有可操作性和可测量性，使得教师和学生都能够清楚地了解学生在哪些方面表现出色、哪些方面需要加强。

②评价工具：根据评价标准，设计相应的评价工具，如学生自评、教师评价、同伴评价、作品评价、口头评价等等。评价工具应当简单易行，不过多地占用课堂时间，同时能够准确地反映学生的表现。

③评价时机：形成性评价是一个长期的过程，评价时机需要考虑学习过程的不同阶段，如开始阶段、中间阶段和结束阶段。在每个阶段都需要进行评价，并及时反馈给学生，以便他们及时调整学习策略和方法。

④反馈方式：及时反馈是形成性评价的重要环节。教师应该在评价后及时向学生反馈评价结果，并就学生的表现进行具体、针对性的指导和建议，帮助他们改进学习方法和提高学习效果。同时，学生也可以通过自评和同伴评价相互反馈和学习，提高他们的学习自觉性和主动性。

⑤评价结果的应用：形成性评价的最终目的是帮助学生提高学习效果和素质，教

师应该结合评价结果，调整教学策略和方法，改进教学内容和方式，以便更好地满足学生的学习需求。同时，学生也可以根据评价结果及时调整自己的学习策略和方法，提高自己的学习效果和自我管理能力。

（5）设计充实性教学活动。

对于那些达到目标要求的学生，应给予充实性教学活动。通过更为广泛的与学生特点相一致的充实性学习，学生得到了更全面的发展。

（6）发展总结性评价

总结性评价是在一段时间的学习后进行的，目的是对学生的全面表现进行评价，包括知识、技能、态度等方面。这种评价不仅仅是对学生学习成果的简单总结，更是考虑学生的发展和进步。其设计应该包括以下几个步骤。

①确定评价标准：需要根据教学目标和学生的特点确定评价标准，如知识水平、技能掌握程度、态度表现等。

②选择评价方法：根据评价目的和评价内容，选择合适的评价方法，如考试、作业、项目制作、口头报告、小组讨论等。

③制订评价方案：制订评价方案，包括评价内容、评价标准、评价方法、评价时间等。

④进行评价：按照评价方案进行评价，并及时反馈给学生，让他们了解自己的学习成果和不足之处，以便更好地发展和进步。

总结性评价不仅有助于学生自我认知和自我完善，还能帮助教师及时了解教学效果和学生学习情况，从而对教学进行调整和改进。

2. 英语掌握教学的实施方法

掌握教学在实践中有一套严格的实施办法。

卡罗尔模式，它的实质是让学生根据自己的特点和兴趣来选择学习内容，按照自己的学习进度和时间安排学习进程，教师起到的是引导和监督作用，给予学生必要的支持和反馈。卡罗尔模式充分体现了以学生为中心的教育理念，也是个性化教学的一种实现方式。该模式在实践中得到了广泛的应用和验证，对现代教育教学模式的发展具有积极的影响。

20世纪70年代，布鲁姆等人在对卡罗尔的教学模式进行修正的基础上提出了更加具体和系统的教学模式，其包括以下几点：

（1）让学生了解包括教学内容、教学方法、教学时间等在内的教学模式。

（2）学生通过自我测验对自己的进步进行评价。

（3）教学以课堂小组的形式进行。

（4）根据学生的初步评价，把学生分为两组，即掌握学习小组和非掌握学习小组。

（5）掌握小组的学生，由教师提供丰富的教材，进行自主学习；非掌握小组的学生,由教师帮助学生选择学习材料,进行个别指导教学。学生掌握知识的方式主要是操练与练习。

(6) 根据学习范围决定学习时间与支持,教师给予掌握组学生或非掌握组中的后进生更多的学习时间与支持。

(7) 单元学习结束后,将未通过测验的学生列入非掌握组,接受个别指导,直到掌握为止。

(三) 英语策略教学——学会学习

1. 英语学习策略的分类

学习策略中的具体小策略包括但不限于以下内容。

(1) 阅读策略:包括快速阅读、略读、精读、扫读等不同的阅读方式,以及在阅读过程中做笔记、标注、提问等。

(2) 记忆策略:包括词汇记忆、知识点记忆、概念记忆等,如使用联想、重复、分类、归纳等记忆技巧。

(3) 认知策略:包括分析、比较、归纳、演绎等认知技巧,可以帮助学生更好地理解和掌握知识。

(4) 沟通策略:包括提问、回答、交流、分享等沟通技巧,可以帮助学生与教师和同学更好地互动。

(5) 解决问题的策略:包括识别问题、分析问题、寻找解决方法等技巧,可以帮助学生更好地解决学习中遇到的问题。

(6) 学习规划策略:包括设定学习目标、制订学习计划、安排学习时间等技巧,可以帮助学生更好地规划和管理自己的学习。

(7) 思维策略:包括创造性思维、批判性思维、逻辑思维等技巧,可以帮助学生更好地思考和分析问题。

这些具体小策略可以相互结合,形成更加完整、系统的学习策略体系,帮助学生更加高效、有效地学习。

根据布鲁姆的教育目标分类理论把微观策略分为三大类:

(1) 词汇学习策略

词汇学习策略是学习者在词汇学习中采用的一些具体方法和技巧,帮助学习者更加高效、有效地掌握词汇。

以下是一些常见的词汇学习策略。

①上下文推测法:通过阅读文本、句子等来推测单词的意义。

②词根、词缀法:通过学习单词的词根、前缀、后缀等部分来推测单词的意义。

③词义联想法:通过将新学单词与已经掌握的词汇或生活常识联系起来,加深记忆。

④词汇分类法：将单词按照一定的类别或主题进行分类，有助于记忆和复习。

⑤词汇记忆法：通过各种方法将单词记忆下来，如词卡、单词表、词汇练习等。

⑥语境记忆法：通过将单词放入具体的语境中来记忆和理解单词的意义。

⑦多次反复复习法：多次复习同一批单词，加深印象，记忆更牢固。

⑧阅读法：通过大量阅读，加深对词汇的理解和记忆。

⑨使用法：通过使用单词，如写作、口语等，巩固和提高记忆效果。

学习者可以根据自己的学习特点和学习目标选择合适的词汇学习策略，以便更好地掌握词汇。

（2）程序性知识的学习策略

程序性知识是指一种特定的动作或操作过程，如打字、游泳、开车等。程序性知识的学习需要不断练习和反复演练，同时也需要采用一些有效的学习策略。以下是一些程序性知识的学习策略。

①制订详细的学习计划：制订定一个详细的学习计划，包括学习的时间、内容、难度等，可以帮助学生更好地掌握程序性知识。

②视频学习：观看视频可以帮助学生更好地理解程序性知识，同时可以模仿视频中的操作过程，加深记忆。

③模拟练习：模拟练习是程序性知识学习中非常重要的一部分。通过反复练习，学生可以逐渐熟练掌握程序性知识。

④分步骤学习：将程序性知识分解成若干个步骤，逐步学习每个步骤的操作方法，然后再逐步将各个步骤整合起来进行练习。

⑤反馈纠错：在学习过程中及时接收反馈并纠正错误是非常重要的。学生可以通过自我反馈、同伴评估或教师指导等方式获取反馈，并及时纠正错误。

⑥反复练习：反复练习是学习程序性知识的有效策略。通过反复练习，学生可以逐渐熟练掌握程序性知识，并且在实践中掌握更多的技巧和技能。

⑦掌握技巧：在学习过程中，学生需要注意一些技巧，如准确的姿势、正确的手势等，这些技巧可以帮助学生更好地掌握程序性知识。

（3）情感领域的学习策略

情感领域的学习策略包括以下几种。

①情感调节策略：包括情感表达、情感认知和情感调节等方面。学生可以通过对自己的情感进行表达、认知和调节，从而更好地适应学习环境和学习任务。

②社会情感策略：包括协作、沟通、交流和解决冲突等方面。学生可以通过与他人的互动，建立良好的人际关系，共同完成学习任务。

③激励策略：包括目标设定、自我监控、奖励和惩罚等方面。学生可以通过设定具体、可行的目标，自我监控自己的行为和结果，给自己设定奖励和惩罚，来调节自己的情感，激发自己的学习动力。

④兴趣策略：包括发掘兴趣、培养兴趣和维持兴趣等方面。学生可以通过发掘自己的兴趣、培养对学习内容的兴趣和保持兴趣，提高学习的积极性和主动性。

⑤情感评价策略：包括自我评价、他人评价和教师评价等方面。学生可以通过对自己的情感进行评价，了解自己的情感状态，及时调整和改进自己的学习行为和情感状态。同时，接受来自他人和教师的评价，也可以帮助学生更好地了解自己的情感状态，提高学习效果。

2. 英语策略教学实施程序和办法

英语策略教学是指通过教授学习策略，帮助学生发展学习英语的技能和能力。以下是英语策略教学的实施程序和办法。

（1）了解学生的学习策略：在教学前期，通过调查问卷、小组讨论等方式了解学生的学习策略使用情况和意识，为后续的教学设计提供参考。

（2）教授策略知识和技能：根据学生的学习策略情况和需要，有针对性地教授学习策略知识和技能。可以采用课堂教学、小组讨论、示范演示等多种方式，让学生了解不同的学习策略，学会运用它们来提高英语学习的效果。

（3）组织练习和实践：在教授策略知识和技能后，要引导学生进行练习和实践。可以通过课堂练习、作业、小组讨论等方式，让学生运用学习策略来解决实际学习中遇到的问题。

（4）提供反馈和评价：对学生的学习策略使用情况进行监测和评价，并及时提供反馈。可以采用口头反馈、书面评价、小组讨论等多种方式，帮助学生发现和纠正学习策略使用中的问题，促进其更好地运用学习策略。

（5）持续跟进和改进：对学生的学习策略使用情况进行持续跟进和改进，根据学生反馈和评价，不断完善和调整教学策略和方法，以提高学生的英语学习效果。

（6）营造良好的学习氛围：要营造积极、主动、自信、合作的学习氛围，鼓励学生运用学习策略，培养学生的自主学习和合作学习能力。同时也要充分发挥教师的示范作用，激励学生跟随教师共同学习和成长。

构架法包括以下三方面的内容：

（1）支持，运用各种策略教学，提供各种策略的模式和补充例子。

（2）调整，调整教学的内容与策略，以适应学习者的能力与特点，运用恰当的学习策略进行学习。

（3）移去支持，当学习者表现出良好的知识与能力状态时，教学可以逐步地移去对学生原有的支持。

为使教学适合学生的特点，教师必须不断对学生进行评价，以便使学生的策略学习更为有效。教师要在教学中时刻考虑学生的各方面变化情况。

威娜格兰德从阅读理解的策略教学入手，提出了一种适用于所有学科学习的策略教学实施办法。其策略的主要内容包括以下几个方面：

（1）充实，通过策略的补充来培养学生的学习兴趣，提高学生的学习动机。

（2）强调关键特征，教师必须通过强调教学内容的具体的关键特征，使学生能够正确处理和运用策略。

（3）自由简化，把学习任务分解为小的单元，使之适应学生的个性差异。

（4）挫折控制，教师通过控制和个别指导等形式，帮助学生减轻学习压力、紧张情绪和焦虑度等。

（5）论证，教师必须论证能够启动学生学习的策略的意义、功能和应用程序等。

二、大学英语个性化教学改革实践

（一）教学设计个性化

个性化教学设计是指根据学生的个体差异和需求，采用不同的教学方法和策略，调整教学内容和难度，从而更好地满足学生的学习需求和发展潜力。

下面是一些个性化教学设计的具体办法和步骤：

①了解学生的学习习惯、兴趣爱好和学习目标，以及他们在英语学习中的困难和瓶颈。

②基于学生的学习特点和需求，灵活选择教材和教学方法，包括课堂教学、互动教学、网络教学等，使教学更加针对性和个性化。

③针对学生的弱项，采用有效的教学策略和方法，如课前预习、课中听说训练、课后复习等，以及综合运用多种教学手段和资源。

④通过课堂讨论、小组合作等方式，培养学生的英语交际能力和批判性思维能力，同时激发学生的学习兴趣和动力。

⑤通过不同的评价方式和标准，及时了解学生的学习情况和进展，为后续教学提供反馈和指导，同时也帮助学生更好地调整学习策略和方法，提高学习效果和质量。

个性化教学设计需要教师充分了解学生的学习特点和需求，同时也需要充分考虑教学的实际情况和要求，灵活选择和运用不同的教学策略和方法，以提高教学效果和满足学生的学习需求。

1. 个性化的情景设计

个性化的情景设计可以考虑以下几点。

（1）考虑学生的兴趣爱好和背景：教师可以了解学生的爱好和背景，将这些元素融入情景中，使得情景更贴近学生的生活实际。

（2）根据学生的能力水平设计情景：教师应该根据学生的英语水平设计情景，不同的学生应该有不同的挑战和难度，以便于更好地促进学生的学习。

（3）情景设计要有意义和价值：情景不仅要贴近学生的生活实际，还要有意义和价值，让学生能够从情景中获取实际的英语语言运用技能和知识。

（4）考虑情景的互动性和真实性：教师应该设计情景，使得学生在情景中能够进行真实的互动，以便于更好地促进学生的英语语言运用技能的发展。

（5）结合其他教学方法：情景设计应该与其他教学方法结合，如小组讨论、角色扮演等，以便于更好地促进学生的学习和发展。

2. 个性化的任务设计

个性化的任务设计是针对不同学生的个体差异和学习需求，设计不同形式和难度的任务，以帮助学生更好地学习和掌握英语知识和技能。以下是一些个性化的任务设计的建议。

（1）个体化学习任务：针对不同学生的学习能力和学习目标，设置不同的任务和要求，如为较弱的学生提供更简单的任务和更详细的指导，为高水平的学生提供更有挑战性的任务和更大的自主空间。

（2）创意任务设计：通过创意任务的设计，激发学生的学习兴趣和动机，鼓励学生主动探究英语知识和技能。例如，让学生制作英语海报、演讲或短片等，以展示他们的创意和英语表达能力。

（3）合作学习任务设计：让学生合作完成任务，共同探究和解决问题，提高学生的团队合作能力和口头交流能力。例如，让学生分组完成英语讨论、英语辩论或小组作业等。

（4）游戏化任务设计：通过设计有趣的英语游戏和挑战，激发学生的学习兴趣和动机，帮助学生在轻松愉悦的氛围中掌握英语知识和技能。

（5）任务驱动型教学：以任务为驱动，引导学生主动参与到学习过程中，通过完成任务来实现英语知识和技能的掌握。

以上是一些个性化的任务设计的建议，教师可以根据学生的个体差异和学习需求，灵活地应用不同的任务设计策略，以提高英语教学的效果和学生的学习成果。

3. 个性化的作业设计

个性化的作业设计可以针对学生的不同需求和兴趣爱好，让学生在完成作业的过程中更加积极主动。以下是几个个性化的作业设计建议：

（1）根据学生的兴趣爱好设计作业内容，如要求学生撰写一篇与自己最喜欢的运动有关的英文短文，或是让学生根据自己的兴趣选择一个英语国家进行深入研究并撰写报告。

（2）对于英语能力不同的学生，可以设置不同难度的作业，以便让每个学生都能够有所收获。例如，对于英语水平较高的学生，可以设置更加挑战性的作业要求，如完成一篇较长的英文论文；对于英语水平较低的学生，则可以设置较为简单的作业要求，如完成一篇简短的英文日记。

（3）鼓励学生进行英语学习的自主探究和实践，如要求学生在网上搜索与自己感兴趣的话题相关的英文资源，如文章、视频、音频等，并根据学习成果撰写反思或总结性的作业。

（4）考虑学生的个性差异，如根据学生的学习风格、认知水平和学习目标，设计不同形式的作业，如视觉型学生可以完成图片描述、影视分析等任务，而口语型学生则可以完成口语表达、演讲等任务。

总之，个性化的作业设计应该从学生的实际需求和特点出发，为每个学生提供适合自己的作业任务和方式，让学生在英语学习中更有动力、更有成就感。

（二）给学生选择的空间

为了增加学生的主动性和参与度，我们可以给学生一定的选择空间。比如可以让学生在一定的主题或范围内自由选择研究方向或研究对象，或者提供多个任务选项让学生选择，让学生有更多的自主权和掌控感。此外，可以根据学生的兴趣、能力、学习风格等特点，为不同学生提供不同的学习方式和教学资源，以满足不同学生的需求和潜力。这样的个性化教学设计可以更好地激发学生的学习动力和兴趣，促进学生的全面发展。

（三）给学生交流的机会

给学生交流的机会是大学英语教学中非常重要的一环，因为英语是一门交际语言，只有通过交流才能更好地掌握语言。以下是一些给学生交流的机会的方法。

1.分组讨论：将学生分为小组，让他们就某个话题进行讨论，鼓励他们用英语交流。教师可以在讨论结束后收集每组的意见和答案，并进行汇报。

2.角色扮演：让学生分角色进行对话，如模拟餐厅点餐、旅游咨询、电话预约等场景，鼓励他们用英语进行对话。

3.朗读和演讲：让学生朗读课文或者进行短暂的演讲，鼓励他们在演讲中使用英语，同时教师可以提供反馈和建议。

4.语言游戏：使用语言游戏来激发学生的兴趣，如单词拼图、填空游戏、词汇接龙等，这些游戏可以促进学生的交流和合作。

5.写作任务：给学生一些写作任务，如写作文、书信、短信等，鼓励他们使用英语进行写作，同时可以提供反馈和指导。

（四）实施个性化评价，激励不同个体享受成功

评价是教学活动的重要环节，它既可以激励学生，也可以帮助教师了解学生的学习情况和需要，进而针对性地进行教学设计和教学改进。评价应该是多元化的，包括

但不限于考试成绩、作业表现、课堂参与、小组合作、口语表达等方面的评估。在评价时，教师应该注重学生的个性差异，采取因材施教的方法，让每个学生都能得到适合自己的评价和指导，发挥自己的潜力，取得更好的学习效果。

1. 作业中的个性化评价

作业评价是大学英语教学中的重要组成部分，也是学生学习成果的重要展示方式。在作业评价中，要注重个性化评价，体现差异化教学的理念，激发学生的自主学习动力，提高学生的学习兴趣和自我评价能力。

个性化评价可以从以下几个方面入手：

（1）考虑学生的学习差异。学生的学习能力和学习水平各不相同，作业评价应该考虑到这些差异，并给予相应的帮助和指导。可以通过给学生定制不同难度的作业，针对不同的学生制定不同的评价标准，帮助学生更好地掌握知识和技能。

（2）注重鼓励和表扬。学生在完成作业时可能会出现不同程度的困难和挫折，教师要及时发现学生的优点和长处，并给予及时的表扬和鼓励，激发学生的自信心和学习动力。

（3）引导学生自我评价。在作业评价中，可以引导学生自我评价，让学生通过自我反思和总结，发现自己的优点和不足，提高自我学习意识和自我管理能力。

（4）提供个性化的反馈和指导。在作业评价中，教师要给予学生具体的、针对性的反馈和指导，帮助学生发现自己的错误和不足，及时纠正和改进，提高学生的学习效果和能力。

（5）鼓励多样化的作业形式。在作业评价中，教师可以鼓励学生采用多样化的作业形式，如口头报告、小组讨论、演讲等，以满足不同学生的学习需求和兴趣。同时，教师也可以通过不同形式的作业来评价学生的不同能力和表现。

2. 课堂教学中个性化评价

在课堂教学中，个性化评价可以通过多种方式实现。

（1）个性化的任务分配：根据学生的学习能力、兴趣爱好、学习风格等特点，为学生分配个性化的任务，让学生在学习中能够更好地发挥自己的长处。

（2）个性化的教学内容：根据学生的实际情况，调整教学内容的难易度、深度和广度，让学生在学习中不感到无聊或无法理解，更加容易掌握知识。

（3）个性化的反馈：在课堂教学中，及时对学生的学习情况进行反馈，了解学生的学习进度、难点和问题，给予个性化的帮助和指导，使学生在学习过程中不断进步。

（4）个性化的教学方法：针对学生的学习特点和难点，采用适合学生的教学方法，如多媒体教学、讨论式教学、项目式教学等，让学生在学习中感到更加轻松自在，从而更好地掌握知识。

（5）个性化的课堂互动：通过各种方式增强课堂互动，鼓励学生参与课堂讨论、演讲、小组活动等，让学生更好地表达自己的观点和想法，增强学生的自信心和表达能力。

综上所述，课堂教学中的个性化评价可以通过多种方式实现，从而让学生在学习过程中获得更加有效的指导和帮助，更好地发挥自己的潜力。

尊重学生的个性是大学英语教学中非常重要的一点。因为每个学生都是独特的，他们有自己的优点和缺点，有自己的兴趣和爱好，有自己的学习方法和节奏。如果我们能够尊重学生的个性，就能够更好地满足他们的学习需求，提高他们的学习兴趣和动机，促进他们的学习进步。在教学中，我们可以通过多种方式来体现对学生个性的尊重，比如采用不同的教学策略，给予不同程度的支持和指导，提供丰富多样的学习资源等等。只有在尊重学生的个性的前提下，我们才能够真正实现个性化教学，让每个学生都能够在自己的学习道路上走得更加顺畅和自信。

英语个性化课堂教学的确为学生提供了最佳的学习环境和手段，使得学生可以更加高效地学习英语。而课外活动也是非常重要的教育活动组成部分，它可以丰富学生的知识和视野，同时也可以让学生在非正式的环境下学习和使用英语，增强语言实践能力。在英语课外活动中，可以采用多种形式，比如阅读英文原版书籍、看英文电影、参加英语角等，让学生在轻松愉悦的氛围中学习英语。同时，老师也可以引导学生开展有意义的英语课外活动，比如组织英语演讲比赛、英语歌曲创作比赛等，培养学生的英语能力和综合素质。综合来看，英语个性化课堂教学和多元化的英语课外活动是互相补充和促进的，可以共同为学生的英语学习和发展提供更好的支持和帮助。

第三节　信息化背景下英语自主学习

一、大学英语网络自主学习中心的构成要素

目前，许多学校建有网络外语自主学习中心，并以此作为实现网络外语自主学习的主要形式。网络外语学习中心作为学习平台，与传统的自主学习中心有着巨大的差异。相对于传统自主学习中心的物理场所概念，网络自主学习中心实质上是一个在线学习的支持系统。

一个理想的网络外语学习中心，通常包括以下元素：

1. 学习资料和使用指南

学习资料和使用指南是学习过程中必不可少的部分。以下是一些关于学习资料和使用指南的建议。

（1）学习资料：学生可以从教师提供的课程大纲、教材、参考书、作业题等中获取学习资料。此外，还可以从网上获取各种学习资源，如学习视频、在线课程、网上论坛等。

（2）使用指南：教师应该为学生提供详细的使用指南，包括如何使用教材、如何完成作业、如何参加课堂讨论等。同时，学生也应该认真阅读并按照使用指南进行学习。

（3）多样化的学习资料：教师应该提供多样化的学习资料，包括文字、图片、音频和视频等，以便学生可以根据自己的学习习惯选择合适的学习资料进行学习。

（4）课外阅读：学生可以通过阅读英语原版书籍、英语新闻、英语杂志等扩展自己的英语知识面，并提高英语阅读能力。

（5）合理地使用学习资料：学生应该合理地利用学习资料，如不应该完全依赖翻译工具或机器翻译，而应该尽可能地运用自己已有的英语知识。

（6）学习记录：学生可以记录自己的学习过程和学习成果，以便在后续学习过程中进行回顾和总结，加深对英语学习的理解。

总之，学习资料和使用指南是学习过程中不可或缺的部分，学生应该认真对待并根据自己的学习需要进行学习。

2. 在线导师辅导和学习者档案系统

在线导师辅导和学习者档案系统是指一种在线教学平台中的辅导和管理功能。在这个系统中，每个学生都有一个档案，记录着他们的学习情况、成绩、作业等信息，而每个教师都有一个导师账号，可以通过这个账号进入学生的档案系统，查看学生的学习情况，给予学生指导和辅导。

通过在线导师辅导和学习者档案系统，学生可以随时随地查看自己的学习记录和成绩，并与导师进行交流，获取更好的学习支持。同时，导师也可以及时了解学生的学习情况，针对性地给予指导和建议，提高学生的学习效果。

在一些在线教育平台中，也会提供类似的导师辅导和学习者档案系统，以便学生和教师进行更好的交流和管理。

3. 测试与评估软件系统

测试与评估软件系统是指为学生提供在线评估和测试服务的软件系统。这些系统可以根据学生的学习情况和需要，提供个性化的评估和测试内容，帮助学生更好地了解自己的学习水平和需要改进的方面。同时，这些系统还可以为教师提供评估学生学习成果的工具，以便更好地调整教学策略和提高教学效果。

测试与评估软件系统的功能通常包括：在线测验、学生学习记录管理、成绩分析和报告、个性化反馈和建议等。学生可以通过这些系统进行自主学习和测试，也可以接受在线导师的指导和辅导，以提高学习效果和成绩。

一些常见的测试与评估软件系统包括：Quizlet、Kahoot、Google Forms、Edmodo等。

这些系统通常可以通过互联网免费或收费使用，具有易用性和实用性，受到广泛的应用和认可。

4. 在线互动平台和在线课程

在线互动平台和在线课程是现代教育中的重要组成部分，尤其是在远程教育和在线学习中更为重要。在线互动平台提供了学生和教师之间的实时交流和互动，可以通过文字、语音、视频等多种形式进行交流，支持讨论、问答、投票等多种互动形式，可以增强学生对课程内容的理解和记忆。在线课程则是一种通过互联网提供教学资源和教学服务的教学形式，可以实现学生自主学习，充分利用网络资源，随时随地进行学习，提高学习效率和灵活性。

在线互动平台和在线课程可以结合使用，提供更为完整的教学服务和支持。在线课程可以提供视频、PPT、文档等多种形式的教学资源，学生可以根据自己的需求和兴趣选择学习内容和学习进度，同时可以通过在线互动平台与教师和其他学生进行交流和讨论。在线互动平台则可以提供实时的答疑、辅导、评估等教学服务，让学生在学习过程中随时获得帮助和反馈。

总之，在线互动平台和在线课程的结合，可以大大提高学生的学习效率和学习质量，促进教学改革和教育现代化进程的推进。

二、大学英语网络自主学习中心的作用

1. 优化学生的自主学习环境

为了优化学生的自主学习环境，可以采取以下措施。

（1）提供丰富的学习资源：为学生提供多样化的学习资源，包括电子书籍、学术论文、研究报告、学习工具等，以便学生能够充分利用这些资源进行学习。

（2）建立在线学习平台：建立一个在线学习平台，为学生提供可随时随地访问的学习资源和工具，如在线课程、讨论论坛、在线测试等。

（3）鼓励自主学习：鼓励学生利用学习资源和工具进行自主学习，如自主完成学习任务、自主阅读和探索相关的学术领域等。

（4）提供反馈和指导：及时提供反馈和指导，为学生提供有针对性的建议和指导，帮助他们更好地掌握学习内容和技能，从而增强学生的自信心和自主学习能力。

（5）创造良好的学习氛围：为学生创造良好的学习氛围，如组织学习小组、提供学习活动、鼓励学生参加学术会议等，以促进学生之间的交流和学习合作。

2. 增加趣味性的学习互动模块

为了增加学生的兴趣和参与度，可以在在线学习平台中增加一些趣味性的学习互动模块，如以下几个方面。

（1）游戏化学习：在学习过程中增加游戏元素，如制作单词拼图、填空游戏、抢答游戏等，让学生在愉悦的氛围中进行学习。

（2）互动讨论区：设置讨论区让学生之间进行交流和互动，提供交流平台，让学生在分享和交流中得到学习上的帮助，同时也增加了学习的趣味性。

（3）多媒体资源：增加在线课程中的多媒体资源，如音频、视频、图片等，以生动形象的方式呈现学习内容，增加学生的学习兴趣和记忆深度。

（4）活动模块：开展一些与英语相关的活动，如英语演讲比赛、英语歌曲比赛等，鼓励学生积极参与，提高学生的英语口语能力。

（5）跨文化交流：通过网络平台与国外学生进行跨文化交流，让学生了解不同文化背景下的学习和生活情况，增加学生的跨文化交流能力和兴趣。

这些互动模块可以让学生更加积极主动地参与学习，增加学习的趣味性和可玩性，进而提高学习效果。

3. 引入移动 App 学习模块

移动 App 学习模块是一种将学习资源和工具移植到移动设备上的学习方式，使学生可以随时随地进行学习。通过使用移动 App 学习模块，学生可以利用碎片化时间进行学习，比如在公共交通工具上、等待时，或者在家中。移动 App 学习模块可以提供多种学习资源，包括视频、音频、课程资料和互动测验等。同时，它也可以提供许多方便的学习工具，比如单词记忆卡、语法检查器和学习计划等，以帮助学生更高效地学习。

引入移动 App 学习模块可以增加学生的学习趣味性和参与度，促进学生的自主学习，提高学习效果。同时，移动 App 学习模块可以为教师提供更多的教学工具和资源，以更好地支持学生的学习。随着移动技术的不断发展，移动 App 学习模块将成为未来教育的重要趋势之一。

网络自主学习平台可以为学生提供更加灵活、自由、方便的学习方式。随着网络技术和移动技术的不断发展，未来的大学英语教学将更加注重数字化、个性化、多样化的学习模式。通过网络自主学习平台，学生可以随时随地获取英语学习资源、参加学习互动活动、与教师和其他学生进行交流，提高学习效率和学习质量。同时，学生可以根据自己的兴趣、爱好和学习需要自主选择学习内容和学习路径，提高学习动机和学习兴趣，进一步促进学生的学习自主性和创造性。

三、大学英语网络自主学习中建设的措施

1. 加强外语信息资源个性化建设

加强外语信息资源个性化建设可以帮助学生更好地进行自主学习。在构建外语信息资源库的同时，可以根据学生的学习需求和兴趣特点，精心挑选和分类外语资源，

设置个性化推荐和搜索服务，以便学生可以更轻松地找到自己需要的外语资料，提高学习效率。同时，还可以针对学生的学习习惯和学习风格，提供个性化的学习路径和学习计划，以帮助学生更好地进行自主学习。此外，还可以结合学生的兴趣爱好和实际应用需求，增加与外语学习相关的游戏、社交、娱乐等互动元素，增强学生的学习动机和兴趣，提高学习效果。总之，加强外语信息资源个性化建设是提高学生自主学习能力和外语综合素养的重要途径之一。

2. 突出教师在自主学习中心的作用

教师在自主学习中心的作用至关重要。首先，教师需要为学生提供指导和支持，帮助学生制订学习计划、选择适合自己的学习资源，并提供反馈和建议。其次，教师可以在自主学习中心中设计和开发教学资源，包括教学视频、教材、作业、测验等，以满足学生的不同学习需求。此外，教师还可以利用自主学习中心进行线上教学，如开展线上课程、在线辅导等。

除了教学角色，教师还可以担任自主学习中心的管理者，负责规划、设计和实施自主学习计划，确保自主学习中心的资源充足、有效地推广和使用。教师还可以与其他教育机构或者社会组织合作，共同开展自主学习中心的活动，如举办学术讲座、组织英语角等，以促进学生的语言交流和实践能力的提高。

总之，教师在自主学习中心中的作用不仅仅是提供指导和支持，更重要的是通过设计和实施教学资源，推动学生的自主学习和实践能力的提高，同时通过管理和合作，使自主学习中心成为一个真正意义上的学习社区。

3. 提升自主学习中心的管理水平

要提升自主学习中心的管理水平，可以从以下几个方面入手。

（1）制定管理规范和制度：建立完善的自主学习中心管理制度，明确自主学习中心的管理职责和工作流程，加强管理规范，确保教学活动的顺利开展。

（2）提升师资队伍：招聘合适的师资队伍，建立培训机制，加强对师资队伍的管理和培养，不断提升师资队伍的教学水平和服务能力。

（3）改善设施和环境：保证自主学习中心的硬件设施和软件环境完善，提供舒适、安全、有利于学生学习的环境。

（4）注重宣传和推广：积极宣传和推广自主学习中心的服务内容和优势，吸引更多的学生积极参与到其中，并与学院或校方合作，进行联合推广，扩大自主学习中心的影响力和知名度。

（5）加强监管和评估：建立自主学习中心的监管和评估机制，定期对自主学习中心进行评估和监督，及时发现和解决存在的问题，确保自主学习中心的质量和效果。

自主学习中心的运行需要全体工作人员的合作与协调。每个人都有自己的职责和任务，只有合作协作才能让自主学习中心正常高效地运转。技术人员需要保证硬件设施的正常维护和更新,领导需要进行整体规划和资源调配,教师则需要承担方案的推行和教学活动的开展,同时进行数据搜集和问题解决。此外,畅通的信息交流渠道也是必不可少的,只有信息畅通,才能保证领导和工作人员之间的协调,及时发现和解决问题,促进自主学习中心的不断改进与发展。

教育改革需要全员参与,而自主学习中心作为一种新型的教学模式,也需要得到全体教师的积极参与和支持。教师们需要不断学习和掌握新的教学方法和技能,才能够更好地利用自主学习中心提供的资源,创造出更加丰富多彩的教学内容和形式,从而提高学生的学习效果。同时,学校和学院也需要加大对自主学习中心建设的投入和支持,提供必要的硬件设施和软件资源,为教师和学生的教学实践提供更好的保障和支持。

第四节 信息化背景下英语移动学习

一、信息化背景下大学英语移动学习的理论基础及可行性分析

(一)大学英语移动学习的理论基础

1. 非正式学习理论

(1)非正式学习概述

非正式学习是指在正式教育、培训和工作之外的学习活动,通常由个人自主决定和组织。这种学习形式没有固定的课程、时间表或指定的教师,而是由学习者自己选择学习内容、时间和方式。非正式学习可以在各种场合进行,包括家庭、社区、工作场所、媒体、网络等。非正式学习可以是有目的的,也可以是随意的;可以是个人的,也可以是集体的。非正式学习通常不会被认证,但它可以帮助个人提升技能、知识和能力,提高自我价值和满足兴趣爱好。随着技术的发展,非正式学习越来越重要,尤其是在线学习和移动学习的兴起,使得个人在任何时间、任何地点都可以进行学习。

(2)非正式学习理论与移动学习

非正式学习理论认为,人们的学习不仅仅是在正式的教育和培训中进行,还在日常生活和工作中不断进行着。它侧重于个人对于学习过程的自我控制和主导,以及对于学习目标的自我设定和实现。

移动学习则是一种基于移动设备和无线网络的学习方式,适应了人们日益忙碌的生活和工作方式。它充分利用了移动设备的特点,如可随身携带、即时互动、多媒体

展示等,为人们提供了更加方便、灵活、个性化的学习方式。

非正式学习理论与移动学习的结合,可以创造出更加适应当今社会的学习模式。通过移动学习,人们可以在任何时间、任何地点进行学习,自主选择学习内容和学习方式,更加符合个人的学习需求和兴趣爱好。同时,移动学习也可以为非正式学习提供更多的资源和平台,促进人们在日常生活和工作中的学习和成长。

非正式学习在移动学习中扮演着越来越重要的角色,而智能手机作为一种便携式移动设备,具有丰富的功能和应用,使得学习者能够在随时随地进行学习。通过智能手机,学习者可以通过移动学习应用程序进行学习,如在线课程、电子书籍、学习游戏等,同时也可以随时随地通过社交媒体和即时消息工具与其他学习者互动交流,共同探讨和解决问题。此外,智能手机还可以通过扫描二维码、识别图像和语音识别等功能,实现多样化的非正式学习方式,如情景模拟、问题探究和虚拟实验等。总的来说,智能手机在移动学习中的应用为非正式学习提供了更加便利和丰富的方式,提高了学习者的学习效率和学习质量。

2. 情境认知与学习理论

(1)情境认知与学习理论概述

情境认知理论是指人们在学习和思考时,不仅仅是单独地处理信息和知识,更是将其与所处情境相结合,从而更好地理解和应用所学内容。这个理论认为,学习者的知识结构、经验和情境会影响他们对新知识的理解和应用。学习者需要将新知识与现实情境联系起来,才能更好地理解和应用。

情境认知理论还提出了"学习环境"这一概念,即学习环境应当模拟现实情境,以便学习者能够更好地理解和应用所学内容。这也说明了为什么情景教学法和项目化教学法在教育领域得到广泛应用。

学习理论指的是各种理论观点和学说,试图解释和预测人类在学习过程中的行为和思维过程。学习理论主要分为三种,即行为主义学习理论、认知学习理论和建构主义学习理论。

行为主义学习理论认为,学习是一种行为或反应的改变,主张通过刺激和反馈来强化或削弱某种行为或反应。认知学习理论则强调学习者的思考和理解,主张学习是一种理解和意义建构的过程,学习者需要理解和整合新的信息,以便在将来能够更好地应用这些信息。建构主义学习理论则认为,学习是一种个人建构知识的过程,学习者需要参与到学习过程中,主动探究和建构自己的知识。

情境认知和情境学习的理论和实践基础在很大程度上都源于构建主义和社会学习理论。构建主义认为知识是人们根据自己的经验和前提,通过主动参与环境和交互,建构出来的,而不是外界客观存在的事实。社会学习理论则认为学习是一种社会性活动,人们通过与他人的交往和交流,从中获取新的知识和技能。

情境认知和情境学习的理论框架主要包括以下几个方面。

①情境：情境是指学习发生的具体环境，包括物理环境、社会文化环境、任务环境等。情境对学习者的认知、行为和情感产生直接影响。

②学习者：学习者是情境学习理论和情境认知理论研究的核心，他们通过对情境的感知和处理来获取新的知识和技能。学习者的认知能力、先前知识、动机和情感状态等因素都会影响学习的过程和结果。

③交互：情境学习和情境认知理论都强调了学习者和情境之间的交互作用。学习者通过交互来获取新的知识和技能，同时也会影响到情境的变化和演化。

④重构：情境学习和情境认知理论都认为知识是可以不断重构的，学习者通过对情境的不断理解和应对，不断调整和重构自己的知识结构和认知模式。

综上所述，情境认知和情境学习的理论框架强调了学习的社会性、动态性和个体化，提出了一种新的学习方式和方法，为教育教学提供了新的思路和理论基础。

（2）情境认知理论与移动学习

情境认知理论强调学习者在特定情境中学习和运用知识的能力。在移动学习中，学习者可以通过移动设备随时随地获取学习资源，如通过地图和GPS定位获取周边历史文化信息、通过移动应用程序进行语言学习、通过社交媒体获取实时新闻信息等。这种移动学习情境能够帮助学习者将学习融入日常生活中，增强学习的真实性和意义性。

移动学习也可以通过情境化的学习方式提高学习效果。学习者可以通过拍照、录音等方式记录下所处情境，将学习和现实紧密结合，增加学习的感知和体验，从而更好地理解和应用所学知识。

此外，移动学习还可以利用情境认知理论的"社会性互动"概念，通过社交媒体、在线讨论等方式促进学习者之间的交流和合作，提高学习效果。学习者可以通过移动设备随时进行在线讨论，分享自己的学习成果和经验，共同探讨学习问题，形成共同体验，促进知识共建和知识转化。

3. 活动理论

（1）活动理论概述

活动理论是一种心理学理论，它强调个体在文化和社会情境中的参与和互动，并提出了一种关于思考和行动的动态观点。该理论的核心思想是，人的思考和行为是由其参与的社会和文化活动所决定的，而非独立于这些活动之外。因此，该理论对于个体与社会文化环境的关系进行了探究和描述，旨在理解人类学习和发展的过程。

活动理论的主要特点包括以下几点。

①关注社会和文化情境：活动理论强调个体的行动和思考是由其所处的社会和文化情境所决定的，个体的认知和学习不能从社会和文化环境中脱离。

②强调历史和发展：活动理论认为人的行动和思考都是在特定历史和文化情境下发展起来的，并随着时间的推移而发生变化和发展。

③注重个体和社会的互动：活动理论强调个体和社会之间的相互作用，认为人的思考和行为是在参与社会和文化活动的过程中发展起来的。

④关注学习和发展：活动理论认为学习和发展是一个连续的过程，是由社会和文化环境中的参与和互动所促进的。

活动理论在教育领域中得到了广泛应用，尤其是在课程设计和教学方法方面。活动理论的思想强调学习者与环境和社会的互动，强调学习活动的参与性和情境性，提倡学习与生活、实践相结合，帮助学习者建立知识和技能的联系。在移动学习中，活动理论也被广泛应用，通过移动设备和网络技术，学习者可以更好地融入社会和文化情境中，参与到各种学习活动中，获得更丰富的学习经验和知识，促进学习的发展和成长。

活动理论将人类视为与环境相互作用的一个要素，认为意图和活动是不可分割的，人类的知识和意义形成是基于活动和意图的互动。活动理论认为，人类使用工具改变了自身活动的性质，而这些工具会被内化并影响人的心理发展。

在移动学习中，活动理论可以指导我们设计更加有效的学习活动和课程。例如，在移动学习中，我们可以设计以实践为基础的学习活动，让学生通过互动、合作和探究来获得知识和技能。同时，我们也可以充分利用移动设备的特性，如GPS、相机等，将工具中介融入学习活动中，以提高学生的学习效果和体验。此外，我们还可以使用移动学习平台来监控学生的学习活动和进展，以便及时调整学习策略和课程设计。

活动理论的原则可以归纳为以下几个方面。

①社会性原则：个体的学习和发展是通过社会交往中获得的，社会环境对个体的学习和发展起着重要的作用。

②历史性原则：个体的学习和发展是在历史和文化背景下进行的，历史和文化因素对个体的学习和发展有着重要的影响。

③活动性原则：个体的学习和发展是通过参与实践活动来实现的，活动是学习和发展的基础和手段。

④内部化原则：人类活动的特点是工具中介，人类通过使用工具，将活动外部化，最终形成内部化的心理结构。

⑤包容性原则：学习和发展不仅涉及认知方面，还涉及情感、社会和文化等方面，这些方面是相互交织的，不可分割的。

（2）活动学习理论与移动学习

活动学习理论认为，学习过程是通过学习者与环境互动，完成特定任务和活动来实现的。移动学习平台可以为学习者提供丰富的活动和任务，如在线小组讨论、多媒体展示、实地考察等，以促进学生的学习。同时，移动学习平台可以利用各种工具和资源，如视频、博客、社交媒体等,以增强学习者的交互和合作,从而使学习更具活力和生动性。活动学习理论和移动学习相结合,可以更好地实现学习者的主动学习,从而提高学习效果和学习质量。

移动学习为活动学习提供了更加灵活和便利的学习方式,可以随时随地进行学习活动。同时,在移动学习系统中,设计活动的方式也需要考虑以下几个方面。

①活动的目的和意义:要确定活动的目的和意义,使学习者理解为什么要进行这项活动。

②活动的内容和组织形式:要根据学习目标和学习者的特点,选择合适的活动内容和组织形式。活动内容应该有足够的挑战性,但同时也要符合学习者的认知水平和兴趣爱好,活动形式要具有多样性和趣味性。

③活动的反馈和评估:要及时给学习者提供反馈和评估,使学习者了解自己的学习成果和不足之处,并加以改进。

④活动的协作和社交性:要促进学习者之间的互动和协作,使学习者通过交流和合作,共同完成学习任务,达到共同提高的效果。

综上所述,移动学习为活动学习提供了更为灵活和便利的学习方式,但同时也需要注意活动的设计和组织,以确保活动学习的有效性和效果。

4. 经验学习理论

(1)经验学习理论概述

经验学习理论是由大卫·科尔比于20世纪70年代初提出的,它是一种以体验为基础的学习理论。经验学习理论认为,学习是一种通过体验来获得知识和技能的过程。体验是指个体与环境进行互动的过程,包括感官体验、情感体验和认知体验。在体验中,个体通过反思和总结,将经验转化为知识和技能。

经验学习理论认为,学习可以通过四个连续的阶段进行:体验、反思、概念化和实践。在体验阶段,个体通过直接体验或间接体验获得知识和技能;在反思阶段,个体通过反思和总结,从体验中获得新的洞见和认知;在概念化阶段,个体将这些新的洞见和认知转化为概念和理论;在实践阶段,个体将这些概念和理论应用于新的情境中,从而形成新的体验。

经验学习理论的核心观点是,学习不仅是知识的获取,还包括技能和态度的培养。在经验学习理论中,个体是主动的学习者,学习的过程是个体与环境的相互作用。因此,经验学习理论强调学习的实践性和问题解决能力的培养,强调学习者的主动性和创造性。

经验学习的特点包括。

①以实践为基础:经验学习是通过实践和经验积累获得新知识和技能的过程,而不是通过传授理论知识获得的。

②强调学习者主动性:经验学习注重学习者的自主探究和实践,强调学习者主动

参与学习过程,从实践中不断反思和总结经验。

③重视经验的转化:经验学习认为,经验并不是简单的经验,而是需要被转化和整合才能变成有用的知识和技能。这需要学习者通过不断反思和总结来实现。

④强调个体差异:经验学习认为每个人的经验和学习路径都不同,因此强调个体差异,提供不同的学习机会和资源,以满足不同学习者的需求。

⑤以问题为中心:经验学习将问题作为学习的中心,以问题为导向进行实践和探究,从实践中获取知识和技能。

⑥注重反思和评估:经验学习认为反思和评估是获取知识和技能的重要环节,强调学习者在实践和探究之后,需要进行反思和评估,以检查自己的学习成果和不足。

(2)经验学习理论与移动学习

经验学习理论主要强调通过实践和经验来促进学习和知识的形成。而移动学习技术为学习者提供了更多的实践和经验的机会,因此与经验学习理论有着紧密的联系。移动学习可以让学习者随时随地地获取信息和进行实践,从而获得更多的经验,并将这些经验转化为知识。同时,移动学习还可以利用社交媒体、在线协作工具等功能,使学习者在学习过程中获得更多的互动和合作的机会,从而增强学习者的经验学习效果。

通过移动学习技术,学习者可以利用移动设备随时随地进行实践和体验,如在现场进行实地考察、参观和观察,通过移动设备收集信息和数据,进行实时的数据分析和处理。此外,移动学习还可以将学习融入日常生活中,如通过使用语音识别功能、相机拍照、GPS定位等技术来进行语言学习、文化学习、地理学习等,从而使学习变得更加具有实际意义。

总之,移动学习为经验学习提供了更多的机会和可能性,可以使学习者更加灵活地获取知识和经验,进而提高学习效果。

移动学习技术可以提供方便、快捷、及时的学习途径,学习者可以随时随地获取所需的知识和信息,无论是在学习过程中还是在实践活动中。这样可以极大地提高学习者的学习效率和学习动力,有助于他们更好地完成学习任务。同时,移动学习技术还可以帮助学习者进行知识管理和分享,促进他们之间的互动与交流,进一步增强学习效果。

(二)大学英语移动学习实施的可行性分析

1. 大学英语移动学习具备了实施的教育环境

(1)现代知识观的转变

现代知识观的转变,主要是指在现代社会背景下,人们对知识的理解和认识发生了重大变化。传统知识观认为知识是客观存在的、静态的东西,是由权威机构或专家传授给学生的;而现代知识观则认为知识是一种动态的、多元的、开放的社会实践过程,是由人们通过不断的交流、实践和创新产生和发展的。

现代知识观的转变主要包括以下几个方面。

①从知识的传授到知识的共建：现代知识观认为知识不是由一个权威机构或专家单方面传授的，而是由所有人共同创造和共建的。

②从知识的固定到知识的动态：现代知识观认为知识是动态的，不断变化和更新的，随着社会的发展和变化而不断演化。

③从知识的单一到知识的多元：现代知识观认为知识是多元的，不同的人、文化、社会、历史背景下产生的知识都是有价值的，需要互相交流、学习和整合。

④从知识的静态到知识的实践：现代知识观认为知识是与实践密切相关的，只有将知识应用到实践中，才能真正实现知识的价值和意义。

总的来说，现代知识观的转变反映了人们对知识本质和价值的认识发生了深刻的变化，这种转变对于教育、学习和研究等方面都产生了重要的影响。

（2）现代学校的发展

现代学校是指基于现代教育理念和现代教育技术，建立起来的一种教育机构，其目的是为学生提供全面的知识和技能，培养具有现代思维和综合素质的人才。现代学校的发展经历了以下多个阶段。

①工业化阶段（19世纪中叶至20世纪中叶）：以传授技能和培养工业劳动力为主要目标的职业教育模式。

②民主化阶段（20世纪中叶至70年代）：以普及义务教育、提高师资质量和发展综合教育为主要目标的教育模式。

③科技化阶段（70年代至今）：以信息技术和现代教育技术为支撑，建设数字化、网络化和智能化的教育环境。

现代学校的特点包括：

①教育目标的多元化和个性化，注重学生的全面发展和创新能力的培养。

②课程设置的多样化和开放化，强调跨学科融合和综合素质教育。

③教学方法的多样化和灵活性，倡导探究式学习和个性化教育。

④学校管理的民主化和科学化，注重学校治理和教育质量的提高。

⑤教育资源的共享和利用，强调学校与社会、产业和企业等的合作与互动。

随着社会的不断发展和教育技术的不断创新，现代学校的发展将更加注重学生的主体性和个性化需求，打造更加智能化、数字化和可持续发展的教育环境，为培养未来的人才作出更大的贡献。

2. 大学英语移动学习具备了实施的物质前提

随着移动学习技术的不断发展，大学英语移动学习具备了实施的物质前提。现在，越来越多的学生拥有智能手机、平板电脑和笔记本电脑等移动学习设备，这些设备不仅具备了与传统电脑相同的功能,而且具有便携性和随时随地学习的优势。同时,网络的普及和 4G、5G 网络的发展,也为大学英语移动学习提供了更加快速和稳定的网络环境。此外,许多大学英语学习平台也开始提供移动学习应用,学生可以通过手机或平板电脑随时随地学习和练习大学英语,这进一步促进了大学英语移动学习的发展。

大学生的特点非常适合移动学习的实施。他们通常具有更强的自我意识和学习意愿,善于利用现代科技手段获取知识和信息。移动学习作为一种时尚、便捷、高效的学习方式,可以满足大学生的学习需求,同时也符合他们追求自主学习、自由选择学习内容和学习时间的特点。因此,利用移动学习技术来进行大学英语教学,能够激发学生的学习兴趣,提高学习效率,更好地适应现代化的学习方式和学习要求。

移动技术可以为英语教学提供许多便利,下面列举一些具体的应用方式:

(1) 利用英语学习应用程序,如 Quizlet、Duolingo 等,让学生在手机上进行词汇练习、语法练习和口语练习。

(2) 利用在线学习平台,如 Moodle、Canvas 等,提供在线课堂、论坛讨论、在线作业等多种学习资源和互动方式。

(3) 利用移动设备拍摄视频,让学生进行口语练习和演讲练习,让他们听自己的表现并进行自我评估和改进。

(4) 利用即时通信工具,如微信、WhatsApp 等,为学生提供及时的语言交流和沟通机会,促进他们的口语交流能力。

(5) 利用移动设备进行在线阅读,如使用 Kindle、iBooks 等电子书阅读器,让学生阅读英文原版书籍,提高他们的阅读理解和语感能力。

综上所述,移动技术为英语教学提供了多种创新应用方式,教师应根据学生的需求和教学目标,灵活地选择合适的应用方式,并加以实践和改进。

3. 大学生具备接受移动学习的相关能力

移动英语学习的应用不仅可以满足大学生的学习需求,同时也可以提高他们的学习效率和学习兴趣。学生可以在移动设备上随时随地地进行英语学习,使得学习时间更加灵活。同时,移动英语学习可以提供更加多样化的学习内容和方式,如视频、音频、互动游戏等,让学生更加轻松、有趣地学习英语。

除此之外,移动英语学习还可以增加学生之间的交流和互动。通过社交网络等平台,学生可以与其他同学或老师进行交流、分享学习心得和资源,提高学习的质量和效果。

最后,移动英语学习还可以提高学生的学习自主性和自我管理能力,使他们更加独立地进行学习,提高自主学习的能力和意识。这不仅有利于英语学习,也有助于培养学生的终身学习能力。

（1）自我效能感

自我效能感指个体对于自己能力的信念和判断，即对于完成某项任务或应对某种情境的信心和自信。在教育领域，自我效能感是一个重要的概念，对于学生的学习成就和学习动机都有很大的影响。如果学生拥有高的自我效能感，他们会更有信心地面对挑战和困难，更积极地参与学习活动，并更愿意尝试新的学习方法和策略。因此，教育工作者应该帮助学生建立和提高自我效能感，以提高他们的学习成就和自我发展。

（2）自我学习管理能力

自我学习管理能力是指学习者在学习过程中能够对自己的学习进行有效的计划、组织、实施和评价的能力。具备自我学习管理能力的学习者能够更好地掌控自己的学习进度和效果，更有自信和动力地学习，从而提高学习成效。

自我学习管理能力包括以下几个方面。

①学习目标的设定：学习者需要明确自己的学习目标，并将其分解成具体的可行的步骤，制订合理的时间表和计划。

②学习资源的选择：学习者需要能够合理选择适合自己的学习资源，包括教材、资料、网上课程等，并能够利用好这些资源。

③学习过程的组织：学习者需要能够合理安排自己的学习时间和学习任务，避免拖延和浪费时间，提高学习效率。

④学习过程的监控和评价：学习者需要能够对自己的学习过程进行监控和评价，及时发现问题并进行调整和改进，确保学习效果。

⑤学习过程的反思和总结：学习者需要能够对自己的学习过程进行反思和总结，发现自己的不足和优势，不断完善自己的学习策略和方法，提高学习成效。

自我学习管理能力的培养需要学习者不断地实践和反思，在实践中逐步完善自己的学习策略和方法，提高自己的学习效果和自我效能感。同时，教师也可以通过课堂教学和指导，帮助学习者培养和提高自我学习管理能力。

（3）绩效期望

绩效期望是指个人或组织对自己未来表现的期待和预期，也可以理解为预期的绩效水平。在教育领域中，绩效期望通常与学习目标和评价标准相关联，学生需要明确自己对于学业的期望和目标，并且通过不断努力实现这些目标，最终达到自己的预期绩效水平。教师也需要根据学生的实际情况，合理设定学习目标和绩效期望，并且通过评价和反馈帮助学生不断提高自己的学习能力和绩效水平。

4. 英语学科及教学特征可以实施移动学习

英语学科及其教学特征是非常适合实施移动学习的。英语学习需要大量的词汇和语法知识积累，并需要不断的实践和练习。移动学习可以提供丰富的语言输入，包括听力、阅读、视频等，让学生可以随时随地接触到英语，同时还可以提供各种练习和测试，帮助学生巩固所学知识和技能。此外，英语学习需要不断的输出和交流，移动学习可以通过社交媒体等平台，为学生提供多种交流和分享的机会，从而促进语言输出和交流能力的提高。

同时，英语教学也具有一定的个性化特征，不同学生的学习需求和兴趣爱好可能有所不同，移动学习可以提供更为灵活的学习模式和内容选择，让学生根据自身的情况进行学习。此外，移动学习还可以提供个性化的学习辅导和反馈，帮助学生更好地调整学习策略和提高学习效果。

二、信息化背景下大学英语移动学习的实现方式与应用策略

（一）大学英语移动学习的实现方式

1. 基于短消息的移动学习

基于短消息的移动学习是一种利用手机短信进行教学的方式，通过手机短信向学生发送英语学习资料，如单词、语法、阅读材料等，让学生随时随地通过手机进行学习。这种方式的好处是，学生可以自由选择时间和地点进行学习，充分利用碎片化时间，提高学习效率。

在实施基于短消息的移动学习时，教师需要对学习资料进行合理的组织和设计，让学生在接收信息的同时能够快速掌握知识点，同时需要注意信息的适量和适时，避免信息过于频繁，影响学生的学习效果。

此外，教师还需要及时了解学生的学习情况，及时进行调整和反馈，以保证学生的学习效果。

2. 基于连接浏览的移动学习

基于连接浏览的移动学习是指通过移动设备上的浏览器连接互联网，浏览各种与英语学习相关的网站、博客、论坛、社交媒体等资源，获取学习材料和信息，并进行学习和交流的一种移动学习方式。该方式可以方便学生自主选择、掌握和利用各种英语学习资源，拓宽知识视野，提高学习效果。

通过连接浏览器，学生可以获取到丰富的英语学习资源，如在线英语词典、语法手册、阅读材料、听力练习、口语练习等等。同时，学生也可以通过各种社交媒体平台参与英语学习社区的交流，与其他英语学习者进行互动，分享学习心得和经验。此外，学生还可以通过在线评测、考试等方式进行自我测试和检验。

基于连接浏览的移动学习具有便携性、灵活性、互动性和实时性等优势，可以满足学生随时随地学习英语的需求，增强学生的学习动力和兴趣，提高学习效果和效率。但同时也需要注意对学生进行合理引导和管理，以确保学生的学习方向和目标符合课程要求和学习要求。

3. 基于视频通话交互的移动学习

基于视频通话交互的移动学习是一种利用视频通话技术实现教学交互的移动学习方式。通过使用视频通话软件，学生和教师可以进行实时的面对面教学和学习交流，从而实现远程教学和学习。在这种模式下，教师可以进行实时地讲解、答疑和评估，学生可以提出问题和参与讨论，互动性强，学习效果好。同时，这种模式也适合于远程教育、在线教育等场景，可以解决教师和学生空间上的限制，提高教学效率和学习体验。

（二）大学英语移动学习的应用策略

1. 充分利用社群和网络

社群和网络是移动学习中非常重要的资源，学生可以通过社交媒体平台、在线学习社区、论坛等途径与其他学习者和教师进行互动交流。教师可以建立学习社区或者群组，将学生分组讨论，让学生之间相互协作，共同学习。同时，教师可以通过网络资源分享课程内容、教学资源、学习资料，提供在线答疑，丰富学生的学习资源。利用社群和网络资源，可以打破时空限制，让学生可以随时随地获取学习资源，更加方便高效地进行学习。

2. 树立创造、协作和交际的目的

树立创造、协作和交际的目的是移动学习中非常重要的一点，这样可以激发学生的学习热情和主动性，培养其自主学习和创新能力。在移动学习中，教师可以通过组织学生参加讨论、分享学习成果和协作解决问题等方式，鼓励学生积极参与学习过程，培养其协作和交际能力。同时，教师可以鼓励学生通过移动学习平台，创造性地开展学习项目或任务，激发其创造力和创新意识。通过这样的学习方式，学生可以更好地融入社会和行业，发掘自己的潜力，为未来的发展打下坚实的基础。

3. 将解决问题的各个方面组合起来，以满足学习需求

这种方法被称为问题导向学习（Problem-Based Learning，PBL），它是一种以解决问题为导向的学习方式，旨在培养学生的创新、批判性思维和解决问题的能力。PBL 的教学过程通常由以下几个步骤组成。

定义问题：教师提出一个复杂的问题，鼓励学生积极思考。

研究问题：学生利用各种资源，包括图书、网络、实地考察等，深入研究问题，并形成各自的观点和解决方案。

分享和讨论：学生分享他们的观点和解决方案，与同学和教师进行讨论，互相提出建设性意见。

整合和总结：学生整合各种观点和解决方案，形成一个综合性的解决方案，并总结本次学习的经验和教训。

通过 PBL 的教学方式，学生能够从实际问题中学习，提高他们的学习兴趣和动机，同时也能够培养他们的协作和交际能力。

4. 移动英语学习者应成为积极的、互动的知识构建者

移动英语学习者应当成为积极的、互动的知识构建者。移动学习的本质是学习者主动获取和构建知识，因此移动英语学习者需要具备自主学习、协作学习和创新学习的能力，能够在移动学习环境中积极主动地获取和构建知识。同时，他们也需要具备良好的信息素养，能够有效地评估和利用所获取的信息，避免信息过载和误导。在这个过程中，教师应该扮演着指导者和促进者的角色，通过鼓励学生参与讨论、分享经验和互相帮助等方式，帮助他们建立积极的学习态度和学习习惯。

第七章　信息化背景下英语听力口语教学

第一节　听力教学

一、听力理解的性质理论

听力理解是指听者在倾听和理解英语听力材料时，通过语音、语调、语法等多个层面的信息解码和组合，从中获取意义和信息的过程。听力理解的性质理论主要有以下几个方面。

听力理解是一个构建性的过程：听者在听力理解中通过不断的构建和重构语音、语调、语法等多个层面的信息，最终得到意义和信息。

听力理解是一个交互性的过程：听者在听力理解中与听力材料、背景知识、先前的语言学习经验等因素进行交互，不断调整自己的理解。

听力理解是一个动态的过程：听力理解是一个不断变化和调整的过程，听者需要根据自己的理解不断对听力材料进行反馈和调整。

听力理解是一个认知过程：听者在听力理解中需要运用自己的认知能力，包括注意力、记忆、推理、归纳等方面的能力，以及对语言结构和语境的理解。

听力理解是一个策略性的过程：听者在听力理解中需要运用各种听力策略，包括预测、推断、重述等，以帮助自己更好地理解听力材料。

（一）结构主义语言学和行为主义心理学理论

结构主义语言学和行为主义心理学对听力理解的研究都对听力理解的性质提出了自己的观点。

结构主义语言学认为，听力理解是一个自上而下的过程，即听者在听到语言输入后，通过已有的语言知识和语言结构的规则来解析输入的信息。同时，听者也会利用上下文和语言的语用知识来推断和预测可能出现的信息，以便更好地理解语言输入。

而行为主义心理学则更注重听力理解的自下而上的过程,即听者对听到的语言输入进行感知和识别的过程。行为主义心理学认为,听者通过对声音和音素等基本语音单元的识别和组合,来逐步构建出更高层次的语言结构和意义,从而实现对语言输入的理解。

总的来说,这两种理论对听力理解的研究都有其价值和贡献,但是现代听力教学已经发展到了更高的层次,除了注重语音和语法规则的训练,还需要更多地关注语言的语用和交际方面,以提高听力理解的实际应用能力。

(二) 功能主义语言学理论

在功能主义语言学理论中,听力理解被视为一种基于语境和语用的交际活动,语言被看作一种交际工具。因此,功能主义语言学理论认为听力理解不仅仅是对声音的简单感知和处理,更重要的是理解语言的意义和使用语言的目的和情境。在这个理论框架下,听力理解的过程是通过对语境和语用的分析来实现的。同时,功能主义语言学理论强调听力理解的实际应用,如理解广告、新闻报道、公共演讲等实际生活中的语言使用场景。

例如,对于下面这个语篇:

a. John was in the bus on his way to school.

b. He was worried about controlling the maths class.

c. The teacher should not have asked him to do it.

d. It was not a proper part of the janitor's job.

听话者需要随着语篇的发展对自己的理解不断地作出调整。当我们听到第一个句子时,一般会认为 John 是个学生,但第二个句子则告诉我们这一理解是错误的,因为从第二句话所描述的职责来看,John 应该是教师。但第三个句子的出现又推翻了这一理解,使我们又回到了最初的理解,即 John 是一个学生,直到最后一句话的出现我们才知道 John 原来是学校的勤杂工。

认知推理是听力理解的一个重要方面,并在听力理解过程中发挥着十分关键的作用。因此,如何训练学习者在听力理解过程中运用各种认知策略进行自发的、能动的认知推理是听力教学中不可忽略的一个方面。例如,对于下面这一语篇:

a. The king died.

b. The queen died of grief.

听话者需要作出如下推理才能获得连贯的理解:国王和皇后很可能是夫妻关系,他们生活在同一个国家、同一个时代,皇后死于国王之后,皇后是在国王死后不久去世的,皇后之死是由国王之死使她伤心过度所致。这些推理是语篇理解所不可缺少的,但推理是在瞬间完成的。也就是说,听话者所作出的推理是一个自然的过程,它是整个理解过程的一部分。这种推理并不是凭空进行的,听话者在听到某一话语后,马上就会在大脑中激活一系列与话语相关的经验知识或背景知识,并在此基础上通过认知推理来理解话语的意义。

(三) 听力理解的性质

听力理解是指通过听取语言输入并对其进行分析、解码、组织和理解的过程。听力理解是语言学习中不可或缺的一环,它在口语、阅读、写作等方面都有着重要的作用。听力理解的性质如下。

1. 动态性:听力理解是一个动态的过程,需要学习者在短时间内快速地处理大量的信息,并作出相应的反应。

2. 复杂性:听力理解涉及语音、语调、语速、词汇、语法和上下文等多方面的因素,需要学习者具备较高的语言综合能力和信息处理能力。

3. 交互性:听力理解是一种交互性的语言活动,需要学习者与说话者进行有效的沟通和互动。

4. 可塑性:听力理解能力可以通过不断的训练和练习进行改善和提高,需要学习者不断地调整自己的听力策略和技能。

5. 个体差异性:由于学习者的语言背景、认知能力、注意力水平等因素的不同,听力理解能力存在一定的个体差异性。因此,需要针对不同学习者的差异性进行针对性的听力训练。

二、听力理解的过程理论

听力理解的过程是一个复杂的、非直接的、难以描述的心理活动。

(一) 不同研究者对听力理解的过程的看法

不同研究者对听力理解的过程有不同的看法,下面是几个主要的观点。

1. 自下而上的处理模型:这种模型认为听力理解是一个从语音到意义逐渐加工的过程,首先是对语音信号的感知、分离,然后是对单词、词组的识别,最后是对句子、语篇的理解。这种模型主要受到结构主义语言学和行为主义心理学的影响。

2. 自上而下的处理模型:这种模型认为听力理解是一个先有预期、再进行加工的过程,即听者根据自己对话题、语境和说话人等方面的预期,对听到的语音信号进行加工和理解。这种模型主要受到功能主义语言学的影响。

3. 交互模型:这种模型认为听力理解是一个交互过程,需要听者和说话者之间的互动和合作,听者根据自己的目的、背景知识和推理能力,与说话者进行互动,以便更好地理解听到的语音信号。这种模型主要受到社会交互理论和认知语言学的影响。

这些模型都有其理论基础和实践价值,但也有一些缺陷和局限性。因此,研究者们正在不断探索和完善听力理解的理论框架和教学实践。

(二) 听力理解的过程

听力理解的过程可以简单地概括为接收、理解、存储和回忆四个阶段。

1. 接收阶段：听者接收听力信息，包括声音、语音、语调等，这些信息通过听者的耳朵传入听觉系统。

2. 理解阶段：听者将接收到的听力信息进行加工，将其转化为语言意义。在这个阶段，听者需要对所听到的语音进行分析和加工，识别其中的语音单位，如音素、音节、单词、短语等，并将其组合成意义完整的句子。

3. 存储阶段：听者将理解的语言信息存储在记忆中，以备将来的使用。存储的方式可以是短时记忆、工作记忆或长时记忆，具体取决于听者的认知能力和听力任务的要求。

4. 回忆阶段：听者在需要的时候从记忆中检索听力信息，并使用其来回答问题、做笔记、理解对话等。

这四个阶段并不是线性的，它们相互关联，同时也是循环的。在听力理解的整个过程中，听者不断地进行接收、理解、存储和回忆的循环，逐步加深对听力信息的理解和掌握。

以下是听力理解过程的特点。

1. 快速性：听力理解过程非常快速，语音信息以每秒数十个音节的速度被传递到听者的大脑中，并且在听者意识到之前就已经完成了语音信号的分析和解码。

2. 自动性：大部分听力理解过程是自动的，即不需要听者主动地参与，而是在听者的意识之外进行的。这种自动性是由听者的语言处理机制决定的。

3. 顺序性：听力理解过程是有顺序的，听者需要首先识别语音信号的基本单位（如音素），然后将它们组合成更大的单元（如单词），最终构建出完整的句子和段落。

4. 上下文依存性：听力理解过程是受到上下文信息影响的，即听者需要考虑到前文和后文的信息才能正确地理解所听到的话语。

5. 不确定性：由于语音信号的不确定性和听者的认知能力限制，听力理解过程中存在不确定性。听者需要通过语境信息和先验知识来减少这种不确定性。

三、听力理解的因素理论

(一) 影响听力理解的因素

影响听力理解的因素有很多，包括以下几个方面。

1. 语音和语调：发音清晰、准确、自然的语音和语调有助于听力理解，而口音、语速过快或过慢、语调不自然等会阻碍听力理解。

2.词汇和语法：学生的词汇量和语法水平直接影响听力理解的效果。不熟悉的词汇和语法结构会让学生难以理解听力材料。

3.语篇知识：语篇知识包括语境、主题、话题、语域等因素。缺乏相关语篇知识会影响对听力材料的理解。

4.学习者的情感状态：学习者的情感状态也会影响听力理解的效果。例如，焦虑、压力等情感会影响学生的听力理解能力。

5.听力任务类型：听力任务类型也会影响学生的听力理解效果。例如，选择题、填空题、匹配题、笔记等不同类型的听力任务，对学生的听力理解能力提出了不同的要求。

6.学习策略：学习策略是影响听力理解的重要因素。通过采取不同的学习策略，如预测、推测、反思、总结等，可以提高学生的听力理解效果。

7.学习环境：学习环境也会对学生的听力理解产生影响。例如，嘈杂的环境、无法集中注意力的环境等都会对学生的听力理解产生负面影响。

（二）听力理解的因素对听力教学的启示

对于听力教学，需要教师有针对性地设计教学内容和教学方法，以考虑到听力理解的因素。以下是听力理解的因素对听力教学的启示。

1.语音和语调：要注意教学中对语音和语调的训练，使学生能够听懂自然语言的音调和语音变化，提高学生的语音感知能力。

2.背景知识：要鼓励学生积累和拓展背景知识，扩大他们的语言知识面，帮助学生更好地理解语言中的隐含意义和文化背景。

3.词汇和语法：要关注学生的词汇和语法能力的培养，通过大量的听力材料和练习来提高学生对词汇和语法的敏感度和理解能力。

4.交际策略：要鼓励学生运用各种交际策略，如预测、推断、询问、澄清、重复等，以便更好地理解和应对听力材料中的信息。

5.外部因素：要创造良好的听力教学环境，控制外部因素对学生听力理解的影响，如噪声、干扰和压力等，让学生更加集中地进行听力训练和学习。

四、大学英语听力教学的策略研究

（一）大学英语听力教学模式策略分析

采用交互式教学模式，让学生在听录音的过程中积极参与，主动询问问题和回答问题，增强课堂互动性；利用多媒体技术，将听力教学与图像、视频相结合，使学生更加直观地理解听力材料，增强学生的兴趣和参与度；采用小组合作学习的方式，鼓励学生相互讨论、分享听力经验和解决听力问题，提高学生的协作能力和解决问题的能力。

此外，教师还应该尽量创设轻松、愉快的听力教学氛围，鼓励学生积极发言、表达自己的观点和感受，给学生提供多元化的听力材料，如生活中的对话、英语广播、电视节目等，让学生在听力教学中感受到英语的实用性和趣味性，从而激发学生的学习热情和主动性。

1. 交互式教学模式

（1）什么是交互式教学模式

交互式教学模式是一种教学方法，旨在通过师生互动、学生之间互动，激发学生的学习积极性和主动性，促进知识的深层次理解和综合应用。在交互式教学模式中，教师不再是唯一的知识传授者，而更像是学习的引导者和协调者，学生扮演了更加积极的角色，与教师和同伴之间进行交流、讨论、合作，从而共同构建知识体系。交互式教学模式注重学生参与，强调知识的整合与应用，以及知识与现实生活的联系，有利于提高学生的学习效果和学习兴趣。

（2）交互式教学模式的必要性

交互式教学模式的必要性主要表现在以下几个方面：

①提高学生的学习积极性和主动性。交互式教学模式能够让学生更积极地参与到课堂中，增强他们的学习兴趣和动力。

②促进学生的思维发展。交互式教学模式能够引导学生进行思考、讨论和反思，促进他们的思维发展和能力提升。

③提高学生的学习效果。交互式教学模式能够提高学生的学习效果，使他们更加深入地理解和掌握所学知识。

④增强师生互动和合作。交互式教学模式能够增强师生之间的互动和合作，营造出积极向上的课堂氛围，使学生更加投入和专注于学习。

⑤适应现代教育发展的需要。随着信息技术的发展和教育观念的变革，交互式教学模式已经成为现代教育发展的趋势和方向，是适应时代需要的重要举措。

（3）交互式教学环节

交互式教学环节可以包括以下几个方面。

①问题解答环节：教师可以提出问题，让学生在课堂上进行讨论和解答，促进学生思考和互动交流。

②小组讨论环节：教师可以将学生分成小组，让小组内的学生就某个话题进行讨论和交流，从而培养学生的合作意识和团队精神。

③角色扮演环节：教师可以让学生在课堂上进行角色扮演，模拟真实情境，让学生通过亲身体验学习语言和交际技能。

④互动式演示环节：教师可以邀请学生进行演示，如模拟商务会谈、新闻发布会等，让学生通过亲身经历掌握相关技能。

⑤课堂互动环节：教师可以在课堂上进行互动问答、竞赛等活动，激发学生的学习兴趣和主动性，促进学生与教师之间的互动交流。

总之，交互式教学环节可以让学生更加积极地参与到课堂教学中，激发学生的学习兴趣和主动性，提高教学效果。

2. 文化导入式教学模式

（1）什么是文化导入式教学模式

文化导入式教学模式是指在英语教学中，将文化元素融入教学内容中，帮助学生更好地理解英语的文化背景和语境，培养学生的跨文化交际能力和文化素养。这种教学模式注重培养学生的文化意识和跨文化交际能力，强调英语学习与文化融合的重要性，以此为基础提高学生的语言能力。

文化导入式教学模式的主要目的是增强学生的文化意识和跨文化交际能力，使其具备更广阔的视野和更全面的知识结构。在教学中，教师需要通过引入文化元素、讲解文化背景和语境、组织跨文化交际活动等方式来实现文化导入。这种教学模式可以帮助学生更好地理解英语，培养学生的跨文化交际能力和文化素养，同时也促进了学生的综合发展。

（2）文化背景知识导入的方法

文化背景知识导入的方法可以有多种，以下是几种常用的方法。

①画面展示法：在教学中使用图片、视频等方式呈现相关文化背景知识，让学生通过直观感受了解相关文化信息。

②角色扮演法：让学生在模拟场景中扮演特定角色，感受文化背景知识中的情感和价值观念，增强对文化的理解。

③词汇解释法：在教学中给予一些文化相关词汇的解释，让学生了解这些词汇的背后文化含义。

④组织文化活动：在教学中组织文化活动，如文化讲座、文化展览、文化体验等，让学生身临其境地感受文化背景知识，从而加深对文化的理解。

⑤群体讨论法：在教学中引导学生展开群体讨论，分享彼此的文化背景知识和经验，以增进彼此之间的理解和交流。

3. 视、听、说结合式教学模式

（1）视、听、说结合式教学的必要性

视、听、说结合式教学的必要性在于，英语是一门语言，听、说、读、写是不可分割的，而且在日常生活和实际应用中，听、说能力更为重要。视、听、说结合式教学可以帮助学生更好地理解和掌握英语语言的实际运用，有助于提高学生的英语听、说能力。通过结合视觉和听觉，学生可以更好地理解教材内容，对于教师而言，也可以更加生动有趣地展示教材，提高课堂教学的互动性和吸引力。同时，结合视、听、说的教学模式也可以帮助学生更好地应对英语口语考试和实际交际需求，增强英语语言应用能力。

（2）视、听、说结合式教学环节

视、听、说结合式教学环节可以包括以下内容。

①视频教学：通过播放英语教育片、电视节目、短片等视觉材料，帮助学生提高英语听力水平和语言表达能力。同时，视频中的场景和对话也能让学生更好地了解英语国家的文化和生活方式。

②听力练习：采用多种听力材料，如英语新闻、英语电影、英语歌曲等，帮助学生提高听力水平。通过听力练习，学生可以逐渐习惯英语语音、语调和速度，同时也能提高对英语口语的理解和表达能力。

③语音练习：通过模仿和练习英语音标和语音规律，帮助学生纠正发音错误，提高英语口语水平。例如，可以通过对比中英语音的不同，让学生逐渐掌握英语音标的正确发音，通过朗读练习和听力模仿，逐渐形成自然流利的英语口音。

④对话交流：设置对话情境，让学生进行实际对话练习，帮助学生增强英语口语表达能力和沟通能力。例如，可以通过模拟日常生活场景，如订餐、购物、旅游等，让学生进行对话练习，加强学生的实际语言应用能力。

通过视、听、说结合式教学环节，学生能够在视觉、听觉和口语等多个方面进行综合提高，同时也能够更加深入地了解英语国家的文化和生活方式，为学生的综合能力提高奠定坚实的基础。

（二）大学英语听力训练策略

1. 选择多样化的听力材料

选择多样化的听力材料可以提高学生的兴趣和参与度，促进他们对不同话题的了解和理解。例如，可以选择新闻、广播、电影、歌曲、访谈等不同类型的材料，让学生在听取材料的过程中感受到不同文化背景、不同语境下的语言使用和语言风格。同时，选择多样化的听力材料也可以让学生面对不同的语音、语调和语速，提高他们的听力技能。

2. 加强文化背景知识介绍

首先，文化背景知识可以帮助学生更好地理解听力材料中的隐含信息。很多听力材料中的隐含信息都与该国的文化习惯、社会生活、历史背景等有关。如果学生没有相应的文化背景知识，就很难理解这些信息，影响听力理解的效果。

其次，文化背景知识可以帮助学生更好地理解英语的口音和语调。不同国家和地区的英语口音和语调各异，有些甚至难以听懂。而掌握了相应的文化背景知识，就可以更好地适应和理解不同口音和语调，提高听力的准确性和效果。

最后，文化背景知识还可以帮助学生更好地了解和认识西方国家的文化，提高跨文化交际能力。在英语听力训练中，学习西方国家的文化背景知识是非常必要的，可以增加学生的文化素养，帮助他们更好地融入国际社会。

因此，在大学英语听力教学中，教师应该注重文化背景知识的导入，将其与听力材料紧密结合，帮助学生全面理解英语语言和文化，提高英语听力水平和跨文化交际能力。

（1）民俗习惯

民俗习惯指的是某一民族或地区特有的风俗、习惯、节日等文化现象。在英语听力中，了解某一地区的民俗习惯可以帮助学生更好地理解听力材料，尤其是与日常生活相关的听力材料。在英语听力教学中，介绍各个英语国家的民俗习惯，可以帮助学生更好地理解听力材料，也能增强学生对英语国家文化的了解。

（2）思维方式

思维方式是指一个民族、文化或群体在生活、工作和学习等方面形成的特有的思考方式、习惯和模式。不同的文化、语境和背景往往会影响一个人的思维方式，导致对同一件事情的理解和看法有所不同。在英语听力训练中，如果没有对目标文化的思维方式有一定了解，很容易对听力内容产生误解或者无法理解听力内容所传递的意思。因此，了解目标文化的思维方式，可以帮助学生更好地理解听力内容，从而提高听力理解能力。

不同的民族有着不同的思维方式，对待同一事物的看法也会有所不同。比如在时间观念上中西方就存在差异。在赴约时，中国人会提前到达以示礼貌，而美国人则更注重要准时到达。如果迟到，让人等候，显然是不礼貌的，可去得太早也不好。因为主人要收拾房间，准备饭菜，如果去早了，主人还没有准备好，又要出来接待你，就会造成很多不便。所以在一些非常正式的场合，守时就显得更为重要，一旦去早了，最好在外面等几分钟再进去。

（3）法律制度

法律制度是指国家或地区内，为维护社会秩序和公正、保护人民权益，规范人们行为、处理纠纷而制定的法律和法规体系。对于英语学习者而言，了解西方国家的法律制度可以帮助他们更好地理解英语听力材料中与法律有关的内容，如法律文件、法庭审判等等。

（4）生活习惯

生活习惯指的是一个文化背景下，人们在日常生活中养成的某些行为方式和生活方式。在英语听力训练中，学生如果不熟悉这些生活习惯，可能会对一些听力材料中涉及的行为方式或生活方式理解困难，影响听力理解的效果。因此，在教学中可以引导学生了解不同文化背景下的生活习惯，加深对文化背景知识的理解，提高听力理解能力。

3. 播放听力材料前的提示

播放听力材料前，教师可以对材料进行一些简要的介绍，如让学生预测材料的主题或主旨，提供一些相关的背景知识等。这可以帮助学生更好地理解听力材料，提高其听力理解能力。同时，教师还可以提醒学生注意听力材料中的一些重要信息，如数字、时间、地点、人名等，以帮助学生更加准确地理解听力材料。

4. 教会学生抓住重点

教师可以通过以下方法教会学生抓住听力材料的重点。

（1）强调关键词：在播放听力材料之前，教师可以讲解一些与听力材料相关的关键词，让学生在听力过程中重点关注这些关键词。

（2）给予问题：在播放听力材料之前，教师可以给学生一些问题，让学生在听力过程中着重寻找与这些问题相关的信息。

（3）倾听细节：在播放听力材料时，学生应该注意听力材料中的细节信息，如人名、时间、地点等，这些信息对于理解整个听力材料至关重要。

（4）笔记记录：学生可以通过记录笔记的方式帮助自己抓住听力材料的重点，如记录关键词、重点句子、重要细节等等。

（5）听力练习：听力是需要不断练习的，通过多做听力练习，学生可以提高自己抓住听力材料重点的能力。

5. 精听与泛听相结合

精听和泛听是英语听力教学中两个重要的听力训练方式，二者各有优缺点，但是相结合可以取长补短，提高听力水平。

精听是指听取某段录音并尽可能完全地理解其中的每个细节，通过反复听取同一段材料来逐渐提高听力水平。精听有助于学生培养细致入微、全面的听力技能，能够帮助学生在短时间内快速提高听力水平。

泛听则是指听取大量的英语材料，包括电视、广播、电影、音乐等，旨在让学生接触到更多的英语语言环境，从而提高听力的适应性和反应速度。泛听有助于学生适应各种不同的语音、语调和口音，同时也能够增强学生的自信心和兴趣。

结合精听和泛听可以实现相互补充，既能够加强学生的听力技能的全面性和准确性，又能够提高学生的听力反应速度和适应性，让学生更好地适应各种不同的听力场景。

精听的练习方法如下：

（1）听一段录音，逐句反复听，逐渐掌握句子的意思和结构，注意语音语调的变化和重音的位置。

（2）听一段录音，暂停录音，尝试用自己的语言复述所听到的内容，反复练习，直到能够准确无误地复述出来。

（3）听一段录音，边听边记录重点词汇和句子，然后总结和复习记录的内容。

（4）听一段录音，将其中的难点部分找出来，反复听和理解，寻找相关的背景知识来帮助理解。

（5）听一段录音，注意其中的语言结构和表达方式，尝试模仿并应用到自己的口语表达中。

（6）听一段录音，尝试预测接下来会说些什么，以培养对英语语言的敏感度和思维能力。

这些方法可以帮助学生提高听力技能和精听能力，进一步提升英语水平。

第二节 口语教学

一、大学英语口语教学理论

(一) 建构主义理论

建构主义理论是一种教育学理论，强调学生通过与自身先前经验和知识的交互来建构新的知识和理解。建构主义理论认为，学生不是被动地接受知识，而是主动地构建知识，通过探究和发现来学习。教师不是传授知识的权威，而是引导学生学习的导师和合作者。因此，建构主义理论强调学生的学习活动应该是有意义、个性化和积极的，教师应该为学生提供适当的学习环境和机会，鼓励他们主动参与学习过程。

在建构主义理论的视角下，教师的任务不是单纯地向学生传授知识，而是帮助学生建构自己的知识和理解。教师应该引导学生发现和探究问题，鼓励他们提出自己的观点和问题，帮助他们通过自主学习和合作学习来建构知识和理解。教师还应该提供多种学习资源和材料，鼓励学生在不同的情境和场景中学习，并提供及时的反馈和评价，帮助学生检验和修正自己的知识和理解。

1. 知识观

建构主义认为，人的认知是一个主观的建构过程，人们通过将新信息与已有的知识结构相结合，来建立新的认知。在建构主义中，知识不是客观存在的，而是由学习者主动构建的，这种构建是建立在学习者已有的知识和经验的基础上，而不是被动地接受。

因此，建构主义认为教育的目的是促进学生知识的主动构建，而不是简单地传递知识。教育应该提供学生与世界互动的机会，鼓励学生发现和探究问题，并以他们自己的方式去解决问题，从而增强他们的学习兴趣和主动性。

2. 学习观

学习观是对于学习的认识和看法，是人们对于学习目的、方式、过程、结果等方面的理解和观点。不同的学习观会影响个体的学习行为和学习效果。常见的学习观包括行为主义学习观、认知学习观、社会文化学习观、建构主义学习观等。

3. 课程观

课程观指对于课程的设立、内容、教学方法等方面的看法和理解。它包含了对于课程目标、知识点、教学过程、评价方式等方面的认识和设想。不同的课程观会对于教学的目标、内容、方法等方面产生影响。例如，以知识传授为主的课程观会强调知识的输入和记忆，而以能力培养为主的课程观则会更加注重学生的实际操作和应用能力。课程观也会因不同的学科而有所不同，如语言学科的课程观会更加注重语言技能的实际应用和交际能力的培养，而数学学科的课程观则会更加注重逻辑思维和解决问题的能力培养。

4. 教学观

教学观指的是对教学过程的认识和理解，是对教育目标、课程设计、教学方法、教学评价等方面的看法和态度。教学观的不同，决定了不同的教学方法和策略，因此，教学观的正确性和适应性对教育教学工作的开展至关重要。常见的教学观包括以学生为中心的教学观、任务型教学观、探究式教学观等。

5. 学生观

学生观是指对于学生的本质、特点和发展规律的认识和看法。学生观的不同，将直接影响到教育教学的目标、内容、方法、手段和效果。

学生观可以分为以下几种。

（1）人本主义学生观：认为学生是具有主观能动性、自我意识和自我决定能力的人，应该尊重学生的个性和需求，关注学生的全面发展。

（2）行为主义学生观：认为学生是一个被动的接受者，学习是一种外部刺激和反应的机械过程，应该通过奖励和惩罚来调节学生的行为。

（3）认知学生观：认为学生是一个积极的知识构建者，学习是一种主观建构的过程，应该关注学生的思维和认知发展，提供积极的学习环境和支持。

（4）社会文化学生观：认为学生是社会和文化环境的产物，学习是一种社会和文化活动，应该考虑学生的社会文化背景和经验，注重跨文化交际和跨文化理解。

综上所述，教育者应该根据不同的学生观来制定教育教学的目标、内容、方法和策略，以提高教育教学的效果和质量。

6. 教学模式

教学模式是指在教学活动中，教师和学生之间相互作用、相互关联、相互支持、相互促进的一种组织形式和运作方式。教学模式的不同取决于教师的教学理念和教学策略、学生的学习方式和学习需求、教学资源的情况以及教学环境的特点等因素。在不同的教学环境中，教学模式也有所不同。常见的教学模式包括传统教学模式、互动式教学模式、探究式教学模式、项目式教学模式、移动学习等。

（1）情境性教学

情境性教学是一种以情境为基础的教学模式，强调学习者在真实环境中进行学习，尽可能模拟学习者将来要应用所学知识的情境，并以此为背景，设计具体的学习任务，让学习者积极参与解决问题的过程，达到理论和实践相结合的效果。情境性教学通过营造真实的情境和场景，让学习者获得更加深入和综合的知识和技能，培养学习者的创造性思维和解决问题的能力。同时，情境性教学也能够促进学习者之间的合作和交流，提高学习者的社会技能和合作精神。

（2）支架式教学

支架式教学是一种基于建构主义理论的教学模式，强调教师在教学过程中充当支架或引导者的角色，帮助学生建立自己的知识结构和理解方式。支架式教学强调学生的主动参与和建构知识的过程，注重培养学生的学习策略和问题解决能力。在支架式教学中，教师需要提供合适的学习材料和任务，组织讨论和合作学习活动，帮助学生理解和应用所学知识。同时，教师也需要时刻关注学生的学习进程和思维方式，及时调整教学策略和支架的形式，以最大限度地促进学生的学习效果。支架式教学可以培养学生的学习兴趣和自主学习能力，提高他们的思维水平和创新能力，是一种适应现代教育发展的重要教学模式。

（3）随机进入式教学

随机进入式教学是一种基于学生的学习需求和兴趣设计教学内容的教学模式。在这种模式下，教师将教学内容分成多个模块，学生可以根据自己的学习需求和兴趣，自主选择进入不同的模块学习。这种教学模式旨在提高学生的主动性和自主学习能力，激发学生的学习兴趣和学习动机，增强学生的学习效果。

随机进入式教学模式通常采用在线学习平台或虚拟学习环境进行实施，学生可以根据自己的兴趣和需求，自主选择不同的学习资源和任务，从而实现个性化学习。教师可以根据学生的学习情况和反馈，及时调整教学策略和内容，以提高学生的学习效果。

（二）输入、输出理论

1. 输入理论

可理解性输入是第二语言习得理论中的一个重要概念，它由斯蒂芬·克拉申提出。可理解性输入是指学生能够理解的一定难度水平的输入语言，其中包括语法、词汇、语音、语用等方面的信息。根据克拉申的提出，只有在学生的语言输入具有一定难度水平,同时又能够被理解,才能够有效地推动第二语言的习得。如果输入的难度过高,学生会陷入"沉默期",如果难度过低,学生将无法有效地提高语言水平。

为了让学生能够接受可理解性输入,教师需要注意以下特征。

(1)意义:输入内容应该与学生的知识背景和兴趣爱好相匹配,让学生感到有意义。

(2)语言:教师使用的语言应该是学生已经掌握的语言的稍微高一些的水平,这样学生才能通过理解新语言来学习。

(3)情境:教师需要创造适合学生的情境来提供语言输入,这样学生才能够对新语言进行理解。

(4)反馈:教师应该及时给予学生语言输入的反馈,以便学生可以及时纠正错误。

(5)量化:输入量应该适量,既不能太多也不能太少,应该根据学生的语言水平和接受能力来合理安排。

2. 输出理论

输出理论是指人们学习语言时需要积极地参与到语言输出活动中,才能够真正掌握和应用所学语言的理论。输出理论的核心思想是"输出激发输入",即通过语言输出活动来激发语言输入的积极性和有效性。输出理论主张,语言学习者需要在输出过程中不断调整和修正自己的语言表达,进而形成正确、流利的语言输出能力。

输出理论的提出者斯文·乌曼认为,输出理论在语言学习中有以下三个重要作用:第一,帮助学习者检查自己的语言知识和技能;第二,促进语言知识和技能的积极发展;第三,让学习者更好地理解和运用所学的语言知识和技能。

在实践中,输出理论的应用主要体现在口语和写作训练中。对于口语训练,教师可以通过模拟对话、情景对话等方式来引导学习者积极参与到口语输出活动中,帮助学习者发现和纠正自己的语言问题。对于写作训练,教师可以要求学习者撰写各种类型的文章,通过反复修改和完善来提高学习者的写作水平。

总之,输出理论强调学习者需要通过积极的语言输出活动来加强和巩固所学语言知识和技能,进而实现真正的语言运用能力。

(1)引发注意功能:引发注意功能是指在听力理解过程中,听者能够根据某些刺激或信息的重要性、熟悉程度、新颖程度等因素,主动选择性地调节自己的注意力,使其更加关注、聚焦于需要理解的信息上。注意力的引发是听力理解中的一个重要因素,因为当注意力不集中时,即使听到声音,也不一定能听懂,因此,引发听力注意力非常重要。

例如,当听到某个不熟悉的词汇时,听者会因为这个词语引起的新颖性而自动地将注意力集中在这个词上,以期更好地理解其含义。另外,当听者听到自己感兴趣的话题时,也会主动引发注意力,从而更好地理解内容。注意力的引发不仅能够帮助听者更好地理解听力材料,也能够帮助听者更好地记忆所听内容。

(2)假设验证功能:假设验证是指根据学生先前的知识和经验,通过猜测和检验的方式来理解和学习新的信息。学生通过将新信息与已知信息进行比较和分析,发现信息之间的关系和模式,并调整自己的假设和理解,从而不断完善和更新自己的知识结构。在英语学习中,假设验证可以帮助学生更深入地理解语言规则和应用,提高语言应用能力。例如,在听力中,学生可以根据上下文、重复和推测来理解生词或难句;在阅读中,学生可以通过猜测词义、预测故事情节等方法来加深对文章的理解。假设验证功能在英语学习中起到重要的作用,教师可以通过引导学生积极运用这一策略来提高英语学习效果。

(3)元语言功能:元语言是指用于解释、描述或分析某种语言的语言,也可以理解为"语言的语言"。元语言功能指的是人们使用元语言来理解和分析语言的能力。在语言学中,元语言功能可以帮助人们更好地理解和描述语言结构,从而更好地进行语言教学和研究。同时,元语言功能也可以帮助人们更好地理解语言中的隐含信息,如幽默、隐喻等,从而提高语言的理解和运用能力。

3. 输入、输出理论对于大学英语口语教学的启示

输入、输出理论是语言教学领域中的一种理论,提出了输入与输出在语言习得中的重要性。在大学英语口语教学中,可以从以下几个方面得到启示:

(1)着重提高学生的听力理解能力,提供大量高质量的口语输入材料。这有助于学生习得正确的语音、语调和语言结构。

(2)引导学生积极参与口语输出活动,如让学生进行口语表达、角色扮演、讨论等。这样有助于学生输出口语,并在实践中逐渐提高口语水平。

(3)在教学中重视错误的纠正和正常的口语交际。学生在口语输出过程中,不可避免地会出现各种错误,教师应该引导学生找出错误,并及时纠正。同时,在口语交际中,学生也需要尝试用英语与他人进行真实的交流,这也是提高口语能力的关键。

(4)通过输出促进输入。学生在进行口语输出时,需要不断运用所学的语言知识,从而促进语言的输入和巩固。

总之,输入、输出理论的应用,可以在大学英语口语教学中为教师提供科学的指导,帮助学生在有效的输入和输出环境中习得英语口语。

(1)完善可理解性课堂输入

为了实现可理解性输入,大学英语口语教学需要从多个方面进行完善。

①课堂语言环境的营造:教师需要创造出良好的课堂语言环境,使用生动、有趣、易于理解的语言,避免使用过于复杂或生僻的词汇和语法结构。同时,教师也需要引导学生积极参与课堂活动,提高他们的听、说能力。

②使用多样化的教材:教师应该选择适合学生英语水平的教材,包括听力材料、

口语训练材料等,并保证教材内容的多样性,以便学生接触不同的语言材料,提高他们的语言输入能力。

③利用多种教学方法:教师应该灵活运用各种教学方法,如小组讨论、角色扮演、口语演讲等,以帮助学生更好地理解和运用语言。

④个性化教学:教师应该关注每个学生的学习情况,根据学生的不同水平和需求,采用不同的教学方法和策略,帮助他们提高口语水平。

⑤引导学生积极参与:教师应该引导学生积极参与口语训练,建立起学生与教师之间、学生之间的互动,营造良好的口语学习氛围。同时,学生也应该养成积极主动的学习态度,参与课堂活动,提高自己的口语水平。

(2)多种途径推动语言输出

要想推动语言输出,可以采取以下多种途径。

①创设语言输出机会:在课堂上组织各种口语练习、小组讨论、角色扮演、演讲比赛等活动,为学生提供大量语言输出的机会。

②提供反馈机制:教师在评价学生的口语表达时,要给予具体的反馈和建议,帮助学生及时发现自己存在的问题,以便及时纠正。

③强化语言输出动机:教师可以设置各种奖励机制,如优秀口语表达奖、口语比赛奖等,以激发学生的语言输出动机。

④采用多媒体技术:通过各种多媒体技术,如录音、录像、语音识别等,帮助学生更好地掌握口语表达技巧和语音语调。

⑤引导学生进行语言输出:通过各种导入话题、提问、引导思考等方式,激发学生进行语言输出,鼓励他们自信地进行口语表达。

(3)完善英语口语测试体系

英语口语测试是评估学生英语口语水平的重要手段,完善英语口语测试体系可以帮助教师更准确地了解学生的英语口语水平和问题,从而有针对性地进行教学和辅导。以下是一些完善英语口语测试体系的建议。

①多元化测试形式:英语口语测试不应只局限于传统的口试形式,也可以采用视频、录音、在线交流等多种形式进行测试,以满足不同学生的测试需求。

②综合评估:口语测试不应只注重语法和发音等技术性方面的考核,还应该注重学生的语言运用能力和语言交际能力的考核,从而更全面地评估学生的口语水平。

③合理设置评分标准:评分标准应该合理、明确、客观,能够全面反映学生的口语表达能力,并根据不同水平的学生设置不同的评分标准。

④设置不同难度等级的测试:为了更好地评估学生的口语水平,可以设置不同难度等级的测试,包括初级口语测试、中级口语测试和高级口语测试等,以满足不同学生的测试需求。

⑤利用技术手段:随着技术的发展,可以利用语音识别和人工智能等技术手段来

辅助英语口语测试，提高测试的准确性和效率。

通过完善英语口语测试体系，可以更好地了解学生的英语口语水平和问题，从而更好地进行教学和辅导，提高学生的英语口语水平。

（三）二语习得理论

1. 什么是二语习得理论

二语习得理论是指研究人们在学习第二语言（L2）时所遵循的规律和过程的学说。它主要关注的是母语（L1）和第二语言之间的差异，以及在学习第二语言时所产生的认知和心理过程。二语习得理论认为，第二语言的习得是一个自然的过程，与母语的习得有着相似的规律和过程。同时，它也认为，第二语言的习得是受到许多因素影响的，包括学习者的年龄、语言环境、语言输入、语言输出等。二语习得理论的主要目的是探索第二语言习得的规律和方法，以提高第二语言教学的有效性和效率。

2. 二语习得理论的研究

二语习得理论是指研究人类在学习第二语言（L2）时所遵循的规律、原则和模式的学科领域。这一理论主要来源于行为主义心理学、认知心理学、社会语言学和功能语言学等学科的研究成果，旨在探究第二语言习得的机理、过程和规律。自20世纪60年代以来，二语习得理论已经成为应用语言学和教育语言学等领域的重要理论基础。

二语习得理论的研究主要集中在以下几个方面。

（1）语言习得的规律和模式：探究第二语言习得的一般规律、习得顺序、语法结构的习得路径等。

（2）语言输入与输出：探究语言输入对于第二语言习得的影响，以及第二语言学习者如何通过口语和书写等方式进行语言输出。

（3）语言认知过程：探究语言认知过程中的心理机制和认知策略，以及如何提高第二语言学习者的语言认知能力。

（4）社会文化因素：探究文化背景对于第二语言学习的影响，以及如何将文化因素纳入到语言教学中。

通过对二语习得理论的研究，教师和学者可以更好地理解第二语言习得的规律和机理，为英语教学和学习提供理论指导和方法支持。

3. 二语习得应用的阶段

二语习得的应用可以分为三个阶段。

初级阶段：主要着眼于语言输入，学生通过课堂教学、听力训练等方式接触新的语言材料，初步掌握语音、词汇、语法等基本知识。

中级阶段：主要着眼于语言输出，学生在初级阶段掌握了基本的语言知识后，开始注重语言的运用和实践，通过模仿、对话、口语表达等方式进行口语训练，提高语言的准确性和流利度。

高级阶段：主要着眼于语言交际，学生在中级阶段通过口语训练掌握了基本的语言运用能力后，开始注重语言的交际功能和文化背景知识，通过实践、实际情境等方式提高语言交际能力和文化素养，实现真正的跨文化交际。

二、大学英语口语教学策略研究

在英语课堂上，学生应该是学习的主体，而不是被动接受知识的对象。教师应该创设积极、开放的学习氛围，鼓励学生提出问题、发表自己的意见、分享自己的学习心得等等。这样可以激发学生的学习兴趣和学习动力，帮助他们更好地掌握英语知识和技能。同时，口语训练也是英语课堂教学的重点，学生应该积极参与口语练习活动，提高口语表达能力。

（一）纠正学生的英语发音

纠正学生的英语发音可以采用以下方法。

1. 模仿法：教师可以向学生播放标准的英语发音并鼓励学生模仿。同时，教师可以逐字逐句地分析标准发音和学生发音之间的差异，并引导学生不断纠正。

2. 声带训练法：声带训练是纠正发音的基础，教师可以让学生进行口腔和喉部的锻炼，如吐字练习、喉咙锻炼等，帮助学生掌握正确的发音方法。

3. 认读法：认读法是通过让学生识别、区分和发音单词中不同的音素，帮助学生掌握正确的发音。

4. 音标教学法：音标是学习英语发音的重要工具，教师可以通过音标的教学来让学生理解英语的发音规律。

5. 录音重听法：教师可以让学生录下自己的发音并反复听取，从而发现自己的错误，进行纠正。

6. 听力训练法：通过听力训练，让学生对标准发音进行深刻的理解，从而更好地纠正自己的发音错误。

总之，纠正学生的英语发音需要采用多种方法，同时还需要教师不断地耐心指导和纠正，帮助学生逐步提高发音水平。

（二）培养学生自主学习意识

培养学生自主学习意识是英语教育中非常重要的一环。自主学习意识是指学生有意识地、主动地参与英语学习，掌握学习方法，不断反思和调整学习策略，独立完成学习任务和解决学习困难的能力。

教师可以通过以下几个方面来培养学生的自主学习意识。

1. 提供学习资源：教师可以为学生提供英语学习资源，如英语学习网站、学习视频、学习软件等，让学生可以随时随地获取英语学习资源。

2. 引导学习方法：教师可以引导学生掌握学习方法，如何制订学习计划、如何进行单词记忆、如何进行听力训练等，让学生掌握科学的学习方法。

3. 培养学习兴趣：教师可以通过多样化的教学方法和教材，激发学生的学习兴趣，让学生愿意主动参与英语学习。

4. 给予自主选择权：教师可以给予学生一定的自主选择权，如选择学习内容、学习时间、学习方式等，让学生在学习中感到有一定的掌控权和自主性。

5. 培养反思意识：教师可以帮助学生养成反思的习惯，让学生反思自己的学习情况和学习成果，及时调整自己的学习策略。

总之，教师需要通过不同的方法，积极地培养学生的自主学习意识，让学生在英语学习中能够自主掌握学习方法和技巧，主动参与英语学习，实现自我提高和进步。

(三) 培养学生用英语思维的能力

培养学生用英语思维的能力是英语教学中的一个重要目标。这需要教师采用多种策略和方法，使学生在听、说、读、写等方面全面发展，从而提高学生运用英语的能力。

以下是一些培养学生用英语思维能力的方法。

1. 激发学生兴趣：教师可以采用生动有趣的教学方式和教学材料，以及通过实践和体验活动等方式激发学生对英语学习的兴趣。

2. 提供语境：教师可以通过提供真实语境，如英语电影、音乐、新闻等，让学生感受到英语在日常生活中的应用，从而培养学生用英语思维的能力。

3. 培养阅读习惯：阅读是培养学生用英语思维能力的重要手段。教师可以引导学生选择适合自己水平的英文原版书籍、杂志等，培养学生的阅读兴趣和习惯。

4. 提倡口语实践：英语口语实践是培养学生用英语思维能力的重要途径。教师可以组织学生进行英语口语对话、演讲、辩论等活动，以提高学生用英语思维的能力。

5. 引导写作训练：英语写作是提高学生用英语思维能力的重要手段。教师可以引导学生进行英语写作训练，通过写作的实践，培养学生用英语思维的能力。

总之，通过综合运用多种教学手段和方法，教师可以有效地培养学生用英语思维的能力，提高学生运用英语的水平。

(四) 注重口语教学中的输入和输出活动

口语教学中的输入和输出活动同样重要。输入活动可以包括听力练习、对话训练、听说结合的阅读和理解，这些都有助于学生从环境中吸收语言，提高他们的口语水平。而输出活动则包括口语练习、写作练习、角色扮演等，这些可以帮助学生将他们掌握的语言技能应用到实际情境中,从而更好地掌握英语口语。同时,教师应该注重学生语言输出的质量,指导他们在语音、语调、语速、流畅度等方面的改进,帮助他们发展良好的口语表达能力。

1.先听题,后听课文,回答问题法。进一步让学生进行听力综合训练,培养语感,引导学生从整体上感知课文,提高在听的过程中获取和处理信息的能力。

2.看录像,再听课文,了解课文大意法。这一步要求学生抓住关键词;听大意和主题;确定事物的发展顺序或逻辑关系;预测下文内容;理解说话人的态度;评价所听内容;判断语段的深层含义,使学生进一步了解课文内容。学生的口语输入主要由教师在课堂上授课、听英语磁带、看录像、电视等获得,其中教师在课堂上的作用非常重要。

(五)强化交际性训练,提高口语交际策略

强化交际性训练是提高口语能力的重要方法之一,学生需要在实际的交际场景中进行口语训练,培养语言交际策略。以下是一些可行的方法。

1.语言交际游戏:可以通过各种语言交际游戏来培养学生的语言交际策略,如角色扮演、情景模拟、对话游戏等。

2.讲故事和演讲:让学生讲述自己的故事和演讲,可以帮助他们练习如何以流利、准确和自然的方式使用英语。

3.辩论和讨论:组织学生进行小组讨论和辩论活动,让他们在实践中学习如何使用适当的语言交际策略,如提出观点、反驳观点、表达同意或不同意等。

4.模仿和复述:通过模仿和复述经典的英语文本,如短语、散文、诗歌、电影台词等,帮助学生练习语音语调和口语表达能力。

5.实践交际技能:帮助学生掌握英语中的交际技能,如礼貌用语、感谢和道歉、谈论兴趣和爱好、提出建议等。

通过以上方法,可以有效地培养学生的口语交际能力和策略,提高他们的英语口语表达能力。

第三节 阅读教学

一、大学英语阅读教学理论

阅读理论对英语阅读教学和实践具有一定的指导意义。以下简要介绍一下。

1.图式阅读理论:认为阅读是一种基于预期的过程,阅读者在阅读时会依据自己先前的阅读经验和知识来构建预期,这些预期会激活大脑中相应的知识结构,以帮助

理解文本。该理论强调预读和预测的重要性。

2.阅读模式理论：认为阅读者会根据不同的阅读任务和情境，采用不同的阅读策略，如扫描、浏览、精读等不同的阅读模式。该理论强调阅读者的目的性和策略性。

3.语篇分析理论：认为阅读是一种基于上下文的交际行为，阅读者需要将文本中的句子和段落有机地组织起来，理解其意义。该理论强调语篇结构对阅读的重要性。

4.词汇衔接理论：认为阅读者需要通过词汇的语义和语用关系来构建句子和段落的意义，因此词汇的学习和运用对阅读理解至关重要。该理论强调词汇知识对阅读的重要性。

5.合作学习理论：认为学生通过合作学习可以互相促进、共同探讨，激发阅读兴趣，提高阅读理解能力。该理论强调合作学习的重要性。

这些阅读理论的研究成果，可以帮助教师更好地理解学生的阅读过程，根据学生的特点和阅读任务的要求，选择合适的教学方法和策略，提高学生的阅读能力。

（一）图式阅读理论

1. 图式理论与图式阅读理论

图式理论是认知心理学中的一种理论，指人类在学习新知识时，往往将其与已有的知识相结合，形成一种对新知识的整体概念性认知。图式理论认为，这种整体概念性认知有助于人类理解和记忆信息。

在阅读理解领域，图式阅读理论则是基于图式理论的一种阅读理论，强调读者通过自身的经验和知识构建阅读材料的意义和理解。图式阅读理论认为，人类在阅读时不仅要理解词汇和句法结构，还需要将其与已有的图式或模式相结合，形成整体认知，从而加深对阅读材料的理解。

图式阅读理论的实践应用中，教师可以鼓励学生通过大量的阅读实践，逐渐积累各种阅读图式，并利用图式的特征帮助学生更好地理解阅读材料。教师可以提供多样化的阅读材料，引导学生积极地探索和建立不同的阅读图式，并通过反馈和引导不断完善和调整图式，以提高学生的阅读理解能力。

2. 图式阅读理论类型

图式阅读理论主要分为以下两种类型。

（1）自下而上图式阅读理论：强调读者在理解文本时，首先要对文本中的语言形式进行分析，然后才能在大脑中建立起相关的语义图式，完成对文本的理解。

（2）自上而下图式阅读理论：认为读者在阅读文本时，首先会基于自己的先验知识和经验，构建起一个初步的阅读理解框架，然后再通过对文本的理解与调整，进一步完善理解框架。

这两种理论强调了阅读过程中图式的重要性，但是强调的角度不同。自下而上的图式理论认为图式是由文本中的语言形式构建而成的,而自上而下的图式理论则认为图式是由读者的先验知识和经验构建而成的。

(二) 阅读模式理论

目前,最主要的阅读模式大体分为三种。

1. 自下而上阅读模式

自下而上阅读模式是指读者在阅读时侧重于文字的基本元素,如字母、单词、词汇和句子结构等,通过逐步地识别、理解这些基本元素,逐渐形成对整个文本的理解。这种阅读模式注重理解文字的表面层面,需要读者有较好的字母、单词和语法方面的知识储备。自下而上阅读模式适用于初学者或语言水平较低的读者,也可用于解决较为简单的阅读任务。

2. 自上而下阅读模式

自上而下阅读模式指的是读者在进行阅读时,先基于自身的经验、知识和期望来建立文本的整体意义和结构,然后在具体阅读过程中,不断根据需要寻找相关信息,进一步理解和解读文本的细节。这种阅读模式主要强调读者的先验知识和语境对阅读的影响,也被称作"基于知识的阅读"或"概念导向的阅读"。相对于自下而上阅读模式,自上而下阅读模式更加注重对文本的整体理解和意义的掌握,而不是对细节和语言形式的理解。

3. 交叉作用阅读模式

交叉作用阅读模式是指读者在阅读过程中,同时运用自下而上和自上而下的阅读模式,进行交叉作用的阅读。在这种阅读模式中,读者先使用自上而下的阅读模式,预测文章的整体内容和结构,然后再使用自下而上的阅读模式,逐个词语地进行分析和理解。这种阅读模式常常出现在阅读难度较高的文章中,特别是在阅读学术文献时常常使用到它。

(三) 语篇分析理论

认知心理学认为语篇知识与阅读能力有密切的相关性。学生对阅读材料中篇章结构的认知和理解能力与他们的阅读和写作总体水平成正相关。这就要求教学过程中使学生不只是停留在词句的水平上学习语言,而是在语篇水平上,从表达完整确切意义和思想内容的语段篇章的层次结构入手,分析句子之间、段落篇章之间的衔接和相关意义及逻辑思维的连贯,帮助学生达到最大量地获取和掌握文章所传递的信息,进而获得理解语篇作者的观点、态度、思想感情的能力,同时逐步培养学生恰当地使用语言的能力。

英语教师运用语篇分析理论进行教学的重点就是要进行宏观分析,使学生初步了解课文的形式和内容,为以后深入理解课文打下坚实的基础。

1. 文化背景知识的导入

文化背景知识是课文的宏观语境,对语言外的关系意义起着连接作用,对正确理解课文有很强的指导作用。因此,背景知识是读者理解特定语篇所必需的外部世界知识,它包括文章的创作背景、作者背景、文化背景等,涉及文章的写作年代以及社会背景,作者的生平经历和写作风格,以及其他与文章内容相关的知识。文化背景知识的引入方式可以多种多样。教师可以根据具体情况对背景知识有重点有选择地介绍,或者布置学生自己从参考书籍或互联网查找相关的文化背景知识。一旦学生具备了相关的文化背景知识,教师就要帮助他们充分激活这些知识,指导他们有意识地运用这些知识进行阅读活动。

2. 语篇的宏观结构分析

语篇结构的分析对于正确理解和掌握文章内容非常重要。正确地分析和把握文章的结构和主题,可以帮助读者快速获取信息,准确理解文章的意义和作者的观点。

在语篇结构分析中,主要考虑以下几个方面。

(1)文章的主题和中心思想:主题是文章内容的中心,也是作者想要表达的核心观点。通过分析文章的主题和中心思想,可以把握文章的脉络和基本框架。

(2)文章的结构特点:不同类型的文章有不同的结构特点,如议论文和说明文一般由主题段、描写或解说段和结论段构成,新闻报道则以标题、导语、正文和结尾等构成。通过分析文章的结构特点,可以更好地理解文章的组成部分和意义。

(3)语言特点和表达方式:不同的文章风格和作者的表达方式也有所不同,如使用的词汇、语法结构和修辞手法等。通过分析文章的语言特点和表达方式,可以更好地理解作者的观点和意图。

(4)作者观点和意图:文章的结构和语言特点都是为了表达作者的观点和意图,通过分析文章的结构和语言特点,可以更好地理解作者的观点和意图。

综上所述,正确的语篇结构分析对于理解和掌握文章内容非常重要,可以帮助读者准确理解文章的意义和作者的观点。

(四) 词汇衔接理论

词汇衔接理论指的是在文本中,单词之间的联系和联系方式。它认为,文本中的单词并不是孤立存在的,而是通过一定的方式相互联系和衔接。在文本中,单词之间的联系主要通过语法和语义实现。

在语法方面,词汇衔接可以通过同义词、反义词、代词、连接词、句子结构等方式实现。例如,在同一段落中,使用同义词或近义词来衔接相邻的句子和段落,可以使文章更加连贯和流畅。在使用代词时,通过恰当地使用指示代词和人称代词,可以使句子更加清晰和易于理解。连接词也是词汇衔接中的重要手段，它可以用来连接句子和段落，使文章的逻辑关系更加明确。

在语义方面，词汇衔接可以通过词义的相似性、关联性和重复性来实现。例如，在文章中，可以通过使用一些相关的词汇来表达相似的概念和主题，从而实现词汇的衔接。另外，在使用一些重复的词汇时，也可以通过改变词汇的形态和语法结构来实现词汇的衔接。

综上所述，词汇衔接理论可以帮助我们更好地理解文本中单词之间的联系和联系方式。正确地使用词汇衔接手段，可以使文章更加连贯和流畅，更加清晰和易于理解。

1. 教师应在阅读教学中加强词汇衔接理论的系统讲授

教师在阅读教学中应该加强对词汇衔接理论的系统讲授。在阅读教学中，教师不仅要教授学生阅读的基本技能，还应该注重学生的词汇衔接能力的提升。

首先，教师可以通过课堂教学和课外阅读指导等方式，向学生介绍词汇衔接理论的基本概念和方法。教师可以讲解词汇衔接的基本手段，如同义词、反义词、代词、连接词、句子结构等，让学生了解词汇衔接在阅读中的重要性和作用。同时，教师也可以通过课堂练习和课外阅读任务，让学生进行词汇衔接的练习和实践，提升学生的词汇衔接能力。

其次，教师可以将词汇衔接理论融入阅读教学中。在进行阅读教学时，教师可以引导学生关注词汇衔接的问题，让学生在阅读中学会识别和运用词汇衔接手段，加深对词汇衔接的理解和掌握。教师还可以根据学生的实际情况，对学生的词汇衔接能力进行诊断和指导，帮助学生解决词汇衔接中的问题和困难。

总之，加强词汇衔接理论的系统讲授对于提高学生的阅读能力和词汇衔接能力非常重要。教师应该通过多种方式，帮助学生加深对词汇衔接理论的理解和掌握，并将其应用于阅读教学中，提升学生的阅读水平。

2. 教师在讲解课文时要提醒学生注意词汇连接

教师在讲解课文时要提醒学生注意词汇连接。词汇连接是文章连贯性的重要组成部分，它关系到文章的流畅度、逻辑性和整体效果。因此，在讲解课文时，教师应该着重引导学生注意文章中的词汇连接，帮助他们掌握词汇连接的技巧和方法。

首先，教师可以通过提供一些例子来说明词汇连接的作用和方法。例如，教师可以在课文中找出一些词汇连接的实例，并解释它们的作用和效果。这样可以让学生更加直观地感受到词汇连接的重要性和作用。

其次，教师可以引导学生注意文章中的转折、因果、并列等关系，并让他们掌握这些关系的表达方式。教师可以指导学生在阅读时关注转折、因果和并列等关系的出现，并让他们学会使用连接词和句型来表达这些关系。这样可以帮助学生更加准确地理解文章的逻辑结构和思路，提升他们的阅读理解能力。

最后，教师可以通过一些练习来帮助学生加强词汇连接的训练。教师可以提供一些练习题，让学生在课堂上或课外进行练习，加强他们的词汇连接能力。例如，让学生在一段文本中找出词汇连接，或者让他们补全一些缺失的词汇连接等。

总之，教师在讲解课文时要提醒学生注意词汇连接，帮助他们掌握词汇连接的技巧和方法。通过引导学生关注词汇连接，让他们更加准确地理解文章的逻辑结构和思路，提升他们的阅读理解能力。

3. 教师应该把写作训练与阅读教学结合起来

写作与阅读是紧密相关的，通过阅读可以帮助学生掌握更多的写作技巧和思路，同时写作训练也可以促进学生对阅读材料的深入理解和掌握。

首先，教师可以通过阅读教学来引导学生学习不同类型的文章，帮助他们了解不同类型文章的写作特点和结构，掌握写作的基本技巧。通过阅读不同类型的文学作品，如小说、散文、诗歌等，帮助学生掌握文学写作的技巧和方法。

其次，教师可以将写作训练融入阅读教学中。在学生阅读一篇文章后，可以安排写作任务，要求学生以此为蓝本写一篇类似的文章，或者针对文章的某一方面进行写作。这样可以帮助学生将阅读中获得的知识和技巧应用到写作中，提高他们的写作水平。

最后，教师可以通过写作训练来促进学生对阅读材料的深入理解和掌握。通过写作训练，学生需要对所阅读的材料进行深入的思考和分析，进一步理解文章的内容和结构，从而提高他们的阅读理解能力。

总之，教师应该将写作训练与阅读教学结合起来，通过阅读教学引导学生掌握写作技巧和方法，通过写作训练促进学生对阅读材料的深入理解和掌握。这样可以提高学生的写作水平和阅读理解能力。

（五）合作学习理论

合作学习理论的基本内涵为：1.形成和改变学习者的学习态度，增进其合作学习技能。2.创立紧密结合与整合学习为一体的学习方式。3.发展批判性思维、推理和解决问题的能力。

1. 提倡分组教学

提倡分组教学可以为学生提供更好的学习体验和教育效果。分组教学可以让学生在小组内进行互动交流，探讨和解决问题，提高他们的合作意识和团队精神。同时，分组教学也能够让教师更好地了解每个学生的学习情况和需求，提供更加个性化的教学服务。

以下是一些分组教学的具体做法：

（1）小组讨论。教师可以将学生分成小组，让他们共同探讨某个话题或问题。小组内的学生可以相互交流和分享想法，帮助彼此理解问题并得出结论。

（2）分组活动。教师可以将学生分成不同的小组，让他们在一起完成某项任务或活动。例如，让他们合作完成一份报告、制作一张海报或演出一场小品等。

（3）分组比赛。教师可以将学生分成不同的小组，让他们在某项领域或主题上进行比赛。这样可以激发学生的竞争意识和学习热情，提高他们的学习积极性。

（4）交叉分组。教师可以将学生按照不同的标准分组，如按照学科专业、性别、兴趣爱好等。这样可以让学生之间互相交流和分享，扩大他们的视野和交际圈子。

总之，提倡分组教学可以为学生提供更好的学习体验和教育效果。在分组教学中，教师可以采取不同的方式和方法，如小组讨论、分组活动、分组比赛和交叉分组等，来帮助学生掌握知识和技能。同时，分组教学也能够让教师更好地了解每个学生的学习情况和需求，提供更加个性化的教学服务。

2. 两人小组合作学习

两人小组合作学习是一种常见的分组教学方式。这种方式可以促进学生之间的互动交流，提高学生的学习兴趣和学习效果。以下是一些具体的小组合作学习的方法和技巧：

（1）互相倾听。在小组内，每个学生都应该有机会表达自己的观点和想法。另一个同伴需要认真听取他人的观点，理解和尊重他人的不同想法和看法。

（2）共同探讨。在小组内，学生需要共同探讨和解决问题。每个人都应该参与到讨论中来，提出自己的观点和建议，共同寻找最佳的解决方案。

（3）互相补充。在小组内，学生应该互相补充自己的知识和技能。有时候一个人可能会有一些盲点，但是当两个人在一起时，可以相互补充，以达到更好地理解和掌握。

（4）分工合作。在小组内，学生可以根据自己的兴趣和能力进行分工合作。每个人负责自己擅长的部分，可以更好地利用每个人的优势，以便更快地完成任务。

（5）相互鼓励。在小组内，学生需要相互鼓励和支持。对于那些可能需要额外帮助的同伴，其他人应该提供支持和帮助，以促进整个小组的学习效果。

总之，两人小组合作学习可以促进学生之间的互动交流和学习效果。在小组合作学习中，学生需要互相倾听、共同探讨、互相补充、分工合作和相互鼓励。这样可以更好地促进学生的学习效果，提高他们的学习兴趣和学习成绩。

3. 四至六人小组合作学习

四至六人小组合作学习是一种常见的分组教学方式，也是在学校和社交场合中广泛使用的一种协作模式。这种方式可以促进学生之间的互动交流、提高学生的学习兴趣和学习效果，并培养学生的团队合作精神和沟通技能。以下是一些具体的小组合作学习的方法和技巧：

（1）相互协作。在小组内，每个人应该发挥自己的长处，承担相应的任务，并相互协作。通过共同努力，学生可以提高学习效果，同时也可以学习到更多的技能和知识。

（2）充分讨论。在小组内，学生需要充分讨论问题，表达自己的观点和看法，并且尊重和理解其他人的观点和看法。在讨论的过程中，学生可以共同探讨和解决问题，互相学习和借鉴。

（3）分工合作。在小组内，学生可以根据自己的兴趣和能力进行分工合作，每个人负责自己擅长的部分，以便更快地完成任务。分工合作还可以促进学生之间的互相学习和提高整个小组的学习效果。

（4）公平评价。在小组合作学习中，学生需要进行公平的评价和反馈。每个人应该认真对待其他人的工作，给出客观、公正的评价，并给出建设性的意见和建议，以帮助小组提高学习效果。

（5）相互鼓励。在小组内，学生需要相互鼓励和支持。对于那些可能需要额外帮助的同伴，其他人应该提供支持和帮助，以促进整个小组的学习效果。

总之，四至六人小组合作学习可以促进学生之间的互动交流和学习效果。在小组合作学习中，学生需要相互协作、充分讨论、分工合作、公平评价和相互鼓励，以提高学习效果、增强学生的团队合作精神和沟通技能。

二、大学英语阅读教学策略研究

（一）运用语篇教学法

语篇教学法是一种以语篇为中心的教学方法，它通过教学材料的选择和语篇结构的分析，引导学生全面、系统地理解语言的实际应用。以下是运用语篇教学法的一些具体方法：

1. 教学材料的选择。选择适合学生年龄和水平的、具有代表性的语篇作为教学材料，如新闻报道、科技论文、小说、散文等。教师可以根据学生的兴趣和实际情况选择适合的材料，并根据学生的水平进行适当的调整和适应。

2. 语篇分析。在教学中，教师应引导学生分析语篇的结构和特点，包括主题段、描写段、解说段、结论段等，以及语言的运用技巧、表达方式和语气等。通过分析语篇的结构和特点，学生可以全面、深入地理解语言的实际应用。

3. 听、说、读、写结合。教师可以通过听、说、读、写的多种形式，让学生全面、系统地掌握语言知识和技能。例如，在听力教学中，教师可以让学生听录音，理解语篇的结构和内容；在口语教学中，教师可以让学生进行讨论和交流，提高学生的语言表达能力；在阅读教学中，教师可以引导学生分析语篇的结构和特点，提高学生的阅读理解能力；在写作教学中，教师可以让学生写作练习，提高学生的语言表达能力。

4. 实际应用。在语篇教学中，教师应该注重实际应用。教师可以引导学生将所学语言知识和技能应用到实际生活中，如口语表达、阅读理解、写作练习等，从而增强学生的语言应用能力。

总之,语篇教学法是一种以语篇为中心的教学方法,通过教学材料的选择和语篇结构的分析,引导学生全面、系统地理解语言的实际应用。在教学中,教师应该注重听、说、读、写的结合及实际应用,以提高学生的语言应用能力和学习效果。

在传统的语法翻译理论的指导下,英语阅读常常重知识点的分析而轻语篇的整体理解,这样的"只见树木,不见森林"的教学模式使学生被动接收信息,往往不能紧扣语篇结构做全面的分析。语篇分析理论主张把文章看作整体,从文章的层次结构着手,引导学生注重句子与句子之间的衔接、段落与段落之间的过渡,使学生在语篇基础上掌握全文,从而提高理解能力。在大学英语阅读教学实践中,运用语篇教学法进行教学的主要环节如下:

1.围绕文章标题,预测文章内容。文章标题是文章内容的总概括,通过对文章标题的分析,可以有效地预测阅读材料的语篇类型及题材。在此过程中,教师可以围绕标题提一些启发性的问题,这不仅有利于预测文章内容,还为下一步导入文化背景做好了铺垫。

2.导入背景知识,进行体裁和语篇分析。体裁是文体分析的三个层面之一。体裁分析是语篇分析的一个方面。要让学生学会比较不同的体裁所达到的不同交际效果,就必须在教学中及时导入相应的文化背景知识,只有让学生充分了解不同文体的特点,认识不同文体的结构,才能有效培养学生运用正确的阅读方法来进行阅读的能力,从而提高阅读效果。如记叙文阅读时要抓住三个要素:人物、背景(时间、地点)和事件的发生、进程及结果。记叙文常通过时间的先后和地点、空间的转移来描述事情的发展过程。议论文则要抓住论点、论据和论证这些要素。说明文则需要注意主题句及辅助句,说明主题句的辅助部分常用举例的结构形式。与此同时,读者一定要明确语篇的整体形式。如文章如何开篇,如何结尾,段落如何发展、如何照应,主要观点如何贯穿全文,中心思想如何表达等。

3.抓住主题句,利用信息传递及组织模式把握语篇中句子和段落中心,并进行必要的语法、词汇衔接手段分析和意义连贯推理。在此过程中,教师可以把《新编英语语法》中关于"篇章纽带"的知识以及有关语篇衔接与连贯的知识介绍给学生。如用表示时间顺序、地理方位、因果关系等逻辑概念的"过渡词语"以达到文章的连贯性和黏着性;运用"语法纽带"即通过使用省略、替代、照应等句法手段达到承上启下的效果。从英汉语篇模式及其主题提出的位置来看,英语本族语者重直线型思维。在英语语篇中,英语本族者倾向于在文章的前一部分(文章的头三分之一段落)提出主题思想。具体到段落中,每段常以一个点明中心思想的主题句开始,接着一层层展开主题,进行论述。

4.精讲部分重要词汇用法,辨析词义;疏通语言点并提供操练句型。这一环节,在日常教学实践中,大部分教师都相当重视,但值得一提的是,词汇语法的辨析讲解需要把握一个度,若过了这个度,整个教学过程就容易给学生一种"只见树木,不见森林"

的感觉。

5. 概括全文中心思想。语篇是由段落组成的，每段的主题句基本概括了段落大意，读者通常可以根据主题句推测出语篇的大致内容。换句话说，综合几个主题句就可以概括出全文的中心思想。只要把握住全文的中心思想就能更快、更好地理解文章。

（二）重视学生的词汇量和阅读量

学生的词汇量和阅读量是学习语言的重要指标之一。在语言学习过程中，积累词汇和阅读量的数量和质量都是至关重要的。

对于词汇量，教师应该重视词汇教学，建立词汇学习的系统性和科学性。教师可以采用多种方式帮助学生扩大词汇量，如通过词根、词缀的学习来理解单词的构成和含义，通过多读多背来巩固记忆，通过积极运用词汇来提高使用能力。同时，教师也应该鼓励学生主动积累词汇，如通过阅读、观察、听力等方式积累生词和常用词，通过写作、讨论、表达等方式运用词汇，以提高词汇量和语言运用能力。

对于阅读量，教师也应该重视阅读教学。教师可以通过指导学生选择适合的阅读材料，如小说、报纸、杂志、科技论文等，引导学生培养良好的阅读习惯和技巧，如快速阅读、略读、深度阅读等。同时，教师也可以通过组织学生阅读活动，如读书会、阅读比赛等，提高学生的阅读兴趣和积极性，激发学生对语言学习的热情。

总之，学生的词汇量和阅读量是学习语言的重要指标之一。教师应该重视词汇和阅读教学，建立词汇学习和阅读训练的系统性和科学性，同时也要鼓励学生主动积累词汇和阅读材料，以提高语言运用能力和学习效果。

1. 通过定义或重新陈述理解词的意思

通过定义或重新陈述可以帮助我们更好地理解一个词的意思。这种方法可以通过以下几个步骤实现。

（1）确定要理解的词：首先要确定需要理解的词是什么，可以从上下文中找到这个词的出现位置，或者从问题中确定需要理解的词汇。

（2）查找词的定义：可以使用字典或在线词典等工具查找词的定义，理解其基本含义和用法。

（3）重新陈述：通过自己的语言表达词的意思，对词的定义进行重新陈述或解释。这种方法可以帮助我们更好地理解词汇的含义和使用方式。

（4）运用词汇：最后要通过实际运用词汇，将其应用到语境中，加深理解和记忆，以提高语言运用能力。

总之，通过定义或重新陈述词的意思是一种有效的学习词汇的方法。这种方法可以帮助我们更深入地理解词汇的含义和用法，提高语言运用能力。

2. 通过一般知识理解词的意思

通过一般知识理解词的意思是一种常用的词汇理解方法。这种方法可以通过以下几个步骤实现。

（1）确定需要理解的词：首先要确定需要理解的词汇是什么，可以从上下文中找到这个词的出现位置，或者从问题中确定需要理解的词汇。

（2）找到相关的一般知识：通过现有的一般知识来帮助理解词汇，包括背景知识、经验知识和文化知识等。

（3）运用一般知识：将所掌握的一般知识应用到词汇的理解中，通过联系背景知识、经验知识和文化知识等，来帮助理解词汇的意思。

（4）确定词汇的含义：通过运用相关的一般知识，帮助理解词汇的含义，并根据上下文来确定词汇的具体含义。

总之，通过一般知识理解词的意思是一种有效的方法，可以帮助我们更好地理解词汇的含义和使用方式，提高语言运用能力。

3. 通过相关信息理解词的意思

通过相关信息理解词的意思是一种有效的词汇理解方法，可以帮助我们更好地理解词汇的含义和用法。这种方法可以通过以下几个步骤实现。

（1）确定需要理解的词：首先要确定需要理解的词汇是什么，可以从上下文中找到这个词的出现位置，或者从问题中确定需要理解的词汇。

（2）查找相关信息：通过阅读上下文或查找相关信息来了解词汇的含义和用法。相关信息包括上下文、同义词、反义词、词根、前缀和后缀等等。

（3）确定词汇的含义：通过查找相关信息来确定词汇的含义，并根据上下文来确定词汇的具体含义。

（4）运用词汇：最后要通过实际运用词汇，将其应用到语境中，加深理解和记忆，以提高语言运用能力。

总之，通过相关信息理解词的意思是一种有效的词汇理解方法，可以帮助我们更好地理解词汇的含义和用法，提高语言运用能力。

4. 通过举例理解词的意思

通过举例理解词的意思是一种有效的词汇理解方法。这种方法可以通过以下几个步骤实现。

（1）确定需要理解的词：首先要确定需要理解的词汇是什么，可以从上下文中找到这个词的出现位置，或者从问题中确定需要理解的词汇。

（2）查找词汇的例子：通过查找词汇的例子来了解词汇的含义和用法。可以通过书本、电影、电视剧或真实生活中的例子来帮助理解。

（3）确定词汇的含义：通过查找词汇的例子来确定词汇的含义，并根据上下文来确定词汇的具体含义。

（4）运用词汇：最后要通过实际运用词汇，将其应用到语境中，加深理解和记忆，以提高语言运用能力。

总之，通过举例理解词的意思是一种有效的词汇理解方法，可以帮助我们更好地理解词汇的含义和用法，提高语言运用能力。

（三）传授快速阅读的技巧

以下是一些传授快速阅读技巧的建议。

1. 找到阅读的目的：在开始阅读之前，先确定阅读的目的。这可以帮助你集中注意力，更快速地阅读，并找到你需要的信息。

2. 扫视和预览文本：在开始仔细阅读之前，先扫视整篇文章并预览标题、章节标题、段落标志、图表、表格等重要内容。这样可以帮助你获得整体概念，快速了解文章的结构和主题。

3. 制订阅读计划：将整个文章分成几个部分，为每个部分设置一个时间限制，并尽可能地按计划执行。

4. 不要反复阅读：阅读时，尽量不要反复读同一句话或段落。如果你没有理解它们，可以留下标记，等到阅读完成后再来仔细阅读。

5. 忽略无关信息：尝试忽略那些与主题无关的信息。例如，很多新闻报道会有很多附加细节，这些细节通常与主题无关，忽略它们可以更快地阅读新闻。

6. 使用阅读工具：使用一些阅读工具，如高亮笔、标记、摘要等可以帮助你快速找到需要的信息。

7. 练习阅读技巧：进行一些有针对性的阅读练习，如练习速读、摘要和批注等技巧，可以帮助你快速理解文章，提高阅读速度和理解能力。

总之，快速阅读是一项有用的技能，通过练习和运用一些阅读技巧，你可以提高阅读速度和理解能力。

1. 跨越生词障碍

影响阅读速度的最大障碍莫过于生词了。跨越生词障碍可以通过猜测词义来解决。猜测词义的方法有很多，比如根据语境、定义标记词（means, refer to, ..）、重复标记词（in other words, ..）、列举标记词（such as, ..）以及同位语、同义词、反义词或常识等。但这些方法都离不开两大要素，首先是阅读者本身的文化修养，即语言、文化素质。其次是通过全局识破个体的能力。这就要求读者要不断扩大自己的知识面，懂得社会、天文、地理、财经、文体等科普性知识。除了上述方法外还可根据构词法猜测词义。英语阅读教学中，教师需经常提醒学生，一定要重视利用词缀来扩充词汇量和通过理解词缀的意义来判断生词的确切含义，达到提高阅读速度的目的。

2. 克服不良的阅读习惯，提高阅读速度

首先，要避免以单词为注视点，而要按意群进行阅读，这样才符合眼睛与大脑的协调。成组视读是一种科学的阅读方法。它首先要求把所读的句子尽可能分成意义较完整的组群，目光要尽可能少地停顿。成组视读的关键在于它既不是默读（心读）更不是朗读，而是通过目光在外语与大脑之间建立直接的联系，即外语思维。其次，避免出声阅读和心读。出声阅读实际上是喃喃自语地把每个词读出来。心读实际上还是一种声读形式，只是没有声音，也看不到嘴唇的蠕动，但在内心想象各个单词的发音，存在着一种内心说话的形式。最后，要认识到阅读是一种视觉过程，是靠眼球自左向右地转动和大脑的协调来获取信息的。有人阅读时总是一个词一个词地读，且常伴有一些习惯动作如用手指、摆头等，这些都是速读的障碍。读的时候要少眨眼、不摆头，只要眼球来回转动就可以了。

3. 利用略读、查阅来提高阅读速度

略读，即指读者以最快的速度粗略地对文章的内容获以梗概；而查阅，即指以最快的速度从一篇文章中淘沙捡金，获取读者所需的材料或信息，包括查找人名、地名、事件发生的时间或地点等。首先快速浏览文章的前面几段，以便对文章的内容、背景、写作的风格以及作者的观点等有所了解，而对后面的一些段落可以只读每段的主题句。主题句一般位于句首或句末，也有少数插入段中。

4. 浏览所提问题，带着问题读文章

一般来说，作者根据自己的意图和思维模式，通过一定的语言手段，把分散的、细节的、具体的材料组织在一起，在训练或测试中，命题者往往采用多种方式进行提问，有直接的和间接的，但不管怎样，命题范围和中心思想基本与作者一致。阅读者首先要搞清楚问题的要求，带着问题和所需的信息去查询，以提高阅读速度。

（五）重视文化知识的介绍

文化知识对于语言学习和阅读理解是至关重要的。教师在教学过程中应该重视文化知识的介绍，以帮助学生更好地理解语言和文化之间的联系。

以下是一些教师可以采取的方法，以重视文化知识的介绍。

1. 给学生提供有关文化的背景知识：在阅读课文之前，教师可以为学生提供有关文化的背景知识。这些知识可以帮助学生更好地理解文本中出现的文化现象和文化特征。

2. 引导学生进行文化比较：在课堂上，教师可以引导学生进行文化比较，将学生熟悉的文化和所学文化进行对比和探讨，帮助他们更好地理解文本中的文化现象和文化特征。

3. 使用多种媒体形式：在教学过程中，教师可以使用多种媒体形式，如视频、音频、图片等，让学生更加直观地了解文化知识。

4.鼓励学生独立学习：教师可以鼓励学生在阅读过程中积极寻找并了解与文本相关的文化知识，帮助他们更加深入地理解文本。

总之，教师应该重视文化知识的介绍，帮助学生更好地理解语言和文化之间的联系，提高他们的语言学习和阅读理解能力。

第四节　写作教学

一、大学英语写作教学理论

（一）整体教学理论

1.整体教学理论概述

整体教学理论是一种以学生为中心的教学理论，它强调教学应该关注学生的全面发展，注重知识、能力、态度和情感的统一，促进学生的综合素质提高。整体教学理论提出了"知行合一""体验教学""合作学习""情感教育"等教学策略和方法，使学生在自主、合作、创新和批判的学习中得到了全面的发展。

整体教学理论的核心思想是：教育是一种整体性的活动，它应该促进学生的综合素质发展，注重学生的认知、情感、态度和价值观的塑造，将知识与生活、实践和情感联系起来。整体教学理论强调学生是教学的主体，教师的任务是引导和促进学生的自主、探究和创新精神，发掘和激发学生的潜能和才华，以达到全面提高学生综合素质的目的。

整体教学理论的教学方法主要包括以下几个方面。

（1）体验教学法：通过让学生亲身参与、体验和感受，激发学生的学习兴趣和主动性，提高学生的学习效果和记忆效果。

（2）合作学习法：让学生在小组内相互协作、互相支持、互相学习和互相促进，发挥个人的优势，增强学生的团队精神和协作能力。

（3）课程整合法：通过整合多个学科、课程内容，创设多元化的教学场景，使学生在多个学科中获得知识、技能和情感的综合发展。

（4）问题导向法：通过提出开放性、探究性的问题，引导学生主动思考、探索和解决问题，培养学生的批判性思维和创新能力。

总之，整体教学理论是一种以学生为中心的教学理论，注重学生的全面发展，强调"知行合一""体验教学""合作学习""情感教育"等教学策略和方法，以达到全面提高学生综合素质的目的。

2. 整体教学理论在英语写作课堂上的应用

（1）整体。整体教学提出了整体统帅局部的原则，采用从整体出发，从整体来教局部，教局部不忘整体的教学方法。教师应全面掌握《大学英语写作大纲》中对学生的全部要求，对毕业后学生在写作能力上达到的水平有一个整体的构想，并设计出每年、每学期，甚至每节课在写作方面所要达到的目标。把握整体的过程就是语言输入的过程，目的是让学生初步理解所要学的知识内容，对所要学的知识有一个整体的认识。写作技能的培训可以贯穿于英语教学的各个学科。以精读课为例，在读一篇文章讲解分析的同时，教师也要设计本节课结束后，在写作能力的培养上要达到怎样的效果，这样在课文的讲解中有意识强调作者的写作特点和优点，在潜移默化中进行点滴积累，最后达到提高写作的目的。

（2）分散。语言的功能和形式依附内容而存在，语言教学从整体出发，教师应将写作所要求的各种技能融于平时的各个教学环节中，语言知识和技能应通过自然的语言环境加以培养，而不应人为地把语言知识和写作技能分开来独立进行培养。分散可以让学生在平时的渐进式学习和积累中掌握全部的写作技巧，在潜移默化中达到水到渠成的效果。

（3）全面综合。分散讲解完每个知识点后，教师应让学生以归纳的方式及时总结重点内容，归纳写作技巧和各种写作格式，最终在学生的头脑中留下完整的知识，形成完整的印象。全面综合让学生对各个知识点的认识从模糊、凌乱到清晰、完整，这是质的飞跃，同时也符合记忆的心理规律。这一阶段可以用以下三种方法：一是课文内容的整体再现；二是词汇句式的综合再现；三是语法知识的重点再现。以课文内容再现为主导，教师可采用播放录音、复述提纲、图标归纳等手段得以实现，目的在于全面总结，使各语言点、知识点变得系统化、条理化。

（4）实际运用。运用是教学的最终目标，运用也是教学过程的最终体现。写作教学应该贯穿于各学科的始末，光学不练永远达不到预期的目标。教师应在授课到一定阶段，结合所讲内容和这一阶段所提示的写作技能布置一些相应的写作练习，让学生在实践中得以巩固。教师可以指导学生写课文摘要或进行缩写、改写，以培养概括能力；给主题句和关键词要求联句成篇；或根据范例模仿作文；教师还可根据课文内容设计一些具有概括性的话题，让学生讨论，以培养交际能力。因此整体教学的理论是听、说、读、写的能力是齐头并进的。

(二) 语言模因理论

1. 什么是语言模因论

（1）语言与模因。模因论是基于达尔文进化论的观点解释文化进化规律的一种新理论。模因一词是英国牛津大学著名动物学家道金斯在其著作《自私的基因》一书中杜撰的，他将之定义为"文化传递的单位"。《牛津英语词典》收录该词后将它解释为"文化的基本单位，通过非遗传的方式、特别是模仿而得到传递"。模因与基因很相似，基因通过遗传来繁衍，模因则通过模仿进行传播，所以，模因的核心是模仿。作为文化传播单位，模因的表现形式很多。任何能够通过模仿而复制的信息都可以称之为模因。从语言角度来看，学语言的过程就是语言模因复制、传播的过程，因为语言本身就是一种模因，任何字、词、段落乃至篇章只要通过模仿得到复制和传播都可以称之为模因。

（2）语言模因的创新。语言模因作为复制因子，具有保留性、变异性和选择性，即每一个模因既是对以前模因的复制与继承，又会在复制和传播过程中产生一定的变异，在变异中获得发展。因此，任何创造性的语言使用都是在模仿的基础上进行的，先模仿而后创新，没有模仿和继承，就谈不上创造和创新。联系到写作，仿写是读写结合的最基本形式。通过仿写能便捷地获得写作理法，缩短学生探索直接经验的时间，加速语言从理解到运用的过渡。从模因论的角度探讨模仿写作教学，有利于我们掌握快捷有效的方法，在"模仿"的基础上进行英语写作创新。

2. 语言模因论的传播方式

不管语言模因的形式和内容如何，其复制和传播方式基本上是重复与类推两种。

（1）重复—背诵。重复主要涉及对语言模因的直接套用，背诵是达到这一目的的直接手段。背诵作为传统教学模式一直被我国教育者所沿用，但如今，越来越多的教师却不屑于使用背诵这一传统学习策略，特别是在大学阶段，他们忽略了语言是在不断的复制和传播中得以生存的重要道理。事实上，背诵在写作教学中发挥着重要的作用。卡洛尔曾指出，"成功的外语学习就必然要求耗费大量的时间，这时间的大部分应用于重复操练上"。背诵能够强化语言输入，加深学生对所学语法知识的理解，提高词汇、句型的记忆效果，增强语言知识的积累，从而使英语语言输出规范得体化。

（2）类推—仿写。类推是模因复制与传播的另一种方式，与写作教学结合在一起主要涉及同构类推，即保持原模因整体结构框架不变，替换其中某些内容从而出现新的模因变体或形成模因复合体的现象。在写作教学中类推其实就意味着仿写。仿写合理地运用了模因论"模仿"原则，是提高学生英语写作能力有效的训练方式。仿写常用的一种模因是表现型模因，即语言的形式嵌入不同信息内容而予以复制、传递的模因。仿写通常可以从两个层次进行训练：一是词句模因，二是段落篇章模因。

1）词句模因。词汇是写作的基础，因此，教师应鼓励学生通过模因模仿积累同义异词或通过上下义、反义等关系联想记忆词汇。同义异词可以有效避免行文的单调重复，从而提高文章的表达能力。另外，实用句型模因也是非常重要的仿写训练内容，它可以提高学生的句子写作水平。

  2）段落篇章模因。段落篇章模因训练是模仿已知的段落或篇章结构，根据不同语境，变动原来的语言信息或其中的成分，表达出不同的内容。如在理解了某个经典段落后，教师可以详细分析段落的结构，写作手法与技巧的运用，指导学生进行仿写。

3. 模因论对大学英语写作教学的启示

  （1）背诵是语言模因的第一要素。背诵的目的在于充分熟悉大量目标语素材，强化语言输入，加强学生对词汇、句型的记忆和语法知识的理解，使英语语言输出规范得体。同时，教师应帮助学生准备一些包含相应模因的材料，使他们在背诵过程中能不断复制其语言要素，从而进一步组装并构成个人所需的语料。

  （2）针对优秀范文进行分析和仿写。仿写指在写作过程中模仿其他个体的写作行为或既成的规范语句或文章进行学习性写作的训练方式，它是遵循模因论"模仿"原则来提高学生英语写作能力的有效方式。因此，教师要引导学生运用不同的表达方式来陈述自己的观点，首先要求教师分析范文的结构，向学生讲解各种写作的体裁及其语言特色，让他们了解语篇建构由语言、语境要素和写作交际目的等诸多因素构成，然后通过仿写训练，达到提高英语写作能力的目的。

  （3）采用联想教学启发学生的多层次思维。在表现型语言模因中，可以让学生产生不同的意义联想，在复制传播过程中可能会出现变异，但意义变异仍是语言模因变异的一种重要方式。因此，引入联想启发法可以促使学生积极地思考问题，开发他们的想象力。

  （4）同伴之间的互相模因。互相学习从某种意义上也是互相模因，学生作文的评改、讲评就是一个非常好的学习机会。在学生第一次写稿完成后，根据教师的"自我纠错"要点先自己找错，再交到小组里轮流"传阅品评"，然后交给教师，最后环节是课堂讲评。课堂讲评主要是教师找出学生作文中典型的语言错误让他们集体改正及作文评比，被讲评文章要有目的性、针对性和代表性，要兼顾优秀、一般、较差，让学生进行比较，最终修改出好的文章，优秀的习作会放到班级论坛里供同学学习模因。所有活动自始至终都有学生的参与，是写作课的延续。

（三）错误分析理论

1. 什么是错误分析理论

  错误分析理论是一种教育语言学理论，主要用于研究和分析学习者在学习过程中所产生的错误和困难，探讨错误产生的原因和解决方法，以提高学习者的学习效果和语言表达能力。错误分析理论认为，学习者的错误不是无意义的，而是一种表达学习者对目标语言知识和技能的不完整或不正确的理解和应用,错误产生的原因是多方面的,如学习者自身的认知能力、学习环境、教学方法等。

错误分析理论的核心思想是,通过分析学习者的错误,找出错误产生的原因,制定相应的教学策略和方法,帮助学习者克服困难,提高学习效果。错误分析的方法主要包括收集和分析学习者的错误,找出错误产生的原因和规律,设计和实施相应的教学策略和方法,以帮助学习者纠正错误和提高语言表达能力。常用的错误分析方法包括描述性错误分析、比较性错误分析、诱因错误分析等。

错误分析理论的应用范围很广,既可以应用于语言学习,也可以应用于其他学科的学习和教学。在教育教学实践中,错误分析理论对于帮助学习者提高学习效果和语言表达能力,促进教学质量的提高具有重要意义。

2. 错误分析及其意义

错误分析是指对学习者在语言学习中所产生的错误进行分析和研究的过程。错误分析主要关注于错误的产生原因、类型、频率以及纠正的方法,以期提高学习者的语言学习效果。

错误分析有助于教师更好地了解学生的语言学习情况,找出学生的错误类型和产生的原因,针对不同的错误提出相应的教学方法和策略,帮助学生纠正错误,提高语言表达能力和语言学习效果。同时,错误分析也有助于教师不断改进教学方法和教学内容,促进教学质量的提高。

错误分析的意义还在于可以帮助学生更好地理解语言,提高语言能力和语言运用水平,同时也可以培养学生的自主学习能力,使他们能够独立分析和解决问题。

总之,错误分析是一种重要的教育语言学理论,对于提高教学质量、促进学生语言学习效果、培养学生的自主学习能力等方面都具有重要的意义。

3. 错误分析理论对大学英语写作教学的启示

(1)改变了对学习者错误的看法。传统观点认为,错误是由于本族语的干扰造成的,是二语学习的大敌,需要尽可能地避免和去除。而错误分析理论认为,错误是语言学习中不可避免的现象,对二语学习有着积极的意义。Corder(1967)认为,错误为教师提供了学习者的语言掌握情况,为研究者提供了语言是如何被习得的证据,是学习者发现语言规律所需运用的策略之一。二语习得者的错误其实是他们对目标语进行的尝试和假设,错误的改正就是假设被检验并修改。通过这种不断进行的假设检验,学习者就能逐步克服自身的不足,进而不断向目标语接近,这其实就是二语学习的过程。所以,教师应对学习者的错误有正确的认识,克服教学中的急躁情绪和焦虑心理,认识到错误不仅是语言学习中的正常现象而且有积极的意义。因此,对待错误不必如临大敌而应采取宽容的态度,并让学生认识到这一点。教师要鼓励学生多写多练,不要因为害怕出错而总是写简单的句子,而要勇于在写作中锻炼写长句和从句的能力。

（2）区分错误，采取不同的处理方法。对学习者错误的宽容并不意味着一概忽略，因为有些错误如果没有得到及时纠正，其形式就会固定下来并以潜在的方式存在于学习者语言中，在多次纠正之后仍然会重新出现，这就是石化现象。石化现象会严重阻碍学生英语水平的进步。因此，教师要重视学生的错误，在批阅时对错误进行分析和归类。对影响句子的单个成分而不影响文章整体的错误可不必过多关注，而对影响句子整体和文章全局的错误，密集程度高的和普遍发生的错误、由于缺乏对西方文化和英语语言特征的了解而产生的错误等则要有足够的重视。

教师在纠正学生错误时可采取多种形式，为学生提供尽可能多地发现和纠正错误的机会，如自我纠错、同伴纠错、小组纠错等，鼓励学生充分开动脑筋，积极主动地纠正错误，从而加深对错误的印象，避免以后再次出现。对密集程度高的和普遍发生的错误可以采取课堂集中讲解的方式，对个别学生的错误可课后单独向其指正。但要注意，无论采取何种方式，教师都不能挫伤学生学习英语的兴趣和伤害其自尊心。

（3）重视输出在语言学习中的作用。在语言学习中，听、读属于语言输入，说、写属于语言输出。我国的英语教学中普遍存在的重输入轻输出的模式不利于学习者的语言学习。很多学生能够读懂有一定难度的英语文章，但是写出的英语作文却满是拼写和语法错误，甚至让人不知所云，这就是英语教学中轻视语言输出的后果。学习者的错误表示他们对目标语进行的假设，在错误得到改正，即假设得到检验时，学习者才能认识到他们在语言学习中的缺陷，他们语言学习的内在认知才能被激活。而只有在语言输出中，学习者才能对假设进行检验，才能认识到学习者语言与目标语的差距，这种差距的弥补会使学习者语言不断完善并逐步接近目标语。所以，大学英语教学中应重视对学生英语语言输出能力、特别是写作能力的培养，并重视反馈的作用。对学生写作中的错误进行分析、归类和纠错，使学生发现不足并予以弥补。这样，学习者语言中的各个元素就会不断重组，不断接近目标语，这就是二语习得的过程。

二、大学英语写作教学策略研究

（一）大学英语写作过程教学分析

写作过程是一个复杂的过程，它不仅需要学生具有坚实的语言基本功，包括拼写、词汇、句法等，也要学生善于安排篇章结构，充分挖掘内容深度。一直以来，写作都是语言学习过程中最重要的一个环节，也是教学中最为薄弱的一个环节。

1. 写作过程教学指导

写作过程主要分三个阶段：写前准备、写作过程、定稿修改。准备阶段的教学目标是让学生在教师的指导下全面分析、掌握材料，形成写作提纲和"腹稿"。写作过程是学生根据要求完成写作的全过程。定稿修改是通过师生的信息互动，学生将作文修改完善。在整个写作过程中，始终注意突出学生是学习的主体这一根本指导思想，注意调动学生写作的积极性，充分发挥他们互相帮助、共同提高的协作精神。如果将这三个阶段进一步细化，可分为审题立意、列出提纲、确定主题句、组织扩展句、撰写结论句和精修细正这六个步骤。

（1）审题立意。审题是写好一篇文章的第一个且是最重要的环节。文章是否切题就看学生是否认真审题，是否能明白题材的写作要求。英语专业写作都会给出提示语，甚至是作文题目，学生必须围绕所给提示语或题目展开论述。因此，审题并理解题旨很有必要。学生在拿到作文题目之后，先要仔细阅读题目，认真审阅写作部分提供的说明与要求，再确定相应的体裁，如议论文、说明文。议论文主要是权衡利弊或就观点进行反驳等；说明文主要是阐述主题或提出解决问题的方案等。教师可以对学生进行提问，了解他们的审题情况。通过审题，学生明确文章的中心内容，从而达到审题立意。

（2）列出提纲。在确定中心思想之后，学生需粗拟一个提纲。提纲是文章写作的计划，也是一篇文章的基本框架。提纲可根据文章的结构列出。文章是由引言段，正文部分和结论段三部分组成。引言段揭示主题，正文部分从不同的角度对主题进行阐述，结论段对全文归纳总结。

（3）确定主题句。主题句是表达全文主题的句子，它概括了全文的大意，全文的其他文字都应围绕它展开。因此，主题句一般放在文章的开头，其特点是开门见山地摆出问题，然后加以详细说明。这样一来，读者便能一眼就明了全文的大意。主题句具有较强的概括性，它概括了全文的中心思想，反映了作者写作意图，它是全文的核心所在，作者思维的起点，扣题的准绳，阐述的对象，也是读者叩开阅读理解之门的钥匙，它对确保文章主题突出，有着举足轻重的作用。教师可以通过学生的主题句得知其对文章主题的把握情况，从而判定其写作前的准备工作是否充分。因此在英语写作过程中，我们应充分重视主题句，将主题思想准确而明了地表达出来。

（4）组织扩展句。扩展句是用来解释和支持主题句的句子。确定主题句之后，学生可以根据所列提纲，围绕主题进行发挥，收集与主题句密切相关的写作材料，为主题句服务，详细说明并支持主题句的思想。教师可检查学生有关主题的扩展，将任何与主题句无关的繁杂内容都舍弃。选择的材料最好来自我们的日常生活，因为它们真实且具有说服力，学生也相对熟悉，易于把握。在组织扩展句的过程中，注意句子之间必须用连词或关联词来连接，段与段之间要用过渡词，以体现文章的逻辑性，它们是连接句与句或段与段之间的纽带，在行文中起承上启下的作用。同时，学生也要注意整个篇章的层次性，将最重要的先写，然后逐级递减。这样可以使文章自然、流畅，重点突出。

（5）撰写结论句。最后一部分由结论句构成。结论句通常与主题句一样包含全文的中心思想，它总结了全文，深化了主题，但所用的措辞与主题句不同，它是换一种说法，变换措辞。学生可简明扼要地总结前面所写的内容，重申主题，使文章结尾与开头相互照应。结尾部分能加深读者对整篇文章的理解，给读者留下更为深刻的印象。

（6）精修细正。文章写完后，花几分钟的时间再认真通读一遍，修改明显的拼写错误，以及一些语法错误，如时态、语态等。修改环节很重要，如果行文错误太多，会影响到写作成绩的评定。所以，学生不要写自己不明确或不会拼写的词，以确保句子的正确性，尽量避免语法结构错误。当然，不可能避免所有错误，所以尽量细心检查一遍也是非常必要的。这一过程虽不能针对立题、结构、修辞等方面进行全方面考虑，但对个别词汇、语法、拼写错误稍加改动也很有意义。在"过程法"教学中，教师往往不是学生作文的唯一回应者和评估人，作者的同学也可以参与其中。除学生自己修改外，还可以进行学生之间的互改互评。然后教师再进行批改、讲评。讲评的重点放在文章的结构与内容上。

2. 写作过程中的技巧

过程教学法强调教师对写作过程的指导。由于指导的重点放在写作过程上，这将有利于学生了解自己的写作过程，并懂得写一篇文章必须经历的几个步骤，如写作前准备、起草、初稿、修改或重写等，这有助于他们写作能力的提高。但写作水平的提高也有赖于学生对语言形式与写作技巧的掌握。写作与其他语言技能是一个整体，它的提高与其他语言技能的提高是一个相辅相成的关系。所以在一定程度上，不可否认成果教学法的可取之处。最近，西方写作教学研究出现了一种"回归结果"的倾向。因此，在写作教学过程中，教师对学生的语言知识、写作技能培养同样不可忽视。

（1）遣词造句指导学生的表达与书写具体落脚在指导遣词造句上。其实，写作部分重点考查学生的英语专业表达能力，而阅卷人员也较重视语言。写作技能也包括了语言运用的准确性，也就是使用恰当、地道的词语以及正确的语法、拼写、标点等。学生最常犯的语言错误就是拼写与语法。语法的错误包括时态、主谓一致、名词单复数等。因此，学生应把主要精力放在语言上，尽量避免拼写、语法等错误。

除了做到语言最基础的基本功外，还需从词汇、句型等方面下功夫。

1）词汇根据不同的语境或上下文，学生需选择恰当的词语。在写作的时候，首先必须保证选词的正确性，然后根据所需表达的具体含义，选择最为恰当的单词。由于英语专业不像汉语那样喜欢重复，所以在考虑相同的意思时，同一词语在一篇文章中最好不要重复出现，而应考虑使用其他同义词或近义词替换，可以选择一些具有一定难度的单词进行替代。因为恰当地使用高难词汇有助于提高写作层次。如我们发表观点时，可以使用"think"或"believe"，除此之外，更应该选择"assume, argue, reckon"等词。再如"主要的"多数情况下是用"main"，但更好的词汇是"chief, principal, major, leading, essential, primary"等。大多数学生在大多数情况下表达"重要的"的意思基本是用"important"，但如果学生能用其他的单词，比如"critical, vital, significant, crucial"等，效果就可能大不一样。当然，在选择同义词或近义词进行替换时，首要的条件是用词必须准确恰当，表达地道。同时，使用不同的词性也是丰富英语专业表达的重要途径。

2）句型在写作中，除了词汇可以丰富多彩外，我们还可以使用不同的句型结构。我们常发现学生的写作句式单一，变换不够灵活。学生在写作过程中受自身的知识和时间等方面的影响，在句式变化上未能深入地思考，以至于出现行文呆板、不够灵活的情况。在英语写作中，有很多的特殊句型都可以运用在写作中，成为文章的闪光点。例如，让学生多使用典型句式，适当运用成语和谚语，恰当使用一些平行、对比结构。

（2）结构衔接在写作过程中，要使句子或段落之间的衔接紧密，需用一些关联词来连接，这样才能使文章自然、流畅。关联词可以连接段落或句子。段落是文章中最基本的单位，它表明了全文的结构层次。写作时一定要段落清楚，有开头、主体和结论三部分，故全文需分段撰写。而句子又是构成段落的基本单位。如何将它们有机地组合起来，这就需要使用过渡性的词语。根据关联词表示的逻辑关系不同选择关联词。

（3）背诵名句，俗话说："熟读唐诗三百首，不会作诗也会吟。"平时背诵一些常用搭配、习惯用法，以及一些名篇名句，有利于提高英语写作水平。学生通过大量语言信息的输入，扩大了词汇量，熟练了句型，拓展了知识面，在写作需要时会自然而然地运用到背好的经典词汇与句型。背诵的目的在于灵活运用，所以学生背诵时需深刻理解所背内容的含义，并掌握其使用的环境。写作时将这些背诵的词汇与句型运用于写作中或进行仿写。这样，既能节省写作时间，又提高了写作层次。

（二）大学英语写作教学改革

随着社交网络、电子游戏等互联网应用的日益普及，人类社会已经进入一个全新的时代。采取有效措施和手段，积极推进大学英语教学改革势在必行。

1. 教学观念的更新和转变

众所周知，语用性语言能力分为听、说、读、写四大板块，听、读属于输入能力，说、写属于输出能力。而传统的教学方法更注重输入即听、读能力。不难看出，这种模式下培养出来的学生说、写能力非常欠缺，让他们开口说英语是一件很困难的事，也就是人们所说的"哑巴英语"。为了改变这种现状，大学英语教师也做了很多的尝试和努力，但情况并不是让人满意。原因可以归结为以下两点：一个主要原因是非英语环境。在汉语的环境里，学生没有说英语的语境。二是传统的教学模式和理念导致输入大于输出，这一点可能是长时间的因素造成的。学生刚开始接触英语大多是在小学，从小学开始教师就重视输入能力，而忽视输出能力。因此解决问题的办法要从源头抓起，即从小学抓起，从根本上改变"哑巴英语"的产生。同时，教师也可在课堂上多创造让学生说的机会，比如安排一些情景剧，举行一些英文歌唱比赛等。总之，教师要鼓励学生先开口说,刚开始不必纠正学生说时所犯的语法语音错误,因为对学生来讲,能够开口说就是一大挑战。

2. 创造更加真实的语言教学环境

作为大学英语教师,我们应该引进现代技术手段,改革英语教学模式。现代化的教学手段,可以吸引学生的注意力,能够提高教师的课堂教学效率。现代化的教学手段有很多种,如录像、录音、电视、电影、网络以及多媒体课件等。大学英语教师课堂上应该有效地利用这些现代化的教学手段,从而改变传统的一支粉笔,一张黑板的教学工具。同时为了师生更好的交流,还可以设立师生互动平台,提前为学生提供英语课文背景知识及英美文化介绍等等。

3. 大学英语教师队伍建设

近年来很多高校都进行了大学英语教学改革,随之而来的就是教师的教学任务不断加重,另一个突出的问题就是师资力量短缺。同时出现的问题是现有的大学英语教师的学历也不能满足和适应现有的教学任务,教师的创新能力低,科研成果少。很多学校都有本科教师教本科学生的情况,面对这种情况,教师自己本身要有压力感,努力提高自己的专业水平和素养,同时各高校要有一个提高教师学历的整体规划,加大财力物力的投入,支持和鼓励教师外出学习和培训。同时还可以采取在岗轮流培训的制度,培养大学英语教师成为自主学习型教师。

4. 课程计划的改革

所谓课程计划,是指在上学期末或本学期初要求每位教师就本学期所教授内容列一个详细的计划,大致内容主要是每周教学进度和内容。很多高校还将课程计划列入教师考核的标准。当然课程计划可以促使教师有计划、有步骤地进行本学期所教内容的讲解,能够保障教学的顺利进行。但是大家也应该看到它的弊端。教学计划虽然规定了教学的进度和内容,但是在某种程度上却制约了教师教学的能动性和创造性。教师会沿着统一的教学步骤采用统一的教学风格把本学期所讲内容按部就班地讲解完,教学效果可想而知,事实上,在统一的教学大纲的指导下,按专业设置来制订教学计划应该是一种比较理想的状态。只要不违反大学英语教学目标,给任课教师适当的自由,让他们根据自己的专业特色制订教学计划。

第八章　信息化背景下英语教师评价改革与创新

第一节　教师评价内涵

一、教师评价的概念与过程

（一）教师评价的概念理解

教师评价就是根据学校的教育目标和教师的根本任务，运用恰当的评价理论和方法手段对教师个体的工作质量进行价值评判。科学的教师管理制度和方法，是促进教师自身发展、改进教育教学、提高教育质量的重要机制，而科学地评价教师的工作，是科学的教师管理制度与方法的重要基础。

不同的学者对于教师评价有不同的理解，有学者认为，"教师评价，也叫教师考评，是对教师工作现有的或潜在的价值作出判断的活动。""所谓教师评价就是对教师工作现实的或潜在的价值作出判断的活动，它的目的是促进教师的专业发展与提高教学技能"。还有学者认为："教师评价，是指通过教师素质以及教师在教育教学工作中的行为表现状况的测量，评价教师的素质和教育教学效果，为进一步提高教师的专业水平和教育教学效果提供切实可行的建议。"

要完整地理解教师评价的内涵，应该注意以下几点：

第一，教师本身所具有的素质、教师在教育教学中的行为表现以及教育教学的效果构成了教师评价的主要内容。缺少其中的任何一方面，都不是全面的、科学的教师评价。

第二，测量与分析是教师评价的基础。事实上，教学评价是一种判断教学活动及其效果的价值。对于评价者而言，必须以一定的客观标准为依据，对于教学活动各方面的资料或证据系统完成收集，做好各个方面的测量，才能保证结论的科学性和判断的客观性。这里所说的测量指的是评价者对评价对象进行的某种数量化的确定。利用数学的方法描述事物，并将对其进行区分是测量最为基本的特征。需要注意的是，测量并不涉及价值的判断。而评价则是基于这种描述,对事物的价值进行确定,也就是说,以测量结果为依据判断事物的价值。

第三,教师评价的目的是向教师提出建议,以促进教师发展,进而实现学校教育的改善。

教师评价不同于其他教育现象的评价。教师评价有其独特的特点,这些特点是由教师的劳动特点和职业技能要求决定的。教师评价既具有直接性,又具有间接性。教育是培养人才的活动,教师从事的是一种极为复杂的脑力活动,在这种劳动中,劳动者与劳动手段是融为一体的。教师的劳动就是以自己的知识和才智、品德和技能通过言语行为对学生发生作用的。正因为如此,教师评价具有直接性。

教师评价的范围极其广泛,不仅包括教师外部行为的表现,也包括其工作的绩效。而教师面对的是人,是学生,其劳动成果、工作绩效最终是通过学生来表现,教师工作质量的高低直接表现在学生质量的优劣上,从这个意义上说,教师评价又具有间接性。教师评价既具有科学性,又具有政策性。教师评价具有科学性,避免主观随意性,应该制定科学的评价标准体系,广泛收集相关信息,采用精确的检测手段,保证评价的客观可靠。同时,教师评价还具有政策性,要有利于党对知识分子政策的落实,应该尊重知识分子的特点,尊重教师劳动的特点,从而决定评价与反馈指导的方式方法的选择和取舍,使教师评价为教师提高自身素养、改进工作服务。

长期以来,就教育评价的目的而言,总结性评价与形成性评价所占的地位是存在一定争议的。总结性评价主要强调的是鉴定、选优、总结等功能,而形成性评价则对评价的形成性功能予以重视,它是在活动进行的过程之中发生的,能够及时发现存在的问题,并对活动进行调整,为最终的决策提供参考。

教师评价也同样因为评价的目的的不同而出现两种截然不同的类型:一种是以提高教学效能为主要指向的教师评价;另一种是以促进教师专业发展为主要目的的教师评价。这两者基本上反映了传统教师评价和现代教师评价的差异。

"提高教学效能"的目的在于提高教学的质量,主要的方式有衡量结果、评判等第、明确职责、奖优罚劣或解聘不称职教师等。一般来讲,这与教师人事制度密不可分,关系着教师的奖励和惩罚,并以此为依据决定教师的聘任、提升、加薪、评优等。有研究表明,教学效能评定导向的教师评价的理论假设主要有以下几方面:

第一,解除对不称职教师的聘任能够有效保证学校教育的质量。

第二,如果教师获取的信息是足够的,建议是可行的,那么他们达到预期的水平就是有可能实现的。通常教师的受教育程度越高,其依据环境的变化对自己进行调整的能力就越强。对于很多教师而言,信息的不足和机会的缺乏是导致其教学、科研活动失败的主要原因。

第三,教师是专业工作者,必须热爱自己的职业。当充分满足了教师的工作所必需的条件时,他们的创造力就会被激发出来,进而对教学和科研活动进行改进,使教学、科研的水平得以提高。

现代的科学的教师评价观指出，教师的发展，也就是教师素质的提高和教育教学工作的改进是教师评价所要达到的终极目标，这也是发展性教师评价的根本宗旨。

(二) 教师评价的过程

1. 明确评价目的，制订评价方案

任何教师评价活动都有其特定而具体的评价目的和要求。评价者必须从评价目的出发，根据特定的评价对象的具体情况制订详细的评价方案。比如对新手教师和骨干教师的评价就不相同。这种不同不仅表现在评价目的、要求等方面，而且表现在评价方案的设计方面。

2. 开展评价活动

开展教师评价活动，首先要在群众中开展评价宣传。也就是说，评价者必须向被评价者说明评价的目的、意义、原则、内容、机构与人员等，使评价对象充分了解评价意义，使他们对评价消除焦虑和惧怕情绪，评价者还要与教师沟通对话，让他们就评价发表自己的看法，并允许他们参与到评价中来。

3. 处理信息和撰写报告

评价者通过运用各种方法收集到的信息，一开始总是比较直观而凌乱的，还难以说明问题。因此下一步必须进行评价信息的整理分析，即评价者对所收集到的各种资料进行整理、汇总和综合，在此基础上获得评价的结果，然后再在评价的基础上产生评价结论。

这里需要注意几点：第一，要综合所有信息，不能偏爱、看重某方面的评价信息而淡化或疏漏另一些方面的评价信息；第二，选择合适的方法来整理与分析信息，如定量分析或定性分析的方法；第三，确保评价结果的合理性、可操作性、针对性以及可接受性，要做到这一点，评价者可以和被评价者共同商讨，在意见基本一致的基础上得出最终的评价结论。

4. 汇报评价结果，收集反馈信息

教师评价就其本质来说，只是一种手段而不是目的，其根本目的在于促进教师专业素质发展、改进教育教学工作和提高教育教学质量。因此，教师评价的最后一个步骤，通常也是最重要的一步，就是向有关组织和个人汇报评价结果，并收集反馈信息，检查教师评价的目标达成程度，也为改进以后的教师评价工作提供参考。

评价的结果究竟能不能公开发布是一个有争议的问题。其实，评价结果的发布是有条件的，也是一定范围的，对有些教师评价的结果和结论是不需要保密的，因而可以公开；也有些可以公开，但有一定的范围限制；还有一些评价结果必须严格保密。

二、教师评价的形式与作用

(一) 教师评价的形式

1. 专家评价

从教师评价的实际来看,专家评价并不常用,它只是作为一种补充方法来运用。这种评价的操作方式主要是听课。专家评价的主要优点在于:通过专家在教师的实际教学情境中收集和分析处理信息,从而帮助教师发现问题,提高教学水平与质量。这种评价方式克服了校内领导、教师同行、教师自我等评价主体的局限,以开阔的视野和客观的判断进行教师评价。它非常有利于校内教师形成新的教学风格。

2. 领导评价

这是一种自上而下式的教师评价,它是由校长或学校上级领导对教师实行的评价。在评价过程中,如果校长或其他评价者能广泛地听取群众的意见,多渠道地收集信息,并能根据教师在专业中存在的不足提出改进建议,那么,这种教师评价也不失为一种很好的教师评价方式。

3. 学生评价

学生评价的突出特点是体现了教师评价的民主性,其形式主要有问卷调查、开座谈会等。学生评价一般集中在教学方面,其内容主要包括教师的教学态度、教学技巧、表达能力、教学组织能力、师生之间的交流等方面。就学生评价的效果来看,学生所提供的信息通常是真实的,因而在一定程度上确保了教师评价的有效性。但对于这种方式的教师评价,并不是所有教师都持欢迎态度,不少教师对此持怀疑态度。

(二) 教师评价的作用

1. 指引作用

教师评价从以下方面对教师专业发展起着指引作用:

第一,就教师评价的准则和标准而言,它们对教师评价的具体内容以及达到什么样的程度为优良等进行了详细规定,同时解释说明了教师专业发展的价值观念,如应该着重予以关注的内容等。科学的、合理的评价准则和标准能够为教师在思想上确立明确的专业发展目标,在行动上制定出合理的专业发展规划提供引导,进而使教师能够有目的、有计划地开展专业发展活动,使教师专业发展活动的效率得到大幅度提升。

第二,从教师评价的程序与方法来看,现代意义上的教师评价越来越重视评价过程,各种评价形式和手段的科学整合是完成评价任务的保证。它可以激发教师的内在需求,影响教师工作的态度,引导教师围绕评价标准积极主动地以主人翁的姿态投入到评价过程中去,促进教师自身的不断发展。

第三,从教师评价的结果来看,它对教师工作的方向具有固化和强化的导向作用。教师评价结论是每个教师都十分关心的事情。教师通过分析自己的评价结果后会发现,自己在哪些方面得到了认可和肯定,哪些方面没有达到标准,从而强化了教师对专业发展方向和目标的科学认识。

2. 诊断作用

在教师评价过程中,教师通过将自己的评价结果与评价标准做比较,就能发现自己的差距所在,并且分项显示的评价结果可以帮助教师找到自己究竟在哪些方面存在不足,由此,教师必然追问一系列对其专业发展来说颇有意义的问题,如自己的知识结构合理吗?自己的教学态度端正吗?等等。这些问题的发现过程其实就是教师通过教师评价进行自我诊断的结果。此外,教师评价还有效促进了个体教师与身边的同事、学生、家长、学校领导等进行合作对话,这为教师获得许多专业发展所需要的反馈信息提供了机会,进而使教师更客观地、全面地认识自己的优势和劣势。当然,教师评价的诊断作用并不止于帮助教师认识到专业发展中存在的实际问题,它还可以积极地促进教师寻求解决问题的"良方"。

3. 激励作用

心理学家认为,人的一切行为都是由某种动机引起的。动机是人类的一种精神状态,它对人的行为起激发、推动、加强的作用。旺盛而持久的发展动机对于教师专业发展来说至关重要。

教师专业发展的动力主要来自个体教师所具有的敏锐的专业发展意识和强烈的专业发展要求。然而,教师的这种动机具有不稳定性和脆弱性。所以,要不断激励教师,使其发展动机得以强化,而要实现这一目的就必须借助教师评价这一有效途径。

教师评价就是众多的激发与强化教师专业发展动机的途径之一。在教师评价中,可以呈现出教师自身专业发展中的成就、人格、能力等,当领导、同事、学生及家长对其给予肯定性的评价之后,教师的精神世界就会受到激励,就会获得成就感、认同感以及由此而产生的愉悦感、安全感和满足感,这对教师专业发展具有积极的促进作用。由此可以看出,教师评价对激励教师不断地追求专业发展具有不可忽视的积极作用。

第二节 大学英语教师发展性评价

一、发展性教师评价的内涵

(一) 发展性教师评价的含义

所谓发展性教师评价,就是在一定的发展性目标的基础上,在发展性的评价技术和方法的支持下,对教师素质发展的进程进行评价解释的一种评价制度。在这一评价活动的具体实施过程中,教师通过对自己的不断认识、发展和完善,不断地对自我素质结构进行积淀、发展和优化,促进自己在专业理念、教学技能、专业服务精神等方面得到和谐自然的发展。它不是指某一种特定的教师评价方式,而是一系列能够促进教师素质发展与提高的评价方式的总称。

(二) 发展性教师评价的特征

1. 以促进教师专业发展为目的

发展性教师评价把教师工作看成一种专门职业,认为每位教师都有在教育教学的过程中不断发展的内在需求和可能性。据此,为教师提供关于教学信息反馈和咨询,使教师对自己教学中存在的优点和缺点进行反思和总结,在此基础上,为其对个人以后的专业发展和个人发展提供指导和帮助,进而提高专业素质和教学能力是评价的根本目的。显然,这种理念与现行评价体系有着质的区别。它不与奖惩、得失挂钩,其目的在于提高教学效能。因而有助于教师在一种轻松、和谐的氛围中不断提高个人素质和教学水平,更利于调动广大教师参与教师评价的积极性。

2. 改变了单一的以奖惩为目的的评价

长期以来,由于人们认识上的偏见,对教师的考核、评比或评估,常常将教师分成优秀、良好、合格、差四个等级,以此为依据对教师实施奖励或惩罚。教师在整个的评价过程中极其被动,只能接受评价结果。而发展性教师评价使教师成了评价活动的积极参与者,成了评价活动的主体。这时的教师评价不再是对教师工作的简单鉴定、认可或否定,而是注重为教师工作提供多方面的信息,开展咨询和提供改进建议;不再用静态的眼光看教师,而是用动态的眼光看待教师,并帮助教师发展。

3. 注重评价的分析性,强调多种方法的综合运用

传统的评价为了取得对教师奖惩的直接依据,较多地使用定量分析,尤其是以量化分数呈现评价结果,方便教师间的横向比较。而发展性教师评价的目的是对教师进行诊断,能发现教师现存的问题和提出改进策略,所以,较为重视定性的分析,强调通过面

谈、课堂观察、非正式交流等形式进行信息收集，同时就发现的问题与不足，有针对性地提出改进的意见与建议，并为教师制定相应的发展目标。发展性教师评价注重质性评价与量化评价方法的综合运用，要求将量化的评价分析统整于质性评价当中。

4. 评价内容突出综合素质，重视个体差异

在发展性教师评价中，教师的综合素质是评价的重点所在。具体来讲，就是依据动态和发展的理念，系统、全方位、长时间、反复地评价教师教学工作中的每一个环节。教师所从事的教育教学活动具有长期性和复杂性的特点，工作中任何成绩的取得都不是一蹴而就的，而是需要长时间的积累和沉淀。因此，仅仅依靠一两次的单项评价并不能将教师教学工作的整个发展过程真实客观地反映出来，而是会导致评价结论与教师实际工作表现呈现出较大的偏差，使教师不能很好地进行教学活动。这时，只有进行综合评价，才能对教师教学中的工作表现有一个全面系统地了解，对教师的发展方向及需求有一个清晰的把握，进而对评价过程中的晕轮效应、趋同效应等引起的各种偏差进行有效的修正。所以，对于发展性教师评价而言，综合评价是必不可少的。

同时，发展性教师评价也注重教师的个体差异。人与人之间存在差异，同样教师与教师之间也存在差异，其具体表现在个性心理、职业素养、教学风格、交往类型和工作背景等方面，所以，在发展性教师评价过程中，应该在这种差异的基础上，使评价标准、评价重点的确立和评价方法的选择体现个性化，并且在对每一位教师提出改进意见、专业发展目标和进修计划等方面具有更强的针对性。如果忽视了教师间的个体差异，就会导致不能将教师各自的潜能和优势充分挖掘和发挥出来，进而对教师的专业发展和积极创新产生严重的负面影响。

5. 注重发挥教师自我评价的功能

在发展性教师评价中，教师是评价活动的积极参与者，是与评价者平等的合作伙伴。改变了传统评价中自上而下的行政性使教师被动受评的局面，评价过程高度重视被评教师的意见和观点，这样有利于提高收集到的评价信息的质量，作出客观正确的判断；有利于被评价教师本人发现问题并主动改进和提高；有利于消除被评者与评价者之间的对立情绪，使被评者自觉地接受评价的结果。特别是重视教师自我评价的作用，强调教师的主体意识和创造精神的发挥，使教师通过自我评价认识自我、完善自我，自觉地改进问题，谋求发展。

二、发展性教师评价的原则

（一）单项评价与综合评价相结合原则

出于使评价结果的有效性以及可信性有所提高的目的，在发展性教师评价制度具体实施的过程中，单项评价和综合评价的有机结合是必须遵守的原则。

所谓单项评价，指的是针对教师工作的某一个具体方面进行评价，如课外活动、师生关系等，或者是针对教师在某一个时间段内的工作进行评价，如一堂课、一次班会等。对于教师综合评价而言，单项评价占有十分重要的地位。单项评价可以有效地防止综合评价结论出现表面化以及简单化的倾向。

所谓综合评价，指的是采用动态和发展的眼光，系统、全程、长期、循环反复地评价教师工作中的任何一个环节。针对教师而言，其所从事的教育、教学活动具有长期性和复杂性，其在工作过程中所取得的任何成绩都是其不断积累的结果，并不是一蹴而就的。正因如此，如果单纯地依据一两次单项评价或者是一两次的数据统计，是不能真实有效地对教师的工作情况进行反映的，而且会使评价结果与教师实际表现之间出现不相符合的现象。

就综合评价与单项评价的关系来看，其是共性与个性的关系，综合评价以单项评价为基础，并借助单项评价表现出来。离开了综合评价，就没有办法对于评价对象的工作表现进行全方位的了解，也就没有办法对于教师的发展倾向以及发展过程中的需求进行把握。

实际上，单项评价与综合评价相结合的过程是静态评价与动态评价相结合的过程，是专题性评价与概括性评价相结合的过程，也是形成性评价与终结性评价相结合的过程。

（二）定性评价与定量评价相结合原则

现代评价理论指出，任何客观存在的现象，都有数量方面的存在。所以，在对于教师进行评价的过程中，可以采取量化的方式处理评价的数据、信息及结果，进而将评价结果以数据的形式呈现出来。上述做法可以保证评价的准确性，并促进其不断深化，也有助于对评价的结论进行量化比较。

当然，量化不是评价过程中绝对的和唯一的途径，可以结合定性评价同时进行，把定性评价与定量评价有机地结合起来。就教师这一工作而言，是需要付出复杂的劳动的。具体而言，这一劳动的复杂性主要体现在以下几个方面：第一，多种多样的教学任务；第二，复杂多变的教学过程；第三，教师之间的共同协作；第四，灵活多样的劳动手段；第五，需要长期努力才能够取得的劳动成效；第六，具有示范作用教师的一言一行。

由于教师的工作具有复杂性的特征，这也就决定了对教师进行评价应该采用定性评价与定量评价相结合的方法。在对教师的工作进行评价时，不仅要对教师的工作量、教学课时、课外活动等进行关注，还要对于教师完成工作的质量进行衡量。假设只对于教师的工作量进行关注，那么必然会导致教师仅仅将工作的重点放在课时的数量以及课外活动的次数等方面，而不关注教学质量的提高和教育科研的开展。假设仅仅注重教师的工作质量，就会造成教师单方面地追求科研成果的多少、公开课的开设等，会在不经意之间忽略作为一名教师应该履行的其他的工作职责。唯有将定性分析和定量分析统一起来，才能彰显教师工作的特点，得出更具科学性的评价。

(三) 评价过程的民主性原则

发展性教师评价与奖惩性教师评价不同，它要保证民主评价和被评教师的积极参与。这就要求破除评价过程的神秘性，增加评价过程的透明度。因此，在进行发展性教师评价时，首先，要把评价目标、评价标准、评价方法、评价程序、评价要求原原本本地向评价者与评价对象公开，以激发双方的积极性；其次，要明确评价者与评价对象之间是平等的关系，他们是合作者的关系，而不是监督与被监督的关系。

(四) 评价信息的保密性原则

唯有做好相关资料的保密工作，才能保证在对教师进行发展性评价的过程中，教师可以积极主动地参与其中，进而使评价的信誉度以及效益度得到有效的保障。这也是获得教师信息的一个极为重要的条件。就国外而言，有机会接触到教师评价报告的只有评价对象、评价者、学校校长、教育管理部门的领导或其指定代表；而作为学校理事会主席，仅仅能够接触到校长的评价报告，但是他不具备对于教师的评价报告进行查询的权利，唯有提出申请之后，才能够对教师评价报告当中有关教师发展目标以及行动计划方面的内容进行查看；而学校理事会当中的其他成员是没有权利查看教师评价报告当中的任何内容的。

三、大学英语教师发展性评价策略

(一) 突破落后观念束缚，更新教师评价理念

思想是行为的指南，评价理念和评价活动的关系也是如此，评价理念的科学与否对评价活动的合理性起着决定作用。奖惩性评价方式已成为影响和制约大学英语教师专业发展的瓶颈，这就要求大学管理者必须从转变观念入手，突破奖惩性评价理念的束缚，牢固树立以教师发展为本的评价理念，即发展性评价理念。认清评价不应再侧重于从行政管理角度出发，通过对教师进行排序并根据结果进行奖惩为主要目的，而是将教师的专业发展放在首位，将教师专业发展和学校科研及办学水平提高统一起来，以实现双赢为最终目标；认清评价不应再仅仅拘泥于对教师过去成绩的关注，不应以一时一事论英雄，而是用发展的眼光对待每一位教师；认清评价应与教师发展相关而与奖惩无必然联系或者仅仅作为其中的一般性指标，而是将评价主体扩展到教师自身、学生、同行、专家等更广阔的范围。同时，作为被评价的教师也需要积极更新对教师评价的认识，增强参与评价与利用评价结果促进自身发展的能力。

（二）优化科研教学权重，关注发展体现公平

在奖惩性评价制度下，教师职称晋升、评优等均以科研成果为唯一或重要的指标，这对于那些勤勤恳恳、踏踏实实搞教学的教师而言有失公允，也容易造成教师教学积极性的丧失，导致教学质量下降。鼓励教师搞科研无可厚非且十分必要，但忽视评价指标中的教学权重，过犹不及。科学的教师评价制度理应通过合理设置教学、科研权重来引导教师将更多精力用于教学上，并尽量将科研与教学挂钩，做到教学、科研都要同时重视。发展性教师评价突出关注教师的专业发展，而大学英语教师队伍中教师素质呈现出明显的层次性、差异性特征，在教学、科研权重的确定上要因人而异、避免搞一刀切，对同一教师而言，权重的分配也要体现发展性，伴随教师专业成长而动态调整。对于从教时间较短、教学经验欠缺、知识层次较低、处于科研起步阶段的教师，可突出教学权重的主导地位，而随着其从教经验的不断丰富、知识层次的不断提高、科研能力的大幅提升而逐渐增大科研权重，使教师在不同阶段的科研、教学的权值都保持在相对合理的范围内。

（三）定量定性相结合，突出质量兼顾效率

奖惩性评价的功利色彩必然带来学术成果以及教学上的比量不比质，实施发展性教师评价就是要突破量化模式崇拜的束缚，但这并非意味着对指标量化的全盘否定，因为全盘否定指标量化，必然带来学术和教学管理上的混乱和低效，导致教师评价的模糊性和不确定。在大学英语教师评价中实施发展性教师评价就是要结合英语学科的特征，走定量和定性评价相结合的道路，取长补短，相得益彰。

对教师科研能力的评价，应符合英语学科学术自身的运行规律，创造相对宽松的评价环境。英语作为一门社会学科，不可避免地具有社会科学出成果难、周期长等共性特征，加之英语教师课时多、教学任务繁重。因此，学术评价中要适当淡化数量指标，考核周期也不宜太短，并要有必要的弹性，给教师以潜心于教学和学术研究的时间，文章重精而不在多，应将原创性、前沿性作为学术评价的核心指标，应将高质量、高水平作为学术评价的重要标准。

对教师教学的评价应淡化教学数量，强调教学质量。课时数可作为一个衡量工作量的参考指标，而对教学质量的评价则要结合教师自评、同行评价、学生评教、专家评估等多种渠道综合获得，而且要将评价结果及具体内容及时反馈给被评价教师，使教师能在评价中获益，在未来的发展中扬长避短，切实发挥教师评价对教师发展的促进作用。

(四) 评价渠道多元化，互动交流互证互补

教师的教学和科研业绩往往具有可比因素不易确定、量化难度大、后显性突出等特征，因此，教师评价是一项专业性极强的工作，仅通过学生成绩、论文数量、行政领导的主观印象或群众的投票等往往挂一漏万，很难做到全面、客观。现实中，由院系领导及行政管理人员组成的评价主体成为教师评价中的主要力量或其影响力远大于其他评价主体影响力的现象在院校中普遍存在，而这些人员绝大多数缺乏必要的评价专业技能的培训，因此，评价偏差在源头上就在所难免。加之易受隶属关系、人情因素等影响，评价中的人为偏差也很难避免。此外，教师同行、学生等形式的评价主体由于自身利益等关系也都带有相对的局限性。

要尽可能地消除评价中的种种偏差，就要拓宽评价渠道，实现评价主体多元化，并强化管理者、专家、教师自身、学生、专业评价中介机构等评价主体间的沟通与交流，通过多种评价信息的互证互补来尽可能确保评价结果的客观、公正、全面。

院系领导和行政管理人员对教师的评价，应主要从掌握教师工作状态、优化教育决策角度出发，作为一般性的参考依据而不宜与奖惩挂钩。专家一般比被评价对象具有更高的教学科研水平，能够结合学科特点和学科发展方向对教师教学和科研能力的状况进行较客观的评价，并为其专业发展提供建设性的指导。同行与被评价对象往往具有相似的专业背景和教学、科研环境，因此对被评价对象的业务素质和思想动态往往更熟悉，通过同行评价被评价对象往往能够得到更实用、可操作性更强的专业发展建议。

教师自评是评价民主化的一种重要手段，不但可以消除对教师评价这项工作的抵触情绪，增强主人翁意识，而且能够通过评价来激发其自我管理和自我激励的内部动力，促进其不断自我反思、自我调控、自我完善，应将其作为教师评价中的一个重要环节突出出来。

学生作为教学主体，既是教育产品的直接消费者，也是教学成果的直接享受者，因此，对于教师的授课技能和敬业精神等方面，学生往往更具发言权，学生评价举足轻重。由于教学效果具有典型的后显性，因此，学生评价教要突出评价教的动态性和连续性，除了在课程教学过程中安排若干次评价外，在课程结束后的下一学期或几个学期后再由同一批学生对该课程任课教师进行评价，甚至可通过网上问卷、电话采访等形式来跟踪收集部分毕业生的评价意见。以上可通过开发较完备的网上评价系统来实现。考虑到后续评价的计量对于评价实践的可操作性问题，宜将其作为一种必要的验证和辅助手段。

由于教师评价工作是一项专业性很强的工作，通过建立合理的外部教师评价机制，引入具有独立法人资格、权威性较强的教育评价中介机构来参与教师评价工作，既能较好地解决现有各评价主体、评价专业技能不足等问题，又能有效地规避评价主、客

体间由于行政隶属和千丝万缕的人情、利害关系所带来的种种弊端,更能有效地避免外行评价内行、评价过程不透明等问题,是教师评价工作可考虑的改革方向之一。

第三节 信息化背景下大学英语教师专业化发展路径

一、信息技术对大学英语教师专业化发展的作用

(一) 信息技术对大学英语教师个体发展的促进

信息技术作为最先进的现代教育技术,为大学英语教师的专业化发展提供了有利的平台。

1. 信息技术为大学英语教师专业发展创设基础性平台

信息时代要求人们必须具备基本的信息素质。信息时代的教育要培养学生具有迅速地筛选和获取信息、准确地鉴别信息的真伪、创造性地加工和处理信息的能力,并把学生掌握和运用信息技术的能力作为与读、写、算一样重要的基础能力。作为实施信息时代教育的教师,必须首先具备较高的信息素养。因此,学校的教育信息化建设,为教师的信息素养的塑造提供了基础性的平台,学校领导对信息化的重视程度、建设力度以及管理水平,直接影响了教师的信息素养的发展。

2. 信息技术为大学英语教师专业技能发展创设实践平台

对于基础教育课程改革,教师必须具备较为专业的教育教学实践能力和科研能力。通过计算机网络,教师可以最大限度地吸纳、借鉴成功的教育教学经验,并可以将自己的教学实践成果,通过网络与广大同行进行交流探讨。借助网络,参与诸如"K12论坛""教育在线""网志"等教育教学探讨活动,可迅速提高自己的教育理论水平和教学研究能力。

3. 信息技术为大学英语教师专业发展创设资源平台

广义的信息技术,是指凡涉及信息的产生、获取、检测、识别、交换、处理、存储、显示、控制、利用和反馈等与信息有关的、以增强人类信息功能为目的的技术。由此所界定的信息技术资源极为广泛。然而,在新的信息技术革命的时代,知识信息的呈现、传递与接收手段和方式也相应发生了质的变化。计算机网络技术的发展,更加丰富了知识的获取渠道,知识更多地以多媒体技术手段展现,实现了集成性、交互性、可控性、

实时性、非线性等特征,为教师专业知识的发展构筑起丰富的数字化的知识资源宝库。

4. 信息技术为大学英语教师专业发展创设教育反思平台

信息技术为反思性教育实践提供技术、环境、资源支持,真正实现跨时空、低成本、高效率的教学反思和研究活动,提高教师的教育科研能力和实践能力。教师对教育实践的主动探求和反思,会推动教师的责任感和理论水平的发展,使教师对教育、学校以及自身的存在与发展有更深刻的理解。同时,借助于网络,广大教师可以针对国际国内教育发展的倾向以及名校、名师的教育实践有一个及时的了解,从成功教育典范身上受到启发,树立远大的目标,激励和促进自身的发展。

5. 信息技术为大学英语教师专业化创设终身发展平台

教师专业化的成长是一个终身学习和终身发展的过程。现代远程教育为教师的终身学习提供数字化、网络化学习环境和资源。通过现代远程教育,教师可以选择任何时间、地点、进度、方式,选择自己需要的内容进行自主学习。教师还可进行异地交流讨论、协作研究,实现合作学习。现代远程网络教育不同程度地满足了每位社会成员的学习需要,为构建学习型社会和终身教育体系发挥了重要的作用。

(二)信息技术对大学英语教师群体发展的促进

每个教师都属于特定的教研室、学科组或年级组等,这些群体发展状况与教师个人的发展密切相关,教师个人的发展是建立在群体发展的基础上的,教师专业发展开始出现了群体发展的模式,这也是教师实践共同体概念的核心;而教师个体发展又是教师群体发展的最终目标。因此,教师群体知识管理是在教师个体知识管理基础上实现的个体知识交互和个体协作发展。

1. 有助于建设基于信息技术的协作环境

与教师个人知识管理相比,教师群体的知识管理是一个更为复杂的系统工程,涉及技术、组织结构与文化各个方面,以知识管理作为其中的主要手段,不仅可以有效地实现教师专业知识的集中管理和应用,而且可以使教师个人的知识管理与教师群体的知识管理实现衔接。大量的社会性软件应用于教师专业发展过程,教师群体的知识可以得到更为有效的管理和运用,教师"实践共同体"之类的概念也变成了现实。

组织知识管理的技术环境往往都是一个基于 Web 的系统,这使系统的进入变得容易,同时也降低了系统的使用难度。为了方便教师的交流和讨论,也为了能够更好地进行个人知识的互相共享,应该尽可能地利用学校网络教学平台,或者利用互联网上提供 Blog、Wiki 等协作和反思工具的免费空间。

2. 构建基于网络的实践共同体

所谓实践共同体,就是有着同样的目标、同样的工作或者同样的兴趣的一群人,组成的一个非正式的团体，在这种团体里面，每个成员都可以就他们共同关注的问题进行讨论，从而促进知识共享，加深对问题的看法。

实践共同体能够让许多对同一个目标感兴趣的群体进行有效的讨论和协作，事实上教研室、学科组甚至是班集体也可以说是实践共同体。传统的教师学习是教师独立进行的学习，短期培训班、研讨会模式有助于教师在团体推动下积极学习，但其后续的反馈、支持相对就比较困难，因为教师很难将有关自己教育教学实践的反思与其他教师进行讨论。

基于网络的教师实践共同体，能够很好地解决上述问题，从而使得虚拟实践共同体得到比较广泛的应用。虚拟实践共同体是虚拟社区的一种，所谓虚拟社区，是一个围绕某种兴趣或为达到某种需求而通过计算机网络交互方式进行交流和活动的共同体。虚拟社区的形成突破了原有的地域限制，以及早期社区概念所强调的血缘关系限制。在今天，那些拥有共同的兴趣爱好或共同的价值理念的人们只要依托邮件、新闻组和BBS等简单的交流工具，就可以形成稳定的虚拟社区。显然，虚拟社区的形成突破了原有的地域限制，它的出现从根本上改变了人们的生活方式，尤其是交流方式，网上生存成为一种与社会生存并行的重要生活方式，对人们心理和行为产生了重大的影响。

通过网上的教师实践共同体，教师能够围绕共同的目标进行合作，交互地进行决策和行动，共同地进行探究。为此，对教师来说，也应该充分尊重多元化的观点，积极参与群体的讨论和协作过程中，在这种和谐的学习环境中，为教师个体提供更多的相互学习和借鉴机会，促进新知识的形成，开发教师个体的成长潜能。

3. 树立知识共享观念

从组织角度来看，个人层次的学习远没有组织层次的学习重要，也就是说，人与人之间的交流学习才是组织发展关注的焦点。加强人与人之间的交流学习的实质就是知识共享，因而如何创设这样一种文化氛围，是组织层次管理所要考虑的问题。为了创设知识共享的文化，必须重视以下问题：

（1）学校层面应该首先提供一种合作与信任的环境和组织文化。竞争的环境是很难让人有共享的意愿的，因而要推动知识共享，必须建立一个合作的相互信任的环境。

（2）吸收外部最新知识，并积极共享。每一个教师都应该努力学习和获取有关最新的教育教学理论，并将此共享给学校或者所在教学组织的其他成员，这是提高和改善教师功能的最重要途径之一。

（3）要以实际的行动来进行创新。很难想象一个保守的系统里面能够涌现大量新的知识，教师的实践和反思是学校知识创新的基础。每一个教师都应该将自己的实践和反思与其他教师共享，并形成一个良好的习惯。

信息技术对群体专业发展的影响体现在新的组织结构与文化氛围的形成。教师实践共同体是目前教师专业发展中一种比较常见的组织形式，这种形式在网络技术的支持下，突破了传统组织结构中的臃肿与低效，采用了一种扁平化的组织形态，围绕着明确的目标行事，能快速地响应变化的环境，为教师专业发展提供了一个高效的环境。同时，在这样的组织中也开始形成一种知识共享的文化氛围。由于有同样的目标，分享着同样的兴趣，大家只有尽量地在共同体内部分享知识，共同体才能实现共同的目标，进而创造出新的知识。

对教师组织来说，信息技术的导入会引起原来的组织结构与文化氛围的某种不适应，为了更好地发挥信息技术的作用，组织结构的转变与文化氛围的重塑是不可或缺的。

二、信息化环境对大学英语教师专业发展的要求

（一）全新的专业知识要求

传统的教师专业知识主要包括文化素养、专业学科知识、教育学科知识。显然，面向信息化的专业知识还应该包括高度的信息素养，因为它是信息时代所有人都必须共有的素养。但是，从教师的职业视角来看，仅仅拥有普遍意义上的信息素养仍是远远不够的，还应该形成将信息技术与本职工作相整合应用的素养，即信息化教学设计与实施能力、技术支持的专业实践能力等。具体而言，在信息技术环境下，大学英语教师的专业知识还要包括以下要素。

1. 基本的信息素养

大学英语教师必须掌握现代教学技术和具备信息素养，这是信息时代改革英语教学和提高英语教学质量的关键。具体而言，大学英语教师信息素养包括以下四方面的内容：

（1）信息意识。信息意识是人们对各种信息的自觉心理反应，是人们对客观事物中有价值的信息的感知能力、判断能力和运用能力的综合体，即对信息科学正确的认识和对自己信息需求的自我意识。信息意识有三种表现形式：对信息具有敏锐的感受力；对信息具有持久的注意力；对信息价值具有判断力和洞察力。大学英语教师需要对教学信息有敏感度；能意识到信息对创设英语语境的重大作用，了解什么信息能够促进英语教学；具有获取有利于教学的信息的意识；具有将信息与英语教学整合的意识。

（2）信息知识。信息知识是指一切与信息有关的理论、知识和方法，是人们在利用信息技术工具、拓展信息传播途径、提高信息交流效率中所积累的认识和经验的总和，是进行搜集信息、加工信息、利用信息等信息行为的原材料和工具。信息知识包括基本信息常识和技术性知识。如网络信息知识，是指人们对网络信息本质、特性和常识性的一些网络基本知识的了解；网络信息技术专业知识，是指对网络信息方法、网络信息技术的了解和掌握。

（3）信息能力。信息能力是信息素养的核心，信息能力是指人们有效利用信息设

备和信息资源获取信息、加工处理信息以及创新信息的能力。大学英语教师的信息能力是信息素养的核心，可细分为以下七种类型的信息能力。①获取能力：运用ICT获取英语教学资源的能力，包括信息的检索和下载；②评价能力：运用ICT客观评价英语教学资源和学生英语学习情况的能力；③处理能力：运用ICT对英语教学资源进行教学加工的能力；④管理能力：运用ICT对英语教学网络和本地资源进行收集、组织、整理和储存的能力；⑤整合能力：运用ICT辅助英语课堂教学的能力；⑥交流能力：运用ICT与专家、同行和学生进行英语教学经验交流的能力；⑦研究能力：运用ICT进行英语教学研究的能力。

（4）信息道德。信息道德是指涉及信息开发、传播、管理和利用等方面的道德要求、道德准则。在信息素养形成过程中，信息道德承担着道德规范和监督制约不良信息行为的角色。信息道德作为信息管理的一种手段，与信息政策、信息法律有密切的关系，它们各自从不同的角度实现对信息及信息行为的规范和管理。信息道德包括著作权、合法性和道德规范等问题。信息道德规范的目的是教育人们尊重别人的劳动成果，不能恶意窃取，遵循一定的信息伦理与道德准则，规范个人信息行为素质。

2. 丰富的信息化实践知识

当前，信息网络呈现出不断扩展的趋势，教育也要加快信息化的进程，这就要求未来的教师要教会学生获取"信息知识"的本领，把学生培养成为"信息化"的人当作主要的任务，但要培养出"信息化的学生"，就要有"信息化的教师"，因为教师负有指导学生学习的任务。因此，信息化环境下，涉及技术及其应用的教师实践性知识的探索就显得尤为重要。

据此，信息化环境下的教师实践性知识，也称为教师信息化实践性知识，是指教师基于自身教育教学的需要，在具体的日常教育教学实践情境中，通过体验、感悟、反思和提炼所形成的运用信息技术相关技能及教学理念处理教育教学问题的认识，并且这种认识会自觉地指导自己的惯例性教育教学行为。

顾名思义，教师信息化实践性知识是教师个体所拥有的实践性知识，也就是教师在应对信息技术教育情境中生成的关于"如何做"的相对稳定的策略性认识体系，是指教师在具体的日常教学实践过程中，通过体验、反思等多种方式来发现信息化教学实践过程中的意蕴，且结合自身的生活经验，逐渐积累而成的对信息化教学的认识，并且将这种认识用于指导自己的学科教学实践的知识。具体而言，它受教师工作环境、教育对象和教学内容的影响，是教师特有的一套服务于在信息化环境下开展教育实践的综合性知识，是教师在教育教学实践中生成并不断建构形成的教育经验体系与教学智慧素养。它既包含可言明的显性知识，也具有缄默的隐性知识特性。它应用于实践，贯穿于实践，指引和规范着教师的言行，将实践活动不断推向自身教育信念所预设的目标状态。

此外，教师信息化实践性知识生成之后并不是稳定的、长期不变的，而是根据当前遭遇的问题情境与之前的个人经验灵活组合，在复杂、动态的实践场景中表现出一种惯性倾向，是随着信息技术的发展而发展的。它在静态上反映了教师实际上对信息技术支持的教育教学的认识，在动态上反映了教师根据自身教育信念，筛选并组织相关理论性知识，合理运用能力去开展信息化教育活动，实现预期目标的行动意识，它是一种行动准则。

教师信息化实践性知识的形成和发展依赖于应用信息技术的意识及实践，是由实践经验转变而成的指导个人教学行为的规律性认识，主要包括教学信念和教学技能两个层面，具体表现为教师在教育教学过程中，具有自觉应用信息技术的意识，运用信息技术解决教育教学问题已成为一种日常教学习惯。从内容维度构成来说，包含教师信念、信息技术知识、信息化教学策略知识、信息化环境中的学习者知识、信息化教学评价知识等。从整个教学过程来说，它贯穿于教师备课、上课、作业检查与批改、课后辅导及学习评价各个环节。教师信息化实践性知识决定了教师的教育行为，影响着教师的教学效果，既是教师个人专业发展的知识基础，也是教师群体专业化地位提升的知识依据。

（二）新的角色要求

信息时代的到来不仅迅速改变着人们的生产方式、生活方式、思维方式和学习方式，也给教师的工作和自身角色带来挑战和机遇。在信息化环境教学下，大学英语教师运用现代教学手段和教学方法，改变旧的教学理念和教学模式，在保持普通大学英语教师角色的同时，还要担当以下角色：

1. 有效主题教学模式的设计者

信息化环境下，英语教学要求教师探讨和设计新的教学模式和方法，既要充分发挥网络的优势，又能提高学生的学习效率。英语教学内容的主题教学模式是从现实生活中选取学生感兴趣的热点话题，进行英语语言问题探讨活动，从而自然习得英语知识与技能。整个主题模式教学围绕某个主题，进行主题小组分散讨论，专题搜索阅读和集中讨论，最后以专题写作形式结束单元主题教学。教师在运用网络技术辅助参与讨论时，要合理安排课堂教学内容和网上资源的占有比例，通常阅读和写作可放在网络自主学习中，答疑解难、讨论和讲评可以在课堂上进行。

在信息化环境下，教学的每一个主题都可以在网上查到丰富的相关资料，包括有关的背景知识和最近的发展动态，学生可以对自己搜索的资料进行整理总结，得出个人的见解和结论，然后和其他同学展开交流讨论，这样可以摒弃课本对于学生的束缚，拓展延伸学生的知识面，提高学生参与话题的兴趣和积极性。在这种学习模式下，为了帮助学生迅速查到相关的资料，避免耗费过多的时间，教师可以在学习网站上链接常用热点新闻网址,帮助学生接收更多的国内外新闻知识。为了帮助学生了解英语学习信息,还可以介绍英语国家的主要报纸杂志的网址。

2. 交互机制实施的促进者

应用语言学家认为,语言习得的关键在于交互活动,意义协商和语言输出都包括在这一活动之中。而计算机网络为大学英语学习的交互提供了更大便利,教师作为网络交互学习实施的促进者,组织指导和激发学生参与主题单元任务的交互活动。比如利用 BBS 发布教学内容和布置学生任务,为学生查找资料和分析解决问题提供指导;教师还可以利用 QQ 就某个专题和学生进行交流;学生利用 FTP 和电子邮件提交作业,或使用电子邮件进行师生和生生之间的交流讨论;使用 QQ 交流群和讨论组进行信息传送和问题交流讨论;作文批改可以使用专门的批改软件进行纠错打分,将教师从繁重的作文批改中解脱出来,节约了教师的时间,也满足了学生希望教师批改作文的要求。这些网络交互活动可以是即时性的,也可以是延时性的,学生可以在留言板或者论坛中提出问题和求助,其他同学可以参与讨论交流并给出问题的答案和帮助,就每个问题或者章节,教师可以给出自己的见解和总结性发言,在整个交互活动中教师的身份就是一个参与者和评价者,平等地参与讨论交流并适当给出指导性的建议。

3. 网络信息的搜集和分析者

随着大规模在线公开课程的使用,大量的名校课程可以免费获取,学生进行学习的途径有了更多的选择,这相应地对大学英语教师提出了更高的要求。数字教育平台的建立使得各门课程的网络学习者数以万计地即时产生,网络课程库的信息海量、飞速、纷繁复杂地被捕捉储存起来,其中包括学习者的每个学习步骤,时间的长短、测试的成绩、参与讨论的频率和方式等细节,通过搜集挖掘分析这些学习者的海量信息,才能准确把握学习者的特征、学习效果,预测适合学习者下一步的学习内容和学习形式,真正做到因材施教,量身定做个性化的学习计划和模式。作为大数据的挖掘分析者,大学英语教师必须掌握大数据分析的方法,其中包括机器学习、模型预测、可视化、比较优化和数据挖掘等。机器学习是一门多领域交叉学科,涉及计算机、统计学和概率论等学科,目的是设计对已知数据进行自动分析、查找规律进而预测未知数据的方法;数据挖掘包括监测式和非监测式学习,监测式学习分析方法需要对大数据进行分类、评估;模型预测是建立数据变量模型,通过对照比较模型来预测学生未来行为的一种分析方法;可视化是将大数据进行标签编辑,便于查找分析预定的目标,可视化是进行大数据分析的有效手段。

4. 在线学习系统的建立者和学生学习过程的监控调节者

网络技术为学生自主学习提供了便利条件,调控、提供个别辅导和帮助学生自主学习成为教师的主要任务。

在网络辅导教学中,要想实现对学生有效地调控和个别帮助,首先要建立一个完善的在线教学系统来监控学生的学习过程。这个系统至少包含教师端和学生端,学生通过学生端填写个人信息,按照班级向教师提出申请加入系统;教师通过教师端核查信息,确定无误后批准学生进入学习系统。学生可以根据各项指示导航在课程信息中获得相关学习资料,在"单元测试"中进行自我测试和训练,在"家庭作业"中提交个人作文。每个学生都可以通过"师生论坛"和电子邮件与教师及其他同学联系交流。教师只要登录教学系统就可以查看学生的测试作业和作文,并在网上进行批改回复,还可以浏览"师生论坛"和电子邮件了解学生的自主学习和参与网上交互的情况。

与传统的课堂教学模式相比较,在线教学成为课堂教学的延伸和补充,通过系统记录和处理,教师可以将学生的记录进行综合比较,既可以获得单个学生的变化成长记录,也可以得出学生间、班级间的差别比较,教师可以迅速、直观、动态地了解学生学习状况。在网络教学系统中,建有"管理员"模块,在一个或者几个年级中展开网上教学活动,管理员负责系统中的关键性因素,如班级、课程、用户信息的添加与修改,不断地调整保障整个学习系统的正常运行。整个学习系统通过联系网管、聊天室和BBS,进行教与学和管理三方面的交互活动,学生对教学内容、方法和任务的见解和看法都可以在系统中做出反应和反馈。教师端成为教师的个人网站,教师可以传递授课内容,发布通知,布置作业任务,进行网上交流和信息反馈。在网上教学实践中,网络学习的效率和网络资源的利用率取决于教师的具体操作与设计,以及如何调动学生参与网上自主学习的积极性。

进入网络时代,随着网络日益渗透英语教学中,大学英语教师必须成为有效主题教学模式的设计者、交互机制实施的促进者、大数据的搜集挖掘和分析者以及在线学习系统的建立者和学生学习过程的监控调节者,大学英语教师的角色将更加多面、全能、高端。

(三) 新颖的教育理念与非凡的科研能力

1. 新颖的教育理念

网络环境下,语言的学习过程就是教师和学生双方相互作用的过程,教师和学生都是主体,教师是教的主体,学生是学的主体。因此,互动学生主体课堂理念不仅没有否定教师的作用,反而更加强调教师的指导管理和监督作用,教师发挥着愈加重要的作用。在这种教学理念下,作为教的主体,教师要发挥指导的作用,课前就必须搜索相关的教学材料,设计有效的语言活动主题,并布置课堂的活动任务,调动和激发学生的参与热情,让学生课下做好充分的准备,包括网上搜集资料和课下交流讨论等。课堂交流活动可以是分组活动,也可以是个人展示;可以制作PPT课件,也可以播放视频;可以先讨论再展示,也可以先个人陈述观点然后大家讨论后教师进行点评。在网络互动平台上,实现师生、生生互动的课堂延伸活动和完成教师的监测环节,将学习活动任务在教室和网络空间搭建成互相促进、互相补充的统一整体。

2. 非凡的科研能力

教学理论来源于教学科研实践，科研实践是检验科研理论和再次形成科研理论的基础。教育教学要把科研和教学实践结合起来，教学实践要由一定的科研理论做指导，同时新的科研理论方法产生于教学实践，两者互相补充，互相促进，共同发展。每位教师只有在对教学深入研究的基础上，才能有所提高和创新，否则只能是重复机械的劳动。因此，作为大学英语教师必须具备高度概括和提炼教学过程而形成教育科学理论来指导未来教学实践的能力。

作为网络时代的大学英语教师，要具有一定的科研水平。这就要求每位教师除了解基本的研究方法，如问卷调查法、教学实验法、文献法、访谈法，还需掌握教育叙事研究、个案研究和行动研究等研究方法。教师可以根据自己研究的需要，选择适合自己的研究方法。另外，大学英语教师还应具备网络信息搜集、信息分析和信息反馈等方面的能力，并且具备进行大数据搜集和分析的能力。

三、信息化背景下促进大学英语教师专业化发展的思考

近几年来，随着社会对英语需要的日益增长，新课程改革实效性的加强以及大学英语教育教学改革的日趋深化，众多专家学者普遍开始关注大学英语教师的专业发展，并针对大学英语教师专业化的发展目标、发展方向以及专业自身的成熟度等问题进行了讨论，提出的意见也极具建设性和可行性。教师专业化就是"教师在整个专业生涯中，通过终身专业训练，习得教育专业知识技能，实施专业自主，表现专业道德，并逐步提高专业素质，成为一个良好的教育专业工作者的专业成长过程。"大学英语教师专业化的实现，就是要求大学英语教师在整个职业教学生涯之中，不间断地进行学习、总结和教师专业化训练，从而使得自身英语专业知识储备和专业技能得以增强，最终使自身的专业素养与从教能力得以提升。只有做到上述几方面，才能成为一名优秀的专业化大学英语教师。当前，信息技术与课堂教育的结合呈现出越来越紧密的趋势，主要原因在于：一是科技的日新月异及应用的快速、普遍；二是政府对教育的关注和投入日益加大。在现代的具体教学过程中，应该从以下几方面着手，使教师有效、灵活地运用新的教育技术，进而使大学英语教师的教学工作更加专业地与现代大学教育教学的特征相适应。

（一）英语教师专业化要合理协调好信息技术与传统教育之间的关系

信息技术这一概念所包含的内容较为宽泛，一方面涉及随着社会生产力发展与科学技术的发展在教育领域之中的运用；另一方面包括新的教育理论、教育新思维以及新的教学手段。多媒体网络语音室是伴随着信息技术在教育教学中的普及和计算机网

络技术的日趋成熟而产生的。在高校教学改革中，信息技术提供了强大的技术支撑。其中，对发展新的英语教学模式进行了明确的规定，即"各高校应充分利用多媒体技术和网络技术，采用新的教学模式改进原来的以教师讲课为主体的单一课堂教学模式。新的教学模式应以现代信息技术，特别是以网络技术为支撑，使英语教学朝着个性化发展、不受时间和地点限制的学习、主动式学习方向发展"。信息技术应用并不排斥传统的面授，而是更重视应用计算机和网络的教学模式，从老师讲、学生听的教学模式转变为以计算机、网络、教学软件为主的个性化和主动化的教学模式，以多媒体网络技术为基础的信息技术应用，将在大学英语教学中发挥越来越重要的作用。

在这种的新的形势下，对于大学英语教师专业发展来讲，其面临的主要问题是要正确认识传统教学方式与信息技术应用之间的区别以及联系，并有效运用之，使教学内容及模式进一步丰富和拓展，进而获得最优化的教学效果。

传统教学与信息技术教学之间的差异主要体现在教学模式、教学方法、教学内容上。传统教学模式是以教师、黑板、教科书、学生等为主的讲授式教学，注重教师的主导作用，课堂活动也是以教师为主体的。这种教学模式下，学生基本上是被动的接受者，学生的个体差异性得不到充分发挥。信息技术教学模式是以网络、计算机、教学软件、音频等为主的多种新技术、多层次、多角度的立体式教学模式。以学生为主体的课堂活动导致教师需要担任三种任务角色，即课堂的设计者、组织者、引导者，不仅发挥了教师的主导作用，而且充分发挥了信息技术的功能和优势，进而充分尊重了学生的个体差异。另外，信息技术教学创设了新的教学环境，实现了有效教学，在网络教学环境下，教师极少使用黑板和粉笔，而多采用PPT、E-mail、Video等多种方式进行教学。此外，很多高校还开设了自主学习平台。总而言之，现代技术打破了固定教学场所的限制，使学生从封闭式的课堂学习走向了无限的学习空间，学生的学习不再受时间、空间与地域的限制。

传统教学与信息技术教学是相互关联、相互作用的。信息技术促使教师要更新教育观念，转变教育手段。信息技术教学以它的独特性、先进性、高效性著称于世，然而要想真正发挥出它的优势，就必须根据教学内容的实际需要合理使用信息技术。信息技术教学内容、模式、手段都必须符合教学目标，服务教学目的。教学中的教师、学生与教学内容、手段要相互联系，相互配合，因此应用信息技术的内容应包含在教学内容里。信息技术与传统教育技术间的关系是互为补充、互为监督的，这样可以防止出现过度依赖某种技术的现象，或者不科学地利用信息技术对教师专业化进程的发展造成不良影响。例如，部分教师在课堂教学中，过度追求视觉上的新鲜感、娱乐性，在课件中插入大量的多媒体图片和视频，反而严重分散了学生的注意力，或者无法在规定的时间里展现全部的教学内容，从而使教学效果大打折扣。所以，在教学实践中，首先要对教学内容进行深入的研究，并在此基础上，根据内容合理使用信息技术，只有这样，才能真正发挥信息技术对教学的辅助作用，实现课堂教学效果最优化。

(二) 英语教师专业化意识的培养与信息技术能力的习得具有一定的统一性

英语教师专业化意识的培养是全面提高大学英语教师素质的一个重要环节，也是大学英语教学改革的重点。目前，大学英语教师专业化意识的欠缺已经成为我国大学英语教师专业化进程的最大的"绊脚石"之一。作为一个与国际接轨程度很深的学科，在大学英语的教育教学过程之中，部分教师仅以传授大学英语基础知识为基本目标，对信息技术的关注程度很低，甚至毫不关注，并且随着年龄的增长也逐渐失去学习信息技术的热情，这对大学英语教学来说无疑是雪上加霜。加强大学英语教师的信息技术能力的培训与学习研究活动，将有利于大学英语教师专业意识的培养。从当前的教学实践来看，一所符合时代要求、适应现代教学需要的大学，必须是注重英语教师专业化、注重教学设备科技化的新型大学，倘若大学及其教师依然耽于传统教学，不提高信息技术的应用能力，那么它将会淹没在时代的潮流里，逐渐为时代所淘汰。

(三) 信息技术的发展有利于加速英语教师专业化进程

信息技术条件下的网络多媒体是一门综合技术，具体是特指将文字、声音、音乐、图形、动画和声像技术中的音频、视频等多媒体形式与计算机集成在一起，并从逻辑上将这些媒体形式连接起来，便于更为生动、复杂的信息的传递。其具有多方面的优势，主要体现在以下几方面：第一，信息量大，且图文并茂，内容丰富；第二，传递速度更快；第三，多样化的信息载体形式，如声音、视频等；第四，集开放性、交互性、自主性、生动性和个体化于一体，能够使教学效果得到有效的提高。当然，这也对大学英语教师专业化发展方向和提高教育技能提出了更高的要求。

目前，大学英语教师专业化发展过程中，因大学英语教师在知识结构、自我发展理念、自我认同感等方面存在差异，在继续教育学习中存在种种不足，将对大学英语教师的专业发展造成影响，从而在我国大学的英语教育教学效果和涉外人才的培养上问题重重。信息技术无论是从教学媒介的层次来看，还是从教学手段的应用来看，对于转变大学英语教师的教学方法、提高教学水平、提高教学效果等方面都发挥了重要的推进作用。

随着信息技术的发展和应用，大学英语教师利用网络和信息技术软件，既可以随时随地地对西方社会文化知识结构进行系统与全面的了解，也能全面加速和提高学习应用信息技术的能力和水平；既能从根本上转变传统落后的教学内容和教学手段，也可以丰富学生的学习内容、学习技能；既可以提高英语教师教学能力和水平，也可以全面提高教育教学的效果。实践证明，在教育教学中充分利用信息技术开展课堂教学，是加快大学英语教师专业化、技能化的一个重要途径，是大学英语教学改革的重要内容。作为大学英语教师，应当能够根据学生的年龄特点、所传授知识的不同层次与类型等选择相适应的现代信息技术,这样一方面有利于提高大学生学习英语的兴趣和技能,另一方面也有利于英语教师自身的知识储备与英语授课技能的提升,进而有利于促进大学英语教师的专业化发展。

参考文献

[1] 张喜华,郭平建,谢职安.信息化背景下大学英语教学改革研究[M].北京:北京交通大学出版社,2017.

[2] 程彩兰,韩彦林.基于"产出导向法"的大学英语信息化教学效能研究[M].长春:东北师范大学出版社,2017.

[3] 张帆.信息化时代的新型大学英语课堂教学模式研究[M].北京:九州出版社,2017.

[4] 郑立,姜桂桂.慕课与高校英语学习方式研究[M].成都:西南交通大学出版社,2017.

[5] 王占九,李俊香.大学英语教学系统与信息反馈模式[M].杭州:浙江大学出版社,2016.

[6] 武琳.大学英语教学模式与课程建设研究[M].长春:吉林大学出版社,2016.

[7] 吴碧宇.大学英语教学改革的生命教育维度[M].郑州:黄河水利出版社,2016.

[8] 索佳,侯秀英.中国大学英语教学发展的新方向[M].北京:现代教育出版社,2016.

[9] 程瑾瑜.大学英语教学政策在体育院校的执行与反思[M].武汉:武汉大学出版社,2016.

[10] 尹新,杨平展.融合与创新高校教育信息化探索与实践[M].长沙:湖南科学技术出版社,2018.

[11] 吴娟娟.大学英语混合式教学研究[M].北京:北京工业大学出版社,2019.

[12] 黄佳乐.大学英语课程教学改革新向度研究[M].长春:吉林大学出版社,2020.

[13] 张学明,卞月芳,张娟娟.新时代大学英语课程"线上线下"混合式教学模式研究[M].天津:天津科学技术出版社,2019.

[14] 张娇媛.高校英语混合式教学与信息技术应用[M].天津:天津科学技术出版社,2019.

[15] 郑丹,张春利,刘新莲.当代大学英语教学体系建构与实践研究[M].北京:

中国纺织出版社，2019.

[16] 张乐平. "互联网+"时代背景下大学英语教学改革与发展研究 [M]. 长春：吉林大学出版社，2019.

[17] 陈细竹. 网络时代英语自主学习与教学研究 [M]. 北京：北京日报出版社，2019.

[18] 程亚品. "互联网+"时代下信息技术与英语教学的深度融合 [M]. 天津：天津科学技术出版社，2019.

[19] 张慧丽. 大学英语教学探索与实践 [M]. 北京：现代出版社，2020.

[20] 张慧丽. 大学英语混合式教学评价体系研究 [M]. 哈尔滨：哈尔滨出版社，2021.

[21] 蒙岚. 大学英语混合式智慧教育理论研究与实践（2）[M]. 长春：吉林大学出版社，2021.

[22] 许敏. 互联网+时代的混合式学习大学英语课程中的应用及研究 [M]. 南昌：江西高校出版社，2021.

[23] 段茂超. 大学英语教学创新与实践研究 [M]. 长春：吉林出版集团股份有限公司，2021.

[24] 张冰，蒯莉萍，成敏. 学术文库"互联网+"时代大学英语信息化教学研究 [M]. 西安：世界图书出版西安有限公司，2018.

[25] 曾大立. 信息化教育与英语教学 [M]. 北京：九州出版社，2018.

[26] 唐君. 高校英语信息化教学研究 [M]. 北京：中国国际广播出版社，2018.

[27] 于辉. 当代大学英语教学改革多元化趋势研究 [M]. 长春：吉林大学出版社，2018.

[28] 姚永红. 新媒体时代英语多模态教学模式架构 [M]. 长春：东北师范大学出版社，2018.